Sprachbildung im Geschichtsunterricht

Katharina Grannemann, Sven Oleschko,
Christian Kuchler (Hrsg.)

Sprachbildung im Geschichtsunterricht

Zur Bedeutung der kognitiven Funktion von Sprache

Waxmann 2018
Münster · New York

Die Publikation ist im Rahmen des Projekts »Sprachsensibles Unterrichten fördern«
entstanden. »Sprachsensibles Unterrichten fördern« wird gefördert durch die Stiftung
Mercator, dem Ministerium für Schule und Bildung des Landes Nordrhein-Westfalen und
der Landesweiten Koordinierungsstelle Kommunale Integrationszentren (LaKI) NRW.

Bibliographic information published by die Deutsche Nationalbibliothek

Die Deutsche Nationalbibliothek verzeichnet diese Publikation
in der Deutschen Nationalbibliografie; detaillierte bibliografische
Daten sind im Internet über http://dnb.dnb.de abrufbar.

ISBN 978-3-8309-3619-0
ISBN E-book 978-3-8309-8619-5

© Waxmann Verlag GmbH, 2018
Steinfurter Straße 555, 48159 Münster

www.waxmann.com
info@waxmann.com

Umschlaggestaltung: Pleßmann Design, Ascheberg
Umschlagabbildung: © Die Zeichner Gaertner & Markes Illustratoren
Satz: satz&sonders GmbH, Dülmen
Druck: CPI books, Leck
Gedruckt auf alterungsbeständigem Papier gemäß ISO 9706

Printed in Germany

Inhalt

Katharina Grannemann, Sven Oleschko & Christian Kuchler

Vorwort

Sprachbildender Geschichtsunterricht: Zur Bedeutung der kognitiven Funktion von Sprache

Im Rahmen diversitätssensibler und inklusiver Diskurse zur Bedeutung der Unterrichtsqualität zeigt sich, dass Sprache ein Merkmal ist, welches zunehmend an Bedeutung gewinnt bzw. gewonnen hat. Dies zeigt sich zum einen in der Forschungsaktivität in verschiedenen Disziplinen wie Bildungs-, Unterrichts- und Sprachwissenschaft, aber auch zunehmend in den Fachdidaktiken der gesellschaftswissenschaftlichen Unterrichtsfächer. Dabei findet sich ein unterschiedlich ausgebauter theoretischer wie empirischer Zugang zur Thematik; abhängig von der Bezugsdisziplin und dem jeweiligen Unterrichtsfach. In den gesellschaftswissenschaftlichen Fachdidaktiken nimmt die Beschäftigung mit diesem Thema in den letzten Jahren verstärkt zu und es werden fachspezifische Zugänge erkundet.

Gerade die kognitive Funktion von Sprache gewinnt vor der fachspezifischen Auseinandersetzung an Bedeutung. Denn dadurch wird nicht mehr nur eine sprachdidaktische Perspektive auf das Thema als dominant verhandelt, es kann auch der enge Zusammenhang von fachlichem und sprachlichem Lernen in den Vordergrund treten. Dieser ist für die fachdidaktische Auseinandersetzung relevant, da es nicht darum geht, rein formale Sprachbildungs- oder -förderaspekte in den Fachunterricht auszulagern und überfachliche Aufgaben an die Fachlehrer*innen zu übergeben. Ein sprachbildender Fachunterricht nimmt die fachspezifischen Sprachstrukturen in den Blick, damit fachliche Lernprozesse durch die bewusste Thematisierung von fachsprachlichen Aspekten besser strukturiert und für die Schüler*innen zieltransparenter gelingen können.

Ein Verständnis für einen sprachbildenden Geschichtsunterricht im Kontext eines diversitätssensiblen und inklusiven Unterrichtsdiskurses zu entwickeln, bedeutet, sich diesem Thema interdisziplinär zu nähern. Durch diesen Zugang werden unterschiedliche Perspektiven und theoretische Ansätze anschlussfähig, die helfen, erweiterte Erkenntnisse für die Beschäftigung mit der Thematik in der Disziplin der Geschichtsdidaktik gewinnen zu können. Dazu sind Gemeinsamkeiten aus sprachdidaktischen, bildungswissenschaftlichen und geschichtsdidaktischen Forschungsarbeiten genauer zu untersuchen und eine systematische Forschungsaufnahme damit zu verknüpfen.

Hier setzt der vorliegende Sammelband an, greift Forschungsdesiderate für die Disziplin der Geschichtsdidaktik auf und präsentiert einen interdisziplinären Zugang, der aktuelle Forschungserkenntnisse wiedergibt. Dabei kommen bewusst unterschiedliche theoretische Zugänge in den einzelnen Beiträgen zum Tragen. Die Gemeinsamkeit liegt zum einen im Fokus auf Geschichtsunterricht und zum anderen im Erkenntnisinteresse, konsistente Forschungsergebnisse für den Geschichtsunterricht und die Geschichtsdidaktik aufzubereiten. In diesem Kontext kann immer wieder auch die Frage nach der Fachspezifität gestellt werden. Doch erscheint sie vielleicht nicht immer als die, die zuerst gestellt werden müsste. Denn die Bedeutung dieses Themas ergibt sich aus der Notwendigkeit der täglichen Unterrichtspraxis.

Ohne hinreichende Sprachfähigkeit und ausgebaute Kenntnisse der für das Unterrichtsfach Geschichte typischen Sprachverwendung wird den Schüler*innen der Zugang zu den Lerninhalten erschwert. Auch eine marginale Reflexion der besonderen Bedeutung der Sprache für das fachliche Lernen kann bei Lehrer*innen zu einer weniger diversitätsorientierten und inklusiven Unterrichtsgestaltung führen. Aus diesem bildungstheoretischen Anspruch und der gesellschaftlichen sowie unterrichtlichen Wirklichkeit heraus verlangt es also nach Antworten, wie die kognitive Funktion von Sprache für das historische Lernen theoretisch wie empirisch stärker gefasst und weiter ausdifferenziert werden kann.

Dabei befindet sich eine systematische Auseinandersetzung gerade erst in den Anfängen und es ist wünschenswert, wenn neben diesem Sammelband zukünftig die aufgeworfenen, neu entstehenden und vielleicht auch anders zu beantwortenden Fragen systematischer verhandelt werden würden. Denn gerade durch die Multiperspektivität der verschiedenen Autor*innen ergibt sich ein Mehrwert, der helfen kann, sich dem Spezifischen wie Allgemeinen der Thematik besser nähern zu können. Hierzu sind im vorliegenden Sammelband zehn verschiedene Beiträge versammelt, die eine aktuelle Perspektive auf die Bedeutung der Sprache für das fachliche Lernen im Geschichtsunterricht einnehmen und mögliche Konsequenzen für das unterrichtliche Handeln aufzeigen. Dabei zeichnet sich jeder einzelne Beitrag durch eine spezifische Konstellation gewählter theoretischer wie interdisziplinärer Zugänge aus. Aus dieser Heterogenität im geschichts- und sprachdidaktischen sowie kognitionspsychologischen Zugriff ergibt sich zum einen eine große Bandbreite an möglichen Zugängen und zum anderen ein Weitwinkel an Beobachtungsperspektiven.

Im Beitrag »Sprachbildung im Geschichtsunterricht. Leerformel oder Lernchance?« von *Saskia Handro* wird eine integrale Betrachtung von sprachlichen und fachlichen Kompetenzen als zentral angesehen. Sie verfolgt mit ihrem Beitrag das Ziel, eine Systematisierung vorlegen zu können, die hilft, den Zusammenhang zwischen historischem und sprachlichem Lernen genauer erfassen und damit einen geschichtsdidaktischen Reflexionsrahmen theoretisch fundieren zu können. Dieser geschichtsdidaktische Reflexionsrahmen zur Sprachbildung wird aus geschichtstheoretischer, geschichtskultureller, geschichtsdidaktischer und linguistisch-sprachdidaktischer Perspektive modelliert. In ihrem Fazit kommt Saskia Handro zu der Erkenntnis, dass die geschichtsdidaktische Herausforderung darin läge, sprachliche Mittel und Handlungsmuster zu systematisieren und darüber hinaus auch den Zusammenhang zwischen Sprache und historischem Denken empirisch zu fundieren.

Einen explorativen, empirischen Zugang wählt *Sven Oleschko* mit seinem Beitrag »Sprachsoziologische Erkundung eines sprachbildenden Geschichtsunterrichts« und eröffnet dabei einen interdisziplinären Zugang, der theoretische Zugänge aus der Intersektionalitäts- und *beliefs*-Forschung aufgreift. Dabei verfolgt er das Ziel, die sprachliche Verfasstheit von Geschichtsunterricht genauer zu fassen und an einer ausgewählten Geschichtsstunde die theoretischen Erkenntnisse zu überprüfen und zu erweitern. Der Beitrag schlägt eine Brücke von einer ungleichheitskritischen Perspektive zu kontextbezogenen *beliefs* von Lehrer*innen und deren möglichen Einfluss auf die konkrete Unterrichtsgestaltung im Fach Geschichte. Dabei arbeitet er einen Forschungsstand auf, der für die Unterrichtsforschung und die Fachdidaktik eine besondere Bedeutung hat, da hier cross-level-Interaktionen zwischen Schule, Schulkontext, Merkmalen der Schüler*innen und Lehrer*innen theoretisch gefasst werden können.

Olaf Hartung stellt in seinem Beitrag »Sprachhandeln und kognitive Prozesse von Schülerinnen und Schülern beim Schreiben über Geschichte« eine empirische Studie vor, die das Schreiben von Schüler*innen fokussiert. Er geht von der Annahme aus, dass das Geschichtslernen eine komplexe mentale Aktivität sei, da es sich im Fach primär um abstrakte Lerninhalte für die Schüler*innen handele. In seinem Beitrag geht er der Funktion von Sprache für das historische Lernen nach und berichtet anhand drei untersuchter Dimensionen – (1) verwendete Sprach- bzw. Diskursfunktionen, (2) hergestellte sprachlogische Verknüpfungen und (3) eigenständig geleistete Schlussfolgerungen –, wie die Schüler*innentexte in seinem Korpus gestaltet sind. Er kommt im Anschluss seiner Untersuchung zu dem Ergebnis, dass der vermutete Zusammenhang zwischen Inhalt, kognitiver Aktivität und seiner Versprachlichung bestätigt werden könne. Er weist damit ein Beziehungsgeflecht aus Inhalt, Sprache und Denken für Geschichtslernprozesse nach.

Aus sonderpädagogischer Sicht wird Sprache schon lange im Fokus von Unterricht betrachtet. Allerdings sind Lehrkräfte nur unzureichend auf sprachliche Vielfalt vorbereitet. Im Beitrag »Sprachförderung und Sprachbedeutung im inklusiven Geschichtsunterricht« von *Sebastian Barsch* wird daher die Herausforderung eines sprachsensiblen Geschichtsunterrichts genauer in den Blick genommen. Auch wenn der Kern die Narrativität dieses Unterrichts darstellt, stellt gerade die Inklusion dieses Fach vor große Herausforderungen. Ein auf Sprache beruhender Prozess bedeute in inklusiven Settings mehr denn je, sowohl die sprachliche Kompetenz der Schüler*innen als auch die Fähigkeit des sprachsensiblen Lehrerhandelns genauer untersuchen zu können. Denn eine sprachsensible Haltung aufzubauen, bedeutet auch die Sprachfähigkeit der Schüler*innen individuell erkennen und durch sprachlich fordernde und individualisierte Aufgabenstellungen begleiten zu können. Hier stünde die Geschichtsdidaktik vor großen Herausforderungen, um Antworten und neue Konzepte für eine veränderte und im Wandel befindliche Schullandschaft zu finden.

Katharina Grannemann setzt sich in ihrem Beitrag »Ideen und Perspektiven zur Gestaltung von Lernmaterialien im sprachsensiblen Geschichtsunterricht« mit dem Geschichtsbuch als Leitmedium des Geschichtsunterrichts auseinander. Dabei möchte sie ein Bewusstsein für Gestaltung und Einsatz von Lernmedien im gezielt sprachbildenden Unterricht schaffen und zeigt mithilfe von Anleihen aus den Bildungs- und Neurowissenschaften sowie kognitionspsychologischen Zugängen mögliche Orientierungshilfen und Prinzipien für die Integration von fachspezifischen und sprachlichen Informationen aus Text- und Bildelementen in einem sprachsensiblen Geschichtsunterricht.

Der Beitrag »Lernaufgaben für sprachbildenden Geschichtsunterricht. Theoretische Grundlagen und Hinweise für ihre Entwicklung« von *Matthias Sieberkrob* widmet sich der Bedeutung von Lernaufgaben für das historische Lernen. Er geht von der Grundannahme aus, dass sprachliche Bildung im Geschichtsunterricht dem fachlichen Lernen inhärent sei. Daher habe die epistemische Funktion eine besondere Bedeutung für das historische Denken. Gerade die Betrachtung der Sprachhandlung des historischen Erzählens sei konstitutiv für den Geschichtsunterricht. Lernaufgaben können in diesem Zusammenhang helfen, dass fachliche Lernen zu unterstützen, da sie sowohl das sprachliche als auch fachliche Lernen begünstigen. Er kommt zu einem vorläufigen Abschluss, indem er eine vertiefte Forschungsaufnahme zu Kriterien für historische Lernaufgaben formuliert.

Jutta Mägdefrau und *Andreas Michler* setzen sich in ihrem Beitrag »Arbeitsaufträge im Geschichtsunterricht – Diskrepanz zwischen Lehrerintention und didaktischem Potenzial?« ebenfalls mit dem Potenzial von Lernaufgaben für den Geschichtsunterricht auseinander. Die Ergebnisse der von ihnen vorgestellten Studie zeigen interessante Perspektiven auf Einsatz und Wirkung von Arbeitsaufträgen für das Verstehen historischer Zusammenhänge. Dabei wird eine Diskrepanz zwischen der Intention von Lehrenden bei Konzeption und Einsatz von Aufgaben mit vermeintlich inhärenten kognitiven Potenzial und der wirklichen Anbahnung kognitiver Operationen deutlich.

Die Beschäftigung mit Lernaufgaben findet sich auch im Beitrag »*Begründen* als Arbeitsauftrag im Geschichtsunterricht« von *Tülay Altun* und *Katrin Günther*. An einer konkreten Schulbuchaufgabe diskutieren die beiden Autorinnen die Fragen, was Lernende beim Lösen einer Begründe-Aufgabe leisten müssen und welche Herausforderungen auftreten können. Sie entwickeln einen funktional-pragmatischen Zugang, der die Funktionalität sprachlicher Formen des historischen Begründens in den Mittelpunkt ihrer Beschäftigung stellt. Aus diesem theoretischen Zuschnitt heraus entwickeln sie dann die Analyse der Aufgabe und auch die Ableitung, welche Bedeutung die Perspektive für den Einsatz von und die Arbeit mit Lernaufgaben im Geschichtsunterricht haben kann. Sie kommen zu der Einsicht, dass die Aufgabenformulierung zu echten Begründungszusammenhängen anregen muss. Daher sollte die Aufgabe in ein echtes Begründe-Setting eingebettet sein.

Kristina Matschke betrachtet in ihrem Beitrag »Gesprächsanalytische Perspektiven auf bildungssprachliche Normerwartungen im Geschichtsunterricht« die mündliche Unterrichtskommunikation. Dafür erarbeitet sie, dass die Schüler*innen sowohl fachübergreifende wie fachspezifische sprachliche Kompetenzen beherrschen müssen, um am Unterrichtsgeschehen teilhaben zu können. Unterricht bestünde aus ethnomethodologischer Perspektive nie unabhängig von den im Unterricht beteiligten Lehrer*innen und Schüler*innen, sondern wird durch diese erst sprachlich handelnd produziert und reproduziert. Daher eröffnet sie auch einen sprachwissenschaftlichen Zugriff auf die Sprachhandlungen im Unterricht. Sie betrachtet ausschließlich die mündliche Unterrichtsgestaltung und betont ebenfalls die epistemische Funktion von Sprache. Sie geht von der Annahme aus, dass die Unterrichtskommunikation ein prototypischer Rahmen für bildungssprachliche Praktiken unter spezifischen Bedingungen darstelle und rekonstruiert an einem Beispiel diese Charakteristika.

Einen Blick auf die Verbindung von sprachsensiblem Fachunterricht und bilingualem Geschichtsunterricht nimmt *Alexander Heimes* mit seinem Beitrag »Die Integration von Sprach- und Fachlernen, *Scaffolding* und Diskurskompetenz. Bilingualer (Geschichts-)Unterricht als Beispiel für sprachsensiblen Fachunterricht« ein. Er erkundet darin die Artverwandtschaft beider Unterrichtsansätze und spricht sich für deren Beleuchtung aus der langjährigen bilingualen Praxiserfahrung aus, die helfen kann, theoretische, praktische sowie methodische Transfermöglichkeiten genauer in den Blick zu nehmen. Dabei versteht er sprachsensiblen Unterricht als eine ergänzende Unterrichtsdimension, die den Geschichtsunterricht im Hintergrund um spezifische Ziele und Elemente erweitern könne. Zwischen bilingualen und sprachsensiblen Fachunterricht sieht er die Gemeinsamkeit in der Integration von Inhalten und Sprache.

Durch die Einzelbeiträge und deren Orientierung an der epistemischen Funktion von Sprache ist ein spezifischer Zugang zum Diskurs um Sprachbildung im Geschichtsunterricht angeregt und systematisch vertieft. Dabei haben alle Beiträge ihren eigenen Charakter und die Autor*innen ihren je eigenen theoretischen Überbau aufrechterhalten können. Es zeigt sich in der Gesamtschau, dass durch die vorliegenden Beiträge ein weiterer Schritt zur Systematisierung unternommen wurde. Es wäre aber wünschenswert, wenn diese Aktivitäten weiter vertieft, systematisiert und ausgebaut würden. Denn nur so kann sich auch eine theoretische wie empirische Fundierung in den nächsten Jahren ergeben, die hilft, die Unterrichtsqualität auszubauen und so das fachliche Lernen bei den Schüler*innen zu unterstützen.

Wir wünschen Ihnen eine erkenntnisreiche Lektüre mit diesem Sammelband und bedanken uns bei allen Autor*innen für die vertrauensvolle Zusammenarbeit.

Katharina Grannemann, Sven Oleschko & Christian Kuchler

Saskia Handro

Sprachbildung im Geschichtsunterricht
Leerformel oder Lernchance?

Sprachbildung und Sprachförderung wurden im Gefolge der internationalen Vergleichsstudien PISA und TIMMS wiederholt als bildungspolitische Herausforderung diskutiert (Beck & Klieme, 2007; Schiefele, Artelt, Schneider & Stanat, 2004) und als Querschnittsaufgabe aller Unterrichtsfächer curricular verankert. »Der Erwerb gesellschaftswissenschaftlicher Grundbildung muss mit einer fachbezogenen Sprachförderung verknüpft werden«, heißt es im Lehrplan Gesellschaftslehre des Landes Nordrhein-Westfalen, denn »[k]ognitive Prozesse des Umgangs mit Fachwissen, der methodischen Fähigkeiten und der Beurteilung und Bewertung von gesellschaftswissenschaftlichen Sachverhalten und Problemstellungen sind ebenso sprachlich vermittelt wie die Präsentation von Lernergebnissen und der kommunikative Austausch darüber. Solche sprachlichen Fähigkeiten entwickeln sich nicht naturwüchsig auf dem Sockel alltagssprachlicher Kompetenzen, sondern müssen gezielt in einem sprachsensiblen Fachunterricht angebahnt und vertieft werden« (Ministerium für Schule und Weiterbildung NRW, 2011, S. 11).

Folgt man den curricularen Leitlinien, dann geht die Aufgabe der Fächer weit über die Ebene der bildungssprachlichen Förderung hinaus. Vielmehr wird der Zusammenhang von sprachlichen und fachlichen Kompetenzen hervorgehoben und damit betont, dass Sprachförderung im Fach weder Nebenschauplatz der Kompetenzentwicklung noch fachfremdes Addendum ist. Die Vermittlung und der Erwerb von Sprach- und Fachwissen sind untrennbar miteinander verbunden (Oleschko, 2014).

Gerade für den Geschichtsunterricht erweist sich eine integrale Betrachtung von sprachlichen und fachlichen Kompetenzen als zentral, denn Geschichte ist Sprache, und Geschichtsbewusstsein entwickelt und artikuliert sich in vielfältigen Formen historischen Erzählens sowie im Diskurs über Sinngehalte historischer Narrative (Barricelli, 2012; Pandel, 2004). Historisches Lernen und Sprachbildung sind somit zwei Seiten einer Medaille. In der geschichtsdidaktischen Diskussion ist diese Prämisse keineswegs neu (Günther-Arndt, 2010), und empirische Befunde bestätigen ebenso wie unterrichtspraktische Erfahrungen, dass der Geschichtsunterricht für Lernende sprachlich herausfordernd ist.

Im Gegensatz zum wachsenden Problembewusstsein steht jedoch die Tatsache, dass den sprachlichen Kompetenzen Lernender im Geschichtsunterricht bislang zu wenig Aufmerksamkeit geschenkt wurde. Dies muss zunächst nicht überraschen, denn im Zentrum geschichtsdidaktischer Theoriebildung und geschichtsmethodischer Verfahren steht die hermeneutische Analyse sprachlicher Überlieferungen und historischer Narrationen (Handro, 2016, S. 270–274). Die linguistisch-sprachdidaktische Debatte um Sprachbildung konzentriert sich dagegen auf die Vermittlung sprachlicher Mittel und Strukturen sowie auf die Förderung von Strategien, die für den Erwerb von Fachwissen grundlegend sind (Schmölzer-Eibinger, 2013; Budde & Michalak, 2015, S. 9). Aufgrund dieser divergierenden Fachperspektiven sind die Schnittmengen fach- und sprachdidaktischer Zugänge bislang schwer auszumachen (Hein, 2016, S. 77–79). Das führt dazu, dass Potenziale einer Sprachbildung im Geschichtsunterricht nur unzureichend identifiziert und im Sinne einer Sprachförderung didaktisch genutzt werden können.

Zugespitzt formuliert: Sprachbildung im Geschichtsunterricht bleibt eine Leerformel, falls sie auf der Ebene bildungssprachlicher Förderung verbleibt und somit als Addendum des Fachunterrichts wahrgenommen wird. Fachliche Lernchancen eröffnen sich vor allem dann, wenn der Zusammenhang zwischen historischem und sprachlichem Lernen im Sinne eines geschichtsdidaktischen Reflexionsrahmens theoretisch fundiert und Sprachförderung auch zur Umsetzung fachlicher Lernziele pragmatisch gewendet werden kann. Ausgehend von dieser These wird im folgenden Beitrag der Zusammenhang von sprachlichen und historischen Kompetenzen begründet, um dann auf dieser Basis die fachlichen und sprachlichen Herausforderungen aus Lernerperspektive zu diskutieren und abschließend systematisierende Überlegungen zur Sprachbildung im Geschichtsunterricht zur Diskussion zu stellen.

1. Sprache und historisches Lernen. Theoretische Fundierung

Historisches Verstehen und historisches Denken sind primär sprachliche Leistungen, bei denen sprachliche Kompetenzen vorausgesetzt und entwickelt werden (Günther-Arndt, 2006, S. 166). Dabei ist das Verhältnis von sprachlichem und fachlichem Lernen keineswegs leicht zu systematisieren. Denn zweifelsfrei gibt es einen inneren, aber eben keinen eindeutigen Zusammenhang im Sinne einer Fachsprache. Vielmehr kommen bei der Suche nach Systematisierungsmöglichkeiten vier Perspektiven in den Blick: die geschichtstheoretische, die geschichtskulturelle, die geschichtsdidaktische und letztlich die linguistisch-sprachdidaktische Perspektive. Zwar lassen sie sich auf der theoretischen Ebene getrennt betrachten, für die Entwicklung eines geschichtsdidaktischen Reflexionsrahmens zur Sprachbildung müssen jedoch zentrale Schnittmengen markiert werden.

1.1 Sprachhandeln im historischen Erkenntnisprozess. Die geschichtstheoretische Perspektive

Die geschichtstheoretische Perspektive ist für die fachspezifische Profilierung von Sprachbildung fundamental. Sie betrifft die Epistemologie des Faches, das heißt den Zusammenhang zwischen *historischem Erkenntnisprozess und Sprachhandeln* (Handro & Schönemann, 2010) und damit die Frage, wie historisches Wissen produziert wird und diskursiv-narrativ Geltung erlangt. Dennoch geraten Historiker, wenn sie sich dem Problem der Sprache stellen, zwangsläufig in ein Labyrinth semantischer und sprachphilosophischer Auseinandersetzungen. Dies erklärt einerseits die Zurückhaltung, die sich Historiker auferlegen, wenn Sprache zur Diskussion steht, andererseits die widerstreitenden Anläufe, historisches Erzählen theoretisch zu modellieren (Barricelli, 2012). Unternimmt man dennoch den Versuch, den Zusammenhang zwischen Sprache und Geschichte im Sinne eines geschichtsdidaktischen Orientierungsrahmens zu beschreiben, dann zeigt sich die erkenntnisgenerierende und -prüfende Funktion von Sprachhandeln im Geschichtsunterricht. Sprache ist mithin das Fundament historischen Denkens und Lernens.

Zuerst sind die Sprache(n) der Geschichte *Untersuchungs- und Lerngegenstand* (Hasberg, 2009; Hartung, 2010), denn Quellen als Ausgangspunkt für die Rekonstruktion von Geschichte sind sprachlich verfasst, und im Prozess der Interpretation muss auch der Sinngehalt bildlicher oder gegenständlicher Quellen versprachlicht werden. Historisches Lernen ist ein Changieren zwischen den Sprachen der Vergangenheit und der Gegenwart. Bereits bei der Quellenanalyse gehen Lernende zwar von ihren (alltags-)sprachlichen Kenntnissen aus, doch ebenso erschließen sie sich Sprach- und Sinnhorizonte vergangener Wirklichkeit. Zu den wiederkehrenden hermeneutischen Herausforderungen des geschichtswissenschaftlichen Erkenntnisprozesses gehört es, sich mit der Historizität und Perspektivität von Quellen(-sprache) auseinanderzusetzen und zugleich sprachliche Strukturen und Funktionen unterschiedlicher Quellengattungen wie Urkunde, Brief, Gesetzestext oder einer historischen Rede zu reflektieren (Pandel, 2012).

Folglich sind Leitfragen der *Quellenkritik* nach dem Quellenautor, der Intention, dem Adressaten oder der Quellengattung methodische (Lern-)Werkzeuge für eine fachspezifische Sprachanalyse (Handro, 2015b). Ebenso erfordern *Quellenanalyse und -interpretation* rezeptive und produktive sprachliche Kompetenzen. Das Benennen, Zusammenfassen und Vergleichen von Quellenaussagen, das Beschreiben historischer Ereignisse, das Erklären zeitlicher und kausaler Zusammenhänge oder die Formulierung historischer Sach- und Werturteile setzen als sprachlich gebundene Denkoperationen gleichrangig die Kenntnis historischer Begriffe und Wissen über die fachspezifische Bedeutung sprachlicher Mittel voraus.

Und nicht zuletzt werden die *Ergebnisse des Erkenntnisprozesses* im Medium der Sprache dargestellt und diskursiv verhandelt. Ob Lernende eine methodischen Leitfragen folgende Quelleninterpretation schreiben, ob sie einen Lexikon- oder einen Blogeintrag verfassen oder ob die Präsentation in Form einer Posterausstellung erfolgt – jede dieser Gattungen historischen Erzählens weist Besonderheiten in der formal-sprachlichen Strukturierung auf, und erst bei einem genrespezifischen Gebrauch der sprachlichen Mittel wird ihre Darstellungs- und Sinnbildungsfunktionen zur Geltung gebracht (vgl. Abb. 1).

Auch wenn hier der Zusammenhang zwischen historischem Lern- und Erkenntnisprozess idealtypisch skizziert wurde (Handro, 2015a), dürfte kaum zu bestreiten sein, dass die Sprache im Geschichtsunterricht nicht nur Lerngegenstand ist oder lediglich als Medium unterrichtlicher Kommunikation fungiert. Die Sprache ist Denkwerkzeug und Denkstruktur. Historisches Denken und historisches Lernen folgt also nicht nur einem fachspezifischen Erkenntnisinteresse, sondern es vollzieht sich in fachspezifischen Sprach- und Lernhandlungen. Beschreiben, Analysieren, Erklären, Vergleichen oder Argumentieren sind folglich in geschichtstheoretischer Perspektive aufeinander bezogene Teiloperationen historischen Denkens, die in historischen Erzählungen auch sprachlich repräsentiert werden sollten (Rüsen, 1983, S. 29).

Mit Blick auf die narrative Kompetenz Lernender modellierte Hans-Jürgen Pandel erstmalig die (fach-)sprachlichen Erwartungshorizonte, die aus einer integralen Betrachtung von historischem Denken und historischem Erzählen abzuleiten wären. Hier seien nur einige genannt: Die Retrospektivität von Geschichte verlange den Gebrauch des Präteritums. Die Triftigkeit von

Quellenaussagen sei durch Modalwörter wie »gewiss, sicher oder vielleicht« zu bestimmen. Dagegen zeige sich die Fähigkeit, Geschehenszusammenhänge zu erklären, in der sprachlichen Umsetzung temporaler, kausaler, adversativer oder konditionaler Verknüpfungen und damit im Gebrauch entsprechender Konjunktionen (Pandel, 2010, S. 128–133; Pandel, 2005, S. 39).

Dieser geschichtstheoretisch begründete Zusammenhang zwischen sprachlichen und historischen Kompetenzen bietet eine wichtige Orientierung zur Profilierung fachspezifischer Sprachbildung, denn historisches Denken entwickelt und manifestiert sich in den Sprachhandlungen Lernender. Gleichwohl konzentriert sich Pandels sprachorientierte Modellierung narrativer Kompetenz auf Modi wissenschaftsförmigen historischen Erzählens und bietet daher einen Orientierungsrahmen für die Formulierung schulsprachlicher Erwartungshorizonte im Geschichtsunterricht.

1.2. Historisches Erzählen als lebensweltliche Ressource. Die geschichtskulturelle Perspektive

Nimmt man die geschichtskulturelle Perspektive ein, dann gewinnt die lebensweltliche Sinnbildungsfunktion historischen Erzählens deutlicher an Kontur. Denn weder sollte Sprachbildung im Fach als (fach-)sprachlicher Normierungsprozess missverstanden werden, noch lässt sich historisches Erzählen auf wissenschaftsförmige Modi reduzieren. Historisches Erzählen ist ein menschliches Grundbedürfnis, es ist lebensweltliche Sinnressource (Barricelli, 2012). Im Anschluss an narrativitätstheoretische Prämissen hat Sprachhandeln im schulischen Lernprozess daher immer auch eine affektive, identitätsrelevante Funktion. Im Geschichtsunterricht beim historischen Erzählen wird Zeiterfahrung verarbeitet, handlungsleitend gedeutet und als lebensweltlich relevant erfahren (Rüsen, 2008, S. 31), wenn Einstellungen, Haltungen und historische Orientierungsbedürfnisse, aber auch Imaginationen sprachlich organisiert, entwickelt und als Sach- und Werturteile greifbar werden. Sprache und Sprechen erscheinen daher für den historischen Lernprozess als kognitives Werkzeug und identitätsstiftende Sinnbildungsstruktur grundlegend. Folglich sollte historisches Erzählen im Geschichtsunterricht nicht durch schulsprachliche Handlungsmuster eingehegt, sondern – wie Rüsen (2008) in seinen pragmatischen Überlegungen ausführt – vielfältig genutzt und in Bezug auf seine individuellen und kollektiven Orientierungsleistungen reflektiert werden. Dass historische Sinnbildungen sprachlich manifestiert sowie zeitgebunden sind und daher nur durch sprach- und ideologiekritische Interpretation und historische Kontextualisierung fachangemessen erschlossen werden können, ließe sich auf unterschiedlichen Ebenen zeigen:

- auf der Ebene der *Begriffe*, etwa wenn um zeitgebundene Werturteile gerungen wird (z. B. Versailles – Friedensvertrag oder »Schanddiktat«; 1989 – Wende, Ende oder friedliche Revolution?);
- auf der Ebene *narrativer Erklärungs- und Sinnbildungsmuster*, die kollektive historische Orientierungen und deren Wandel repräsentieren (z. B. »Wir sind das Volk«; »Der Erste Weltkrieg – eine europäische Urkatastrophe«);
- auf der Ebene geschichtskulturell genutzter *Darstellungsformen/Gattungen* (z. B. Gedenkrede, Wikipedia-Eintrag, Comic) und Diskursformen (z. B. Straßennamendebatte).

Sprachbildung im Geschichtsunterricht heißt demnach in geschichtskultureller Perspektive, historische Sinnbildungsleistungen und ihre sprachlichen Repräsentationen einerseits zu analysieren und auf ihre Triftigkeit zu prüfen, andererseits aber auch vielfältige geschichtskulturelle Darstellungs- und Diskursformen zu erproben, argumentativ zu vertreten und kritisch zu reflektieren. Die Erprobung und Analyse vielfältiger Sinnbildungsmuster (u. a. imaginativ, rhetorisch, diskursiv, kontrafaktisch) und damit verbundener Gattungen historischen Erzählens vom Zeitzeugeninterview über die Gedenkrede bis zum historischen Spielfilm gehört bereits jetzt zu den zentralen Bausteinen geschichtskultureller Gattungs- und Erzählkompetenz (Pandel, 2005, S. 42–43). In dieser Perspektive erweist sich fachspezifische Sprachbildung als eine Voraussetzung für eine reflektierte Teilhabe am geschichtskulturellen Diskurs.

Aus geschichtstheoretischer und geschichtskultureller Perspektive können sprachlicher und fachlicher Kompetenzerwerb folglich nur integral betrachtet werden. Fachspezifische Sprachbildung erscheint demnach keine Neuentdeckung, sondern sie wurde implizit immer betrieben. Doch stellt man historisches Erzählen und damit narrative Kompetenz als erkenntnisgenerierende und sinnstiftende Orientierungsleistung ins Zentrum historischen Lernens, wird die Sprache der Geschichte erst dann zu einer individuellen Ressource historischen Denkens und historischer Sinnbildung, wenn sich Lernende der Erkenntnis- und Sinnbildungsfunktion historischer Begriffe, grammatikalischer und syntaktischer Mittel sowie der Gattungen historischen Erzählens bewusst sind. Sprachbildung im Geschichtsunterricht verlangt somit, die Vielfalt sprachlicher Realisierungsmöglichkeiten historischen Erzählens zu analysieren, zu vermitteln und reflektiert zu nutzen.

1.3 Narrative Kompetenz im historischen Lehr- und Lernprozess. Die geschichtsdidaktische Perspektive

Für eine *geschichtsdidaktische Perspektivierung von Sprachbildung im Fach* sind diese geschichtstheoretischen und geschichtskulturellen Prämissen grundlegend. Auf ihnen basieren – bei allen nominalistischen Divergenzen – die diskursprägenden Kompetenzmodelle des Geschichtsunterrichts (Barricelli, Gautschi & Körber, 2012; Handro 2013, S. 319–320), und ihnen folgen auch geschichtsmethodische Modelle (Günther-Arndt & Handro, 2015, S. 145–256). Auch wenn Michele Barricelli (2008, S. 146) in seinem Zwischenruf zur Kompetenzdebatte 2008 kritisch anmerkte, dass es Protagonisten der geschichtsdidaktischen Kompetenzdebatte »bereits wieder schwer fällt anzuerkennen, dass Geschichte nichts anderes ist als Erzählung und Geschichtslernen demnach nichts weiter bedeutet als erzählen zu lernen, dass demnach Unterrichtsaktivitäten wie Textquellenanalyse, Bildinterpretation, Rollenspiel, Podiumsdiskussionen nur Methode, also der Weg zum historischen Sprechen sind, nicht das Ziel, nicht die Geschichte selbst«, wird narrative Kompetenz als Conditio sine qua non daher nicht infrage gestellt, sondern als fachspezifisches Struktur- und Erkenntnisprinzip neu gewichtet (Barricelli, 2016). Insofern weisen die Zielvorstellungen sprachlicher und historischer Bildung mehr Gemeinsamkeiten auf, als sich Trennendes markieren ließe.

Doch im Bereich der Pragmatik fachlicher Sprachbildung sind die Hürden einer Integration von Fach- und Sprachlernen keineswegs leicht zu überspringen. Markus Bernhardt und Mareike-Cathrine Wickner (2015, S. 281) markieren zwei Herausforderungen bei der Förderung narrativer Kompetenz: »Einerseits steht [die Geschichtsdidaktik] vor der Aufgabe, die Schwierigkeiten zu benennen, die Lernende beim Umgang mit der Fachsprache im Geschichtsunterricht haben. Andererseits muss sie herausarbeiten, welche Möglichkeiten der fachsprachlichen Förderung existieren und vor allem funktionieren. Doch bereits die erste Herausforderung ist eigentlich eine doppelte. Denn Geschichte wird zum größten Teil alltagssprachlich betrieben. Deshalb sind die Schwierigkeiten von fachsprachlichen historischen Begriffen und Wendungen, die häufig im Mantel der Alltagssprache erscheinen, viel diffiziler, weil sich ihre kontextgebundenen Bedeutungen häufig nur dem Experten erschließen.«

Dass die Schere zwischen theoretischen Prämissen narrativer Kompetenz und den sprachlichen Voraussetzungen Lernender weit geöffnet ist, bestätigt eine Vielzahl empirischer Erhebungen zum Textverstehen und zu Schreibleistungen Lernender. Bodo von Borries und andere haben wiederholt darauf verwiesen, dass Lernende Schwierigkeiten haben, Autoren- und Quellentexte fachlich angemessen zu verstehen (Borries, 1995, S. 123; Borries, Fischer, Leutner-Ramme & Meyer-Hamme, 2005). Dies wurde zum einen als Herausforderung der Quellenorientierung des Geschichtsunterrichts diskutiert.[1] Zum anderen problematisieren Pandel (2011) und Henke-Bockschatz (2007), dass die sprachlich-narrative Struktur der Autorentexte in Schulgeschichtsbüchern Lernende überfordert. Durchaus könnte man die empirischen Befunde zur mangelnden Lesekompetenz als Ausdruck einer fächerübergreifenden Problemlage interpretieren und damit Lese- und Sprachförderung fachunspezifisch betreiben. Jedoch werden auf diesem Wege fachspezifische Herausforderungen beim Lesen, Schreiben und Sprechen über Geschichte nivelliert (Mehr & Werner, 2012) und fachliche Lernchancen verschenkt (Günther-Arndt, 2003; Rox-Helmer, 2010).

Liest man die vorliegenden empirischen Befunde jedoch nicht allein als Defizitanalysen, dann lassen sich Schnittmengen von sprachlicher und fachlicher Kompetenzentwicklung herausarbeiten. Ohne an dieser Stelle die empirischen Befunde in ihrer Breite zu referieren, zeichnen sich vier Dimensionen sprachlicher Problemlagen ab, die produktiv gewendet auch Perspektiven für eine fachspezifische Sprachförderung eröffnen.

Erstens ist hier die Divergenz zwischen einem alltagsweltlichen Begriffsverständnis Lernender und der historischen Semantik bzw. Historizität von Quellenbegriffen oder historischen Begriffen, die für das fachliche Denken zentral sind, zu nennen. So haben Beilner (2002) und Langer-Plän (2003, 2006) in ihren Untersuchungen auf die fachspezifischen Herausforderungen des Begriffslernens verwiesen. Lernende bringen bereits gegenwarts- und lebensweltlich gebundene Vorstellungen zu historischen Begriffen mit, und gerade aufgrund der alltagssprachlichen Anschlussfähigkeit kommt es in der unterrichtlichen Kommunikation dazu, dass Lehrende und Lernende aneinander vorbeireden und sich der unterschiedlichen Kontexte des Begriffsgebrauchs wenig bewusst sind (Alavi, 2004, S. 44 f.). Eine Veränderung oder Erweiterung des Begriffsverständnisses setzt daher fachspezifische Strategien der Begriffsarbeit voraus, die nicht allein auf der Ebene reproduktiven Begriffslernens liegen können (Rohlfes, 1997), sondern vielmehr der fachlichen Spezifik des Begriffsgebrauchs und der Begriffsbildung Rechnung tragen müssen. Zuletzt hat Michael Sauer (2015,

---

1   Das trifft nicht nur auf die Interpretation von Textquellen zu, sondern lässt sich, wie Oleschko (2013) und Lange (2011, S. 170–181) in ihren Untersuchungen zeigen, auch auf sprachliche Kompetenzen bei der Bildinterpretation übertragen.

S. 5–7) die spezifischen Herausforderungen des Begriffslernens im Geschichts-unterricht erörtert: Historische Begriffe sind schwer zu klassifizieren. Sie bewe-gen sich auf unterschiedlichen Abstraktionsniveaus (z. B. Schwertleite, Lehns-wesen, Bürger) und fungieren als theoriebasierte Denkwerkzeuge, müssen aber dennoch als Deutungsinstrumente kritisch hinterfragt werden. Des Weiteren ist der Geschichtsunterricht chronologisch organisiert, und einzelne Begriffe tauchen wiederholt auf, charakterisieren aber unterschiedliche historische Er-eigniszusammenhänge (z. B. Putsch, Revolution).[2]

Zweitens verweisen empirische Analysen von Schreibprodukten Lernender auf sprachliche Defizite historischen Erzählens, die vor allem die sprachli-che Repräsentation historischer Denkoperationen betreffen. So konstatierte Memminger (2009, S. 209) »erhebliche Schwierigkeiten, wenn es darum geht, semantisch sinnvolle Verknüpfungen herzustellen. So ist eine z. B. finale oder kausale Verbindung der einzelnen historischen Fakten, die wirkliches histori-sches Erzählen ausmachen würde, relativ selten.« Ebenso eindrücklich zeigt die Evaluation von Abiturklausuren von Schönemann, Thünemann und Zülsdorf-Kersting die Schere zwischen theoretischen Implikationen narrativer Kompe-tenz und den sprachlich realisierten Lernleistungen. Die Autoren beschreiben unter anderem die fehlende sprachliche Distanzierung zu Quellenaussagen, In-kohärenz der Darstellung und Schwächen der Sach- und Werturteilsbildung als nicht zu trennende fachliche und sprachliche Problemlagen, und sie resümie-ren, »dass Schülerinnen und Schüler zu wenig in der Lage waren, elementare historische Denkleistungen kontrolliert und reflektiert durchzuführen bzw. in Sprache zu fassen« (Schönemann, Thünemann & Zülsdorf-Kersting, 2010, S. 124). Man könnte den Zusammenhang zwischen sprachlichen Problemlagen und historischem Denken auch entlang von Befunden der Schülervorstellungs-forschung weiter entfalten. Hier ließe sich die Divergenz zwischen wiederkeh-renden sprachlichen Mustern Lernender und wissenschaftlichen Konzepten beschreiben – zum Beispiel die Tendenz zur Personalisierung oder monokau-sale, meist an Motiven historischer Akteure orientierte Erklärungsmuster his-torischen Wandels (Günther-Arndt, 2016).

Angesichts dieser sich verdichtenden Muster müsste man reflektieren, ob Lernenden die bedeutungsgenerierende und damit fachliche Funktion der von ihnen genutzten sprachlichen Mittel überhaupt bewusst ist oder ob diese im Sinne einer fachlichen Sprachbildung überhaupt thematisiert wurde. In jedem

---

2 Zu Problemen der Systematisierung und Pragmatik historischen Begriffslernens vgl. auch Ventzke (2012) und Hasberg (1995).

Fall böte eine kategoriengeleitete Analyse der Schülersprache in authentischen Lern- und Schreibsituationen nicht nur Einblicke in historische Denk- und Sinnbildungswelten Lernender, sondern auf diesem Wege könnten Aufschlüsse über wiederkehrende sprachliche Problemlagen historischen Lernens gewonnen werden. Eine weiter gehende Systematisierung wäre hier der Ausgangspunkt für die Entwicklung von Strategien fachspezifischer Sprachförderung im Geschichtsunterricht.

Drittens zeigen erste empirische Untersuchungen (Hartung, 2013, 2015), dass eine Schreiborientierung im Geschichtsunterricht nicht nur die Reorganisation historischen Wissens durch historisches Erzählen fördert, sondern dass durch genregebundene Schreibformate historische Denkoperationen wie historisches Verstehen (z. B. das Verfassen einer historischen Rede aus der Perspektive eines historischen Akteurs) oder genetisches Erzählen (z. B. das Schreiben eines Zeitungsartikels) gefördert werden können. Folgt man den Befunden der kognitionspsychologisch ausgerichteten englischsprachigen Lese- und Schreibforschung, dann profitiert fachliches Lernen von einer Aufgabenkultur, die inhaltliches, epistemisches und sprachliches Lernen gleichermaßen berücksichtigt und einzelne Operationen historischen Denkens und historischer Sinnbildung fokussiert (Drie, Boxtel & Braaksma, 2014, S. 94–119). Marcel Mierwald und Nicola Brauch (2015) haben hier ein erstes Modell zur Förderung historischen Argumentierens vorgelegt. Michele Barricelli (2015) stellte jüngst Wege vor, historische Sinnbildungsmuster durch sprachliche Scaffoldings zu fördern. Darüber hinaus haben unter anderem Kühberger und Windischbauer (2009) erste Überlegungen zur Profilierung fachspezifischer Lesestrategien unterbreitet.

Wenngleich die Untersuchungen zur Wirksamkeit von sprachliche und fachliche Kompetenzen integrierenden Förderstrategien noch in ihren Anfängen stecken, wächst in der geschichtsdidaktischen Diskussion das Bewusstsein, dass sich narrative Kompetenz nicht im Selbstlauf auf dem Sockel alltagssprachlicher oder bildungssprachlicher Kompetenzen entwickelt. Vielmehr könnte die Diskussion um Wege fachspezifischer Sprachbildung auch die Debatte um die Operationalisierung historischer Kompetenzförderung beflügeln – nicht zuletzt da sich auch auf dem Feld der geschichtsdidaktischen Kompetenzmessung immer deutlicher zeigt, dass sprachliche und fachliche Leistungen nicht zu trennen sind (Ercikan & Seixas, 2015, S. 6).

Derzeit ist die Schere zwischen den theoretischen Modellierungen narrativer Kompetenz und den Lernvoraussetzungen der Schülerinnen und Schüler weit geöffnet. Die kritische Mahnung von Bernhardt und Wickner (2015,

S. 281), die »narrative Kompetenz vom Kopf auf die Füße« zu stellen, verbindet sich daher mit dem Plädoyer, die sprachlichen Voraussetzungen Lernender stärker in den Blick zu nehmen. Dies scheint angesichts der heterogenen sprachlichen Kompetenzen Lernender dringend geboten. Dafür sensibilisiert vor allem die linguistisch-sprachdidaktische Debatte.

1.4 Sprachförderung in fachlichen Lehr- und Lernprozessen. Die linguistisch-sprachdidaktische Perspektive

Mit der *linguistisch-sprachdidaktischen Perspektive* kommt der Zusammenhang von bildungssprachlichen Kompetenzen und schulischen Lehr- und Lernprozessen deutlicher in den Blick (Gogolin, Lange, Michel & Reich, 2013). Sicher lassen sich die vielfältigen Ansätze zur Sprachbildung und Sprachförderung, die derzeit in den Bildungswissenschaften, der Linguistik und den Sprachdidaktiken diskutiert werden, nicht auf einen einfachen Nenner bringen, zumal sie unterschiedlichen theoretischen Rahmungen und Diskurstraditionen folgen (Handro, 2016, S. 274–281). Gleichwohl werden in der sprachdidaktischen Debatte um einen »sprachsensiblen« oder »sprachbewussten« Fachunterricht unterrichtspragmatisch relevante Problem- und Handlungsfelder markiert, die fächerübergreifend anschlussfähig sind.

Programmatisches Ziel der sprachdidaktischen Forschung ist die Förderung bildungssprachlicher Kompetenzen, die für den Erwerb von Fachwissen und damit für einen Lernerfolg unabdingbar sind (Thürmann & Vollmer, 2013, S. 51–53). Im Anschluss an Positionen der funktionalen und kognitiven Linguistik wird hier die Bedeutung der Sprache und des aktiven Sprachhandelns in institutionalisierten Lernprozessen neu bewertet und Sprache als ein immer auch *fachspezifisches Denk- und Lernwerkzeug* aufgewertet, mit dem fachliches Wissen nicht nur erworben, sondern Wissen reorganisiert, verknüpft und transferfähig wird. Besonders werden die fachspezifischen Herausforderungen sprachlichen Kompetenzerwerbs auf der Ebene des fachgebundenen Wortschatzes, domänenspezifischer Textformen und sprachlicher Handlungsmuster betont. Die Modellierung von Sprache als Denk- und Lernstruktur ist daher das entscheidende Motiv, Sprachbildung als originäre Aufgabe des Fachunterrichts zu begründen und Sprachförderung nicht länger als Addendum zu betreiben (Beese & Benholz, 2013). Denn »[d]ie bewusste Anwendung von sprachlichen Mitteln«, so Michalak, Lemke und Goeke (2015, S. 132), »und die explizite Betrachtung von Sprachstrukturen in jedem Fachunterricht helfen den Lernenden, die Denk- und Arbeitsweisen des Faches zu verstehen sowie eigene (fach-)sprachliche und damit auch fachliche Kompetenzen zu entfalten.«

Neben dieser theoretischen Begründung integrativen Sprach- und Fachlernens reagiert die Forderung nach fachgebundener Sprachbildung auf die *sprachliche Heterogenität* Lernender. Mit dem Plädoyer für eine fächerübergreifende Sprachförderung verbindet sich jedoch nicht nur die altbekannte Aufgabe, sprachliche Kompetenzen innerhalb der Schullaufbahn zu entwickeln. Mit Blick auf die wachsende Heterogenität Lernender in einer Klassenstufe werden vielmehr ganz unterschiedliche Lernvoraussetzungen und damit verbundene Spracherwerbsprozesse parallel verhandelt (Leisen, 2013, S. 15–28; Handro, 2015c).

Im Gefolge der PISA-Erhebungen wurde zunächst die Förderung von Lesekompetenz und Bildungssprache als Gebot gesellschaftlicher Bildungsgerechtigkeit und Chancengleichheit gesehen, um Lernende aus bildungsfernen Milieus zu fördern und zugleich die Sprachentwicklung von Schülerinnen und Schülern zu stützen, deren Herkunftssprache nicht Deutsch ist. Angesichts der anhaltenden Flüchtlingsströme drängt sich der Zusammenhang von Spracherwerb und fachlichem Lernen noch deutlicher auf, und Sprachförderung für Lernende mit Deutsch als Zweitsprache ist bereits jetzt Gegenstand der Lehrerbildung (Schmölzer-Eibinger, 2011). Nicht zuletzt wird – wie Bettina Alavi (2015, 2016) für das Fach Geschichte problematisierte – angesichts der Inklusion die Frage nach der Reduktion fachlicher Sprachbarrieren weiter an Bedeutung gewinnen, um durch »Leichte Sprache« Bildungsbeteiligung zu gewährleisten.

Hinter der bildungspolitischen Forderung nach fachbezogener Sprachbildung und -förderung verbergen sich also ganz unterschiedliche Phänomene kognitiver, sprachlicher und sozialer Heterogenität. Dies erschwert auf den ersten Blick die fachliche Orientierung in der Debatte. Auf den zweiten Blick ist angesichts des Zusammenhangs zwischen sprachlichen und fachlichen Leistungsdisparitäten die Notwendigkeit einer fachspezifischen Fundierung nicht zu bestreiten. Denn insbesondere durch die Hinwendung zu den sprachlichen Kompetenzen gewinnt die Herausforderung an Kontur, vor der Geschichtslehrende bei der Umsetzung individueller Förderung und Binnendifferenzierung in einer Schulklasse stehen. Geschichtsunterrichtliche Sprachbildung wird folglich auch als Sprachförderung zu denken sein, und dies verlangt didaktische Strategien, die dem Anspruch einer Verknüpfung von fachlichem und sprachlichem Kompetenzerwerb gerecht werden (Röhner & Hövelbrinks, 2013).

Aus sprachdidaktischer Perspektive zeichnen sich damit mehrere didaktische Handlungsfelder ab. Sie sollen an dieser Stelle kurz skizziert und in Bezug auf ihre fachdidaktische Relevanz problematisiert werden (Michalak et al., 2015).

Zum einen bedarf es der *Diagnose der sprachlichen Voraussetzungen* Lernender, um den jeweils individuell spezifischen Förderbedarf zu klären und dadurch auch bei der Konzeption von Aufgabenformaten an die Vorwissensstrukturen Lernender anzuknüpfen. Sprachstanderhebungen und Lesetests sind hier sicher fächerübergreifende Instrumente, die für fachliche Lernprozesse eine erste Orientierung bieten. Die Konkretisierung fachspezifischer Problemlagen bleibt jedoch eine originär fachdidaktische Herausforderung.

Zum anderen sollte im Fachunterricht eine *sprachfördernde Lernkultur* etabliert werden, die eine Anknüpfung an die alltagssprachlichen Ressourcen Lernender ermöglicht (z. B. Rollenspiel), die Anwendung fachsprachlicher Mittel einübt (z. B. Beschreiben einer Bildquelle) und zugleich fachliche und sprachliche Reflexionsprozesse integriert sowie Raum für kontextbezogenes Lernen in vielfältigen authentischen Kommunikationssituationen bietet (z. B. Denkmalsdebatte) und damit die fachliche bzw. geschichtskulturelle Funktion dieses Sprachhandelns deutlich macht. Für den Bereich der mündlichen Kommunikation verfügt die Geschichtsdidaktik über ein ausdifferenziertes Methodenrepertoire, das dem diskursiven Charakter historischer Erkenntnis- und Sinnbildung Rechnung trägt (z. B. Interpretations- und Urteilsgespräch). Nachholbedarf besteht jedoch insbesondere im Bereich des Lesens und Schreibens. Dass Schreiben im Geschichtsunterricht als epistemischer Lern- und Denkprozess des Narrativierens weiter zu profilieren ist, darauf hat unter anderen Olaf Hartung wiederholt verwiesen. Dies setzt jedoch gleichrangig eine Kultur des Schreibens, Durchsprechens und Redigierens von Schülertexten voraus. Und es verlangt eine Systematisierung, Strukturierung und Transparenz der sprachlichen Erwartungshorizonte fachlichen Lernens. Wie Olaf Hartung treffend bemerkt: »Das Schreiben und Erzählen von Geschichte wird im Unterricht kaum thematisiert, dagegen in schriftlichen Leistungstests beständig abverlangt« (Hartung, 2008, S. 157).

Damit ist bereits der nächste Punkt angesprochen – die Notwendigkeit der *Explikation und Transparenz der sprachlichen Erwartungshorizonte*. Nicht nur mit Blick auf die Leistungsbewertung sollten die sprachlichen und fachlichen Anforderungen für Lernende transparent sein, im Sinne epistemischen Lernens gilt es auch, die fachliche Funktion sprachlicher Mittel, Textsorten und Kommunikationsstrategien zu erläutern und einzuüben.

Darüber hinaus setzt Sprachförderung eine *Reflexion der sprachlichen Anforderungen* voraus. Das heißt, Lehrende sollten die im Geschichtsunterricht einzusetzenden Schulbuchtexte, Darstellungen und Quellen nicht allein danach prüfen, wie sie zu den inhaltlichen Lernzielen passen, sondern auch sprachliche Hürden und das jeweilige sprachliche Potenzial für fachliches Lernen reflektieren. Im Feld produktiven Sprachhandelns gilt es ebenso zu planen, welche sprachlichen Mittel Lernende kennenlernen und anwenden müssen, um beispielsweise eine Bildquelleninterpretation fachlich und sprachlich angemessen durchführen zu können (Wenzel, 2015, S. 192).

Nicht zuletzt sollte unterrichtliche Textarbeit durch den *Einsatz von Lese- und Schreibstrategien* gestützt werden, die den Rezeptions- und Narrationsprozess strukturieren, sich auf zentrale fachliche Konzepte konzentrieren (z. B. Wandel, Kausalität, Triftigkeit) und eine Binnendifferenzierung ermöglichen.

In der Zusammenschau verlangt aus sprachdidaktischer Perspektive Sprachbildung und Sprachförderung in den Fächern eine *Unterrichtsplanung, die fachliches und sprachliches Lernen integriert*, indem sie

- die sprachlichen Implikationen fachlicher Lernziele und -inhalte berücksichtigt,
- die sprachbildenden Chancen und Hürden fachspezifischer Textsorten und Sprachhandlungsmuster reflektiert,
- vielfältige methodische Wege zum aktiven und fachangemessenen Sprachgebrauch beschreitet sowie authentisches Sprachhandeln ermöglicht und
- unter Berücksichtigung der heterogenen sprachlichen Kompetenzen Lernender durch Scaffolding sowie Lese- und Schreibstrategien sprachliche Hilfestellungen bietet, die zugleich Grundstrukturen fachlichen Denkens und Lernens betreffen.

Ausgehend von diesen didaktischen Leitlinien wurden von Sprachdidaktikern vielfältige Handreichungen entwickelt, die für sprachliche Herausforderungen von Sachtexten (Studienseminar Koblenz, 2009) und Schreibaufgaben sensibilisieren und in grundlegende sprachdidaktische Methoden wie etwa Wortschatzarbeit oder Lesestrategien einführen (Leisen, 2013; Beese, Benholz, Chlosta, Gürsoy, Hinrichs, Niederhaus & Oleschko, 2014). Aus geschichtsdidaktischer Perspektive steht jedoch bislang die Förderung bildungssprachlicher Kompetenzen im Vordergrund, und obwohl mit Autorentexten oder Aufgabenformaten aus Geschichtsschulbüchern gearbeitet wird, sind die Schnittstellen zwischen fachlichen und sprachlichen Lernzielen wenig konturiert.

Eine Einschätzung der Transfermöglichkeiten für fachliche Sprachbildung fällt daher ambivalent aus. Einerseits werden in den Handreichungen erstmals systematisch Sprachschwierigkeiten Lernender als sprachstrukturelle Herausforderungen fachlicher Lernprozesse auf Wort-, Satz- und Textebene beschrieben. Zudem implementieren sie Lese-und Schreibstrategien, die auf dem empirischen Fundament der Lese- und Schreibforschung beruhen und im Sinne einer Sprachförderung konsequent auf die Vernetzung mit dem sprachlichen Vorwissen Lernender zielen. Mithin bestellen Vertreter der Sprachdidaktik ein methodisches Feld, das in der Geschichtsdidaktik weitgehend brachliegt. Andererseits erscheint fachliches Lernen weiter als Appendix. Das aber heißt, der theoretisch begründete Zusammenhang von fachlichem Denken und sprachlicher Förderung verschwindet bei der pragmatischen Umsetzung, da unter anderem Quellen als fachspezifische Textsorten und damit die Historizität von Sprache nicht thematisiert werden, da Intertextualität als epistemische Prämisse des Geschichtsunterrichts nicht in den Blick kommt oder durch Textvereinfachungen Nebensätze, Komposita oder der Konjunktiv verschwinden, d. h. sprachliche Strukturen, in denen fachliche Denkoperationen wie Temporalität, Prozess- und Deutungsbegriffe oder Triftigkeiten realisiert werden.

Die Problematisierung ist zweifelsohne zugespitzt, und mit Blick auf die sprachlichen Voraussetzungen Lernender sind die sprachdidaktischen Strategien gut begründbar. Problematisch scheinen derzeit jedoch die divergierenden Lernziele, denen sprachliches und fachliches Lernen jeweils folgen. Denn die bislang unzureichende geschichtsdidaktische Profilierung der Sprachbildung im Geschichtsunterricht zeitigt entweder ein fachunterrichtliches Transferproblem, da Sprachförderung von Lehrenden nicht als fachunterrichtliche Aufgabe verstanden wird. Oder fachunterrichtliche Lernziele könnten auf dem »Altar« der Sprachbildung geopfert werden, wenn diese nicht fachspezifisch profiliert wird (Kühberger, 2017).

Gerade aus diesem Grund ist der Sprachdidaktikerin Schmölzer-Eibinger nur zuzustimmen. Sie sieht die fachdidaktische Forschung gefordert, die Potenziale »domänenspezifischer Ausprägungen, Funktionen, Handlungsmuster und -routinen sowie ihre Implikationen und Effekte für das Fachlernen noch genauer als bisher zu erforschen« (Schmölzer-Eibinger, 2013, S. 37) und das Anregungspotenzial der Schreib- und Literalitätsforschung zu nutzen, fachspezifisch weiterzuentwickeln und in Bezug auf die Wirksamkeit für fachliche Lernprozesse zu untersuchen.

2. Historisches Erzählen als integrales Sprach- und Fachlernen. Wege der Systematisierung

Denkt man die vier entfalteten Perspektiven zusammen, dann bleibt fachspezifische Sprachbildung, die auf die Förderung narrativer Kompetenz zielt, eine »Leerformel«, wenn es nicht gelingt, zentrale Schnittstellen zwischen den sprachlichen Repräsentationen historischen Denkens und historischer Sinnbildung, den sprachlichen Voraussetzungen Lernender und den methodischen Strategien geschichtsunterrichtlicher Sprachbildung zu markieren und zu begründen. Dies setzt zunächst eine Systematisierung des Zusammenhangs von Sprache und historischem Lernen voraus. Im Anschluss an die zunächst getrennt entfalteten Perspektiven, die für eine Profilierung von Sprachbildung im Geschichtsunterricht in Betracht kommen, wird nun der Versuch einer geschichtsdidaktischen Systematisierung unternommen, die drei Ebenen gleichrangig zu berücksichtigen hat:

– die Makroebene des historischen Erkenntnis- und Lernprozesses und damit die Teiloperationen historischen Erzählens im Geschichtsunterricht;
– die Mesoebene der sprachlichen Strukturen historischen Erzählens;
– die Mikroebene der Entscheidungsfelder einer sprachfördernden Unterrichtsplanung, die narrative Kompetenz als Lernziel begreift.

Die systematisierenden Überlegungen verstehen sich als Reflexionsrahmen für eine Unterrichtsplanung, die fachliches und sprachliches Lernen integriert.

2.1 Historisches Erzählen im Geschichtsunterricht. Ein Prozessmodell

Eine Unterrichtsplanung (Thünemann, 2015, S. 265), die fachliches und sprachliches Lernen integriert, setzt zunächst voraus, dass die erkenntnisgenerierende Funktion von Sprachhandlungen im Lehr-Lernprozess von der Heuristik über die historische Untersuchung und Urteilsbildung bis hin zur Darstellung und Reflexion bestimmt werden kann und transparent ist. Dies erweist sich zunächst deshalb als zentral, weil wiederkehrende Operationen historischen Denkens und Erzählens den Unterrichtsverlauf und damit auch Unterrichtsgespräche implizit immer strukturieren (Wenzel, 2015). Die fachliche Funktion von Interpretationsgesprächen oder schriftlichen Quelleninterpretationen und die damit verbundenen sprachlichen Implikationen werden dagegen seltener reflektiert. Für den Lehrenden sind sie methodische Routine, für die Lernenden schulsprachliches Ritual. Denn das Benennen, Beschreiben oder Interpretieren wird in allen Unterrichtsfächern abverlangt. Es bleibt daher zu vermuten, dass sich die epistemische Relevanz von Sprachhandlungsmustern und damit die Spezifik historischen Denkens und historischer Sinnbildung Lernenden nur unzureichend erschließt, nicht zuletzt weil die Sprache der Geschichte oder zumindest des Geschichtsunterrichts ein »geheimes Curriculum« (Thürmann & Vollmer, 2010, S. 109) ist. Insofern scheint es im Sinne eines Reflexionsrahmens für Lehrende und Lernende gleichermaßen wichtig, die Sprachhandlungen im Lernprozess strukturiert zu vermitteln und ihre fachliche Relevanz zu erklären. Darauf zielt das »Prozessmodell historischen Erzählens im Geschichtsunterricht« (Abb. 1), das die Dimensionen sprachlichen und fachlichen Handelns im historischen Lern- und Erkenntnisprozess in einem idealtypischen Sinne integriert.

Welche fachliche Funktion haben Denkoperationen wie das Formulieren einer historischen Frage, das Benennen, Beschreiben, Interpretieren und Argumentieren im Geschichtsunterricht? Ausgehend von den eingangs erörterten geschichtstheoretischen Prämissen soll unterschieden werden zwischen

- *erkenntnisinitiierenden und das Vorwissen aktivierenden* Sprachhandlungen, wie das gemeinsame Entwickeln und Formulieren historischer Fragen (z. B. kategoriengeleitet in Bezug auf Ursache und Folge) und Hypothesen, die in den Bereich der Heuristik gehören,
- *methodischen Verfahren* der Quellenkritik, die im Sinne eines Scaffolding sprachlich gestützt werden können und neben der Berücksichtigung der Historizität und der Perspektivität der Quellensprache die Erarbeitung eines themenspezifischen Wort- und Begriffsfeldes verlangen, und
- komplexeren *Interpretationsverfahren*, das heißt dem Narrativieren unter anderem durch kausale und temporale Verknüpfungen von Quellenaussagen, die auf die Beantwortung einer historischen Frage zielen und der Einordnung in den historischen Kontext dienen sowie die Reflexion und Diskussion von Triftigkeiten oder Sach- und Werturteilen verlangen.

Von diesen erkenntnisgenerierenden rezeptiven und produktiven Sprachhandlungen sind dann komplexere *Darstellungs- und argumentative Diskursleistungen* historischen Erzählens zur Ergebnispräsentation am Ende einer Unterrichtseinheit zu unterscheiden.

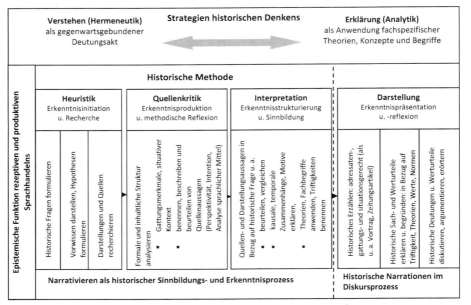

Abb. 1: Prozessmodell historischen Erzählens im Geschichtsunterricht[3]

2.2 Modell sprachlicher Strukturen historischen Erzählens

Während mit der ersten Systematisierung vor allem die Frage der erkenntnisgenerierenden Funktion sprachlicher Handlungen und damit historischen Erzählens im Lehr- und Lernprozess im Vordergrund stand, um auf diesem Wege didaktische Handlungs- und Planungsfelder einer Verknüpfung sprachlichen und fachlichen Lehrens und Lernens zu kartieren, richtet sich mit der zweiten Systematisierung der Fokus auf die sprachlichen Strukturen historischen Erzählens auf Wort-, Satz- und Textebene.

In welchen sprachlichen Strukturen vollzieht sich historisches Erzählen und welche sprachlichen Ressourcen benötigen Lernende, um historische Denk- und Sinnbildungsleistungen im Sinne narrativer Kompetenz sprachlich und

---

3   Bei dem Modell handelt es sich um die sprachliche Kompetenzen fokussierende Weiterentwicklung des »Prozessmodells historischer Erkenntnisverfahren«. In dem zugrunde liegenden Beitrag (Handro, 2015a, S. 26) wird der Zusammenhang zwischen historischem Erkenntnisprozess und historischem Lernen genauer expliziert und auch in seinen methodischen Konsequenzen entfaltet. Das »Prozessmodell historischen Erzählens im Geschichtsunterricht« ist die Überarbeitung des 2013 erstmalig im Rahmen einer linguistischen Debatte vorgestellten »Prozessmodells sprachlichen Handelns im Geschichtsunterricht« (Handro, 2013, S. 325).

Abb. 2: Modell sprachlicher Strukturen historischen Erzählens

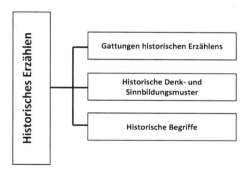

fachlich angemessen zu repräsentieren? Die zweite Systematisierung fokussiert also den strukturellen Zusammenhang von Sprache und historischem Denken und bezieht sich auf die Ebenen, auf denen durch sprachliche Mittel historischer Sinn erzeugt und historische Denkoperationen realisiert werden. Im Anschluss an die skizzierten Problemlagen historischen Lernens erweist sich hier für systematisierende Überlegungen das Modell der Sprachlichkeit des Lernens, das der Anglist Wolfgang Hallet entwickelt hat, als zielführend (Hallet, 2013, S. 66–68). Er geht davon aus, dass die sprachliche und die symbolische Form des Wissens den eigentlichen Kern disziplinärer Epistemologien und Diskurse bilden. Diese beiden Formen werden, so Hallet, auf drei Ebenen repräsentiert – auf der Ebene der Begriffe, der Diskursfunktionen und der Genres (vgl. Abb. 2).

Historische Begriffe sind im Prozess historischen Lernens sprachliche, fachliche und kognitive Schemata und zugleich narrative Abbreviaturen, die als fachliche Instrumente des Verstehens und Erklärens fungieren und deren themen- und fachangemessener Gebrauch ausgehend von den Vorwissensstrukturen Lernender Gegenstand geschichtsunterrichtlicher Sprachbildung ist. Wie bereits problematisiert, ist Begriffslernen im Geschichtsunterricht mehr als Wortschatzarbeit im linguistischen Sinne. Vielmehr gilt es, semantische Netze zu erarbeiten und gleichzeitig den Konstruktcharakter historischer Begriffe in exemplarischen Zugriffen zu thematisieren. Gerade Strukturbegriffe (z. B. »Demokratie«), Prozessbegriffe (z. B. »Kolonisation«) oder Deutungsbegriffe (z. B. »Kalter Krieg«) verlangen fachspezifisches Begriffslernen, das auf den Vorwissensstrukturen Lernender aufbaut, sie verunsichert und domänenspezifisch erweitert sowie durch den Transfer auf unterschiedliche historische Phänomene für die Spezifik historischer Begriffsbildung ebenso sensibilisiert wie für kulturelle Konventionen des Begriffsgebrauchs.

Historische Denkoperationen und Sinnbildungsmuster wie Beschreiben, Erklären oder Argumentieren werden ebenso auf der Satzebene und in größeren sprachlich-diskursiven Einheiten realisiert. Diese – im linguistischen Sprachgebrauch – Diskursfunktionen dienen der Systematisierung, Strukturierung und Relationierung. Das heißt, es werden zeitliche und Ursache-Wirkungs-Zusammenhänge dargestellt, Urteile argumentativ vertreten oder Triftigkeiten sprachlich realisiert, wie Hans-Jürgen Pandel dies an wesentlichen Operationen historischen Denkens entfaltet hat. Dieser Ebene sind auch komplexere narrativ verfasste Sinnbildungsmuster wie »Aufstieg und Niedergang« oder »Fortschritt« zuzuordnen. Insofern setzt narrative Kompetenz die Analyse, Kenntnis und Anwendung zentraler grammatikalischer, lexikalischer und syntaktischer Mittel voraus, mit denen historische Denkoperationen und Sinnbildungsmuster realisiert werden.

Die *Gattungen und Genres* historischen Erzählens sind sicher vielfältig. Sie umfassen Hallet (2013, S. 67) zufolge komplexe sprachliche Einheiten mit textuellen Eigenschaften, »mittels derer Individuen Erfahrungen und Erkenntnisse und Wissen strukturieren« und in spezifischen gesellschaftlichen Kommunikationskontexten diskursfähig machen. Übersetzt in den geschichtsdidaktischen Diskurs wäre auf dieser Ebene die Genre- bzw. Gattungskompetenz historischen Erzählens angesiedelt. Im Sinne einer Orientierung für geschichtsunterrichtliche Sprachbildung soll zwischen drei Typen von Genres bzw. Gattungen unterschieden werden:

Zum ersten Typ gehören *geschichtsdidaktische Genres*, die im Kommunikationsraum Schule relevant sind und die einzelne historische Sinnbildungs- und Denkoperationen gezielt fördern – wie die durch methodische Leitfragen strukturierte Quelleninterpretation als sprachliche Repräsentation der historischen Methode, die auch Gegenstand von Lernleistungsüberprüfungen ist. Im Vergleich dazu wäre beispielsweise ein fiktionaler Tagebucheintrag lediglich ein unterrichtsmethodisches Hilfsmittel, um Lernende an hermeneutische Verfahren des historischen Verstehens heranzuführen, wobei die Formen perspektivischen Schreibens zugleich die Möglichkeit bieten, alltagssprachliche und quellensprachliche Ressourcen zu integrieren. Im Sinne der Sprachförderung kommt den sogenannten Formen kreativen Schreibens also nicht nur eine motivationale Funktion zu, weshalb ihr Einsatz in Abgrenzung vom Deutschunterricht nur geschichtsdidaktisch begründet, das heißt im Prozess der Quelleninterpretation erfolgen sollte.

Zum zweiten Typus zählen *fachlich-disziplinäre Genres*, die wissenschaftsförmige Formen historischen Erzählens und historischer Darstellung umfassen – wie den Fachvortrag, das Schreiben eines Lexikonartikels oder die Facharbeit als elaborierte komplexe Sprachhandlung, die sowohl das Formulieren einer historischen Frage und Hypothesenbildung als auch interpretierende, vergleichende oder argumentative Denkoperationen integriert.

Der dritte Typus umfasst *geschichtskulturell relevante Genres bzw. Gattungen*, mit denen im öffentlichen Diskurs über Geschichte historischer Sinn erzeugt und diskursiv zur Geltung gebracht wird. Zu denken ist hier an den Leserbrief zu einer Straßenumbenennung, in dem man ein Argument begründet, oder die auf Werturteilsbildung zielende Gedenkrede, aber ebenso an Gattungen, die historischen Sinn sprachlich und symbolisch erzeugen, wie der fiktionale historische Spielfilm oder die quellenbasierte historische Dokumentation.

Begriffslernen (Hamann & Krehan, 2013) und die Auseinandersetzung mit vielfältigen Gattungen historischen Erzählens sind bereits etablierte Bausteine geschichtsunterrichtlicher Sprachbildung. Weiterer Systematisierungsbedarf – und dies zeigten eindrücklich die empirischen Befunde – besteht auf der Mesoebene der sprachlichen Repräsentation historischer Denkoperationen und Sinnbildungsmuster.

2.3 Historisches Erzählen lernen. Faktoren sprachfördernder Unterrichtsplanung

Während die beiden erstgenannten Systematisierungen eher als geschichtsdidaktisch-theoretischer Reflexionsrahmen zu verstehen sind, umreißt der dritte Systematisierungsvorschlag die methodischen Entscheidungsfelder, die für eine Verknüpfung von sprachlichem und fachlichem Lernen auf der Ebene einer sprachfördernden und binnendifferenzierenden Unterrichtsplanung relevant sind. Dabei orientieren sich die Überlegungen vor allem an den Ergebnissen der Lese- und Schreibforschung (Leisen 2013, S. 115, 159) und weisen zugleich Parallelen zu bekannten Modellen der Unterrichtsplanung auf.

Ausgangspunkt einer sprachbildenden Unterrichtsplanung ist die Formulierung einer *historischen Frage bzw. eines historischen Themas* sowie die Reflexion der zur Beantwortung notwendigen fachlichen Begriffe, Konzepte und Methoden. Insofern kann jede Konkretisierung nur in Bezug auf den Lerngegenstand, das heißt den historischen Gegenstand erfolgen. Doch unabhängig von der inhaltlichen Konkretisierung sollten im Sinne der Integration von historischer Sprachbildung und fachunterrichtlicher Sprachförderung folgende Faktoren berücksichtigt werden:

Ein erster Faktor sind die *fachlichen und sprachlichen Vorwissensstrukturen Lernender*, die im Sinne einer Lernstandsanalyse den Ausgangspunkt für eine binnendifferenzierende Förderung historischen Erzählens bilden.

Ein zweiter Faktor ist die *sprachliche, fachliche und inhaltliche Struktur des Lerngegenstandes* und hier insbesondere der einzusetzenden Autoren-, Quellen- oder Darstellungstexte, deren sprachliche Hürden, aber auch sprachlich repräsentierte fachliche Konzepte im Sinne einer Bedarfsanalyse ebenso zu reflektieren sind wie die sprachlichen und fachlichen Anforderungen der geplanten Lese-, Schreib- und Diskursformate.

Damit ist bereits der dritte Faktor angesprochen, die Entwicklung von *Aufgabenformaten*, die mit Blick auf das Lernziel den Lern- und Erkenntnisweg durch Lese- oder Schreibstrategien vorstrukturieren. Wege der Binnendifferenzierung ergeben sich im Sinne der Förderung historischen Erzählens nicht allein auf der Ebene des *Anforderungsniveaus* (Benennen, Erklären, Reflektieren) oder bei der Auswahl von Quellen und Darstellungen, sondern durch unterstützende Scaffolding-Maßnahmen (Wortgerüste zu Schreibaufgaben), narrationsbezogene Formulierungshilfen oder strukturierende Erschließungsfragen zum Textverständnis. Die Fokussierung auf den Erwerb methodischen Wissens (z. B. Bildquelleninterpretation) oder auf inhaltliches und kategoriales Wissen (Aufbau von Wortschatz und Begriffskonzepten, Prozessstruktur historischer Verläufe) hängt von der Formulierung der konkreten Lernziele ab.

3. Fazit und Ausblick

Sprachbildung und historisches Lehren und Lernen sind in geschichtsdidaktischer Perspektive zwei Seiten einer Medaille, die bei der Planung, Strukturierung und Bewertung historischer Lehr- und Lernprozesse integral betrachtet werden müssen, wenn narrative Kompetenz keine Leerformel bleiben soll, sondern Sprachbildung und damit historisches Erzählen im Geschichtsunterricht als Lernchance auch für sprachschwache Lernende begriffen wird. Gleichwohl können geschichtsmethodische Operationalisierungsfragen weder sprachdidaktisch gelöst noch ausschließlich geschichtstheoretisch abgeleitet werden. Vielmehr zeigt sich die geschichtsdidaktische Herausforderung, für fachliches Lernen zentrale sprachliche Mittel und Handlungsmuster zu systematisieren und damit den Zusammenhang zwischen sprachlichen Mitteln und historischem Denken unter Berücksichtigung sprachlicher Lernvoraussetzungen zu modellieren und auch empirisch zu fundieren. Die Geschichtsdidaktik steht hier keineswegs am Anfang. Der vorliegende Beitrag versuchte vielmehr den Zusammenhang von Sprachbildung und historischem Lernen in systematisierenden Zugriffen aufzuzeigen. Damit möchte er nicht nur einen Orientierungsrahmen für die Verknüpfung von sprachlichem und fachlichem Lernen bieten, sondern er versteht sich auch als fachdidaktische Positionierung in einer interdisziplinären und bildungspolitisch relevanten Debatte.

Die unterrichtspragmatische Relevanz fachspezifischer Sprachförderung, die sicher *immer* auch über den Kern fachlicher Konzepte hinausreicht, wird nicht zu bestreiten sein. Historisches Lernen erfolgt beim Lesen, Schreiben und Sprechen über Geschichte. Und nicht zuletzt werden fachliche Lernleistungen auf der Basis sprachlicher Kompetenzen überprüft. Dies bedeutet zugleich, dass für die Planung und Diagnose historischer Lernprozesse die Einsicht in die fachspezifische Funktion von sprachlichen Handlungsmustern und Strukturen unabdingbar ist und damit zum Professionswissen Lehrender gehört.

Den Zusammenhang von Sprache(n) und historischem Lernen jenseits sprachlicher Grundbildung neu zu denken, bleibt aber nicht nur angesichts der lernleistungs- und migrationsbedingten Heterogenität der Schülerschaft eine Aufgabe für die Geschichtsdidaktik. Wenn sie die narrative Kompetenz ins Zentrum historischen Lernens stellt, sollte sie auch methodische Wege zur Einlösung der geschichtstheoretisch gut begründbaren Ambitionen aufzeigen. Eine stärkere Hinwendung zur Sprachlichkeit historischen Denkens und Lernens erscheint hier als wichtiger Impuls, um die vielfach kritisierte Schere zwischen Theorie und Pragmatik zu schließen. Zweifelsohne liefert die Sprachdidaktik hier zahlreiche Anregungen, die weiterer fachdidaktischer Profilierung bedürfen.

Abschließend sollen jedoch auch deutlich die Grenzen fachunterrichtlicher Sprachförderung benannt werden. Sprachförderung darf nicht zu schulsprachlicher Normierung historischer Sinnbildung beim historischen Erzählen führen. In Anlehnung an Rüsens Problematisierung einer normativen Poetik der Geschichtswissenschaft ist zu betonen, dass der Formenreichtum historischen Erzählens im Geschichtsunterricht begründet sowie in seinen (schul-)sprachlichen Anforderungen transparent sein muss und nicht durch schulsprachliche Rituale normativ beschränkt werden sollte. »Welche sprachlichen Formen und Mittel zur Realisation der inneren Verstandeskraft der historischen Sinnbildung infrage kommen, lässt sich nicht vorschreiben, sondern nur anregen« (Rüsen, 2013, S. 219). Daher sei in Replik auf das eingangs skizzierte unklare

Verhältnis von Sprach- und Fachbildung abschließend formuliert: Geschichte ist Sprache, aber Geschichte wird nicht durch Sprache erlernbar. Sprache sollte jedoch im Wissen um ihre bedeutungsgenerierende Funktion als Sinnbildungs- und Lernstruktur beim historischen Erzählen im Geschichtsunterricht didaktisch genutzt werden. Erst, ja nur dann wird historisches Erzählen durch Sprachbildung gefördert.

Literatur

Alavi, B. (2004). Begriffsbildung im Geschichtsunterricht. Problemstellungen und Befunde. In U. Uffelmann & M. Seidenfuß (Hrsg.), *Verstehen und Vermitteln* (S. 39–61). Idstein: Schulz-Kirchner.

Alavi, B. (2015). Leichte Sprache und historisches Lernen. *Zeitschrift für Geschichtsdidaktik, 14*, 169–190.

Alavi, B. (2016). Narrative Kompetenz im inklusiven Geschichtsunterricht?! Ein Unterrichtsversuch. In B. Alavi & M. Lücke (Hrsg.), *Geschichtsunterricht ohne Verlierer!? Inklusion als Herausforderung an die Geschichtsdidaktik* (S. 85–100). Schwalbach am Taunus: Wochenschau.

Barricelli, M. (2008). »The story we're going to try and tell«. Zur andauernden Relevanz der narrativen Kompetenz für das historische Lernen. *Zeitschrift für Geschichtsdidaktik, 7*, 140–153.

Barricelli, M. (2012). Narrativität. In M. Barricelli & M. Lücke (Hrsg.), *Handbuch Praxis des Geschichtsunterrichts.* Bd. 1 (S. 255–280). Schwalbach am Taunus: Wochenschau.

Barricelli, M. (2015). Worte zur Zeit. Historische Sprache und narrative Sinnbildung im Geschichtsunterricht. *Zeitschrift für Geschichtsdidaktik, 14*, 25–46.

Barricelli, M. (2016). Historisches Erzählen als Kern historischen Lernens. Wege zur narrativen Sinnbildung im Geschichtsunterricht. In M. Buchsteiner & M. Nitsche (Hrsg.), *Historisches Erzählen und Lernen. Historische, theoretische, empirische und pragmatische Erkundungen* (S. 45–68). Wiesbaden: Springer.

Barricelli, M., Gautschi, P. & Körber, A. (2012). Historische Kompetenzen und Kompetenzmodelle. In M. Barricelli & M. Lücke (Hrsg.), *Handbuch Praxis des Geschichtsunterrichts.* Bd. 1 (S. 207–235). Schwalbach am Taunus: Wochenschau.

Beck, B. & Klieme, E. (Hrsg.). (2007). *Sprachliche Kompetenzen. Konzepte und Messung. DESI-Ergebnisse.* Bd. 1. Weinheim & Basel: Beltz.

Beese, M. & Benholz, C. (2013). Sprachförderung im Fachunterricht. Voraussetzungen, Konzepte und empirische Befunde. In Ch. Röhner & B. Hövelbrinks (Hrsg.), *Fachbezogene Sprachförderung in Deutsch als Zweitsprache. Theoretische Konzepte und empirische Befunde zum Erwerb bildungssprachlicher Kompetenzen* (S. 37–56). Weinheim & Basel: Beltz.

Beese, M., Benholz, C., Chlosta, Ch., Gürsoy, E., Hinrichs, B., Niederhaus, C. & Oleschko, S. (Hrsg.). (2014). *Sprachbildung in allen Fächern*. München: Klett-Langenscheidt.

Beilner, H. (2002): Empirische Zugänge zur Arbeit mit Textquellen in der Sekundarstufe I. In B. Schönemann & H. Voit (Hrsg.), *Von der Einschulung zum Abitur. Prinzipien und Praxis des historischen Lernens in den Schulstufen* (S. 84–96). Idstein: Schulz-Kirchner.

Bernhardt, M. & Wickner, M.-C. (2015). Die narrative Kompetenz vom Kopf auf die Füße stellen – Sprachliche Bildung als Konzept der universitären Geschichtslehrerausbildung. In C. Benholz, M. Frank & E. Gürsoy (Hrsg.), *Deutsch als Zweitsprache in allen Fächern. Konzepte für Lehrerbildung und Unterricht* (S. 281–296). Stuttgart: Klett.

Borries, B. von (1995*). Das Geschichtsbewußtsein Jugendlicher. Eine repräsentative Untersuchung über Vergangenheitsdeutungen, Gegenwartswahrnehmungen und Zukunftserwartungen von Schülerinnen und Schülern in Ost- und Westdeutschland*. Weinheim: Juventa.

Borries, B. von, Fischer, C., Leutner-Ramme, S. & Meyer-Hamme, J. (2005). *Schulbuchverständnis, Richtlinienbenutzung und Reflexionsprozesse im Geschichtsunterricht. Eine qualitativ-quantitative Schüler- und Lehrerbefragung im deutschsprachigen Bildungswesen 2002*. Neuried: ars una.

Brauch, N. & Mierwald, M. (2015). Historisches Argumentieren als Ausdruck historischen Denkens. Theoretische Fundierung und empirische Annäherungen. *Zeitschrift für Geschichtsdidaktik, 14*, 104–120.

Budde, M. & Michalak, M. (2015). Sprachenfächer und ihr Beitrag zur fachsprachlichen Förderung. In M. Michalak (Hrsg.), *Sprache als Lernmedium im Fachunterricht. Theorien und Modelle für das sprachbewusste Lernen* (S. 9–33). Baltmannsweiler: Schneider Verlag Hohengehren.

Drie, J. van, Boxtel, C. van & Braaksma, M. (2014). Writing to Engage Students in Historical Reasoning. In P. Klein, P. Boscolo, L. Kirkpatrick & C. Gelati (Hrsg.), *Writing as a Learning Activity* (S. 94–119). Leiden: Brill.

Ercikan, K. & Seixas, P. (2015). Introduction: The New Shape of History Assessments. In K. Ercikan & P. Seixas (Hrsg.), *New Directions in Assessing Historical Thinking* (S. 1–13). New York & London: Routledge.

Gogolin, I., Lange, I., Michel, U. & Reich, H. (Hrsg.). (2013). *Herausforderung Bildungssprache – und wie man sie meistert*. Münster: Waxmann.

Günther-Arndt, H. (2003). PISA und der Geschichtsunterricht. In H. Günther-Arndt (Hrsg.), *Geschichts-Didaktik. Praxishandbuch für die Sekundarstufe I und II* (S. 254–264). Berlin: Cornelsen.

Günther-Arndt, H. (2006). Sprache. In U. Mayer, H.-J. Pandel, G. Schneider & B. Schönemann (Hrsg.), *Wörterbuch Geschichtsdidaktik* (S. 166–167). Schwalbach am Taunus: Wochenschau.

Günther-Arndt, H. (2010). Hinwendung zur Sprache in der Geschichtsdidaktik – Alte Fragen und neue Antworten. In S. Handro & B. Schönemann (Hrsg.), *Geschichte und Sprache* (S. 17–46). Berlin: Lit.

Günther-Arndt, H. (2016). »Also irgendwas muss schief laufen für eine Veränderung.« Schülervorstellungen zur Geschichte und Kompetenzen historischen Denkens. In S. Handro & B. Schönemann (Hrsg.), *Aus der Geschichte lernen? Weiße Flecken der Kompetenzdebatte* (S. 93–110). Münster: Lit.

Günther-Arndt, H. & Handro, S. (Hrsg.). (2015). *Geschichts-Methodik. Handbuch für die Sekundarstuf I und II.* Berlin: Cornelsen.

Hallet, W. (2013). Generisches Lernen im Fachunterricht. In M. Becker-Mrotzek, K. Schramm, E. Thürmann & H. J. Vollmer (Hrsg.), *Sprache im Fach – Sprachlichkeit und fachliches Lernen* (S. 59–75). Münster: Waxmann.

Hamann, Ch. & Krehan, Th. (2013). Wortschatzarbeit im Geschichtsunterricht. In Senatsverwaltung für Bildung, Jugend und Wissenschaft (Hrsg.), *Sprachbildung und Leseförderung in Berlin. Sprachsensibler Fachunterricht. Handreichung zur Wortschatzarbeit in den Jahrgangsstufen 5–10 unter besonderer Berücksichtigung der Fachsprache* (S. 171–210). Berlin.

Handro, S. (2013). Sprache und historisches Lernen. Dimensionen eines Schlüsselproblems des Geschichtsunterrichts. In M. Becker-Mrotzek, K. Schramm, E. Thürmann & H. J. Vollmer (Hrsg.), *Sprache im Fach – Sprachlichkeit und fachliches Lernen* (S. 317–333). Münster: Waxmann.

Handro, S. (2015a). Historische Erkenntnisverfahren. In H. Günther-Arndt & S. Handro (Hrsg.), *Geschichts-Methodik. Handbuch für die Sekundarstufe I und II* (S. 24–43). Berlin: Cornelsen.

Handro, S. (2015b). Quellen interpretieren. In H. Günther-Arndt & S. Handro (Hrsg.), *Geschichts-Methodik. Handbuch für die Sekundarstufe I und II* (S. 151–173). Berlin: Cornelsen.

Handro, S. (2015c). Sprache(n) und historisches Lernen. Eine Einführung. *Zeitschrift für Geschichtsdidaktik, 14,* 5–24.

Handro, S. (2016). »Sprachsensibler Geschichtsunterricht«. Systematisierende Überlegungen zu einer überfälligen Debatte. In W. Hasberg & H. Thünemann (Hrsg.), *Geschichtsdidaktik in der Diskussion. Grundlagen und Perspektiven* (S. 265–296). Frankfurt am Main: Peter Lang.

Handro, S. & Schönemann, B. (2010). Geschichte und Sprache – eine Einführung. In S. Handro & B. Schönemann (Hrsg.), *Geschichte und Sprache* (S. 3–15). Berlin: Lit.

Hartung, O. (2008). Geschichte – Schreiben – Lernen. Plädoyer für eine stärkere Schreiborientierung im Geschichtsunterricht. *Zeitschrift für Geschichtsdidaktik, 7,* 156–165.

Hartung, O. (2009). Historisches Lernen und (Schreib-)Kultur. Zur Bedeutung einer ›Kulturtechnik‹ für das Geschichtslernen. In O. Hartung, I. Steininger, M. Fink, P. Gansen & R. Priore (Hrsg.), *Lernen und Kultur: Kulturwissenschaftliche Perspektiven in den Bildungswissenschaften.* Wiesbaden: Springer.

Hartung, O. (2010). Die ›sich ewig wiederholende Arbeit‹ des Geschichtsbewusstseins – Sprache als Medium historischen Lernens. *Zeitschrift für Geschichtsdidaktik, 9,* 180–190.

Hartung, O. (2013). *Geschichte – Schreiben – Lernen. Empirische Erkundungen zum konzeptionellen Schreibhandeln im Geschichtsunterricht.* Berlin: Lit.

Hartung, O. (2015). Geschichte schreibend lernen. In S. Schmölzer-Eibinger & E. Thürmann (Hrsg.), *Schreiben als Medium des Lernens. Kompetenzentwicklung durch Schreiben (in allen Fächern)* (S. 201–216). Münster: Waxmann.

Hasberg, W. (2009). Sprache(n) und Geschichte. Grundlegende Annotationen zum historischen Lernen in bilingualer Form. *Zeitschrift für Geschichtsdidaktik, 8*, 52–65.

Hasberg, W. (2015). Begriffslernen im Geschichtsunterricht oder Dialog konkret. *Geschichte – Erziehung – Politik, 6*, 145–159 u. 217–227.

Hein, L. (2016). Theoretische Überlegungen zur Modellierung und Erforschung von integrativem Fach- und Sprachlernen. In B. Hinger (Hrsg.), *Zweite »Tagung der Fachdidaktik« 2015. Sprachsensibler Sach-Fach-Unterricht – Sprachen im Sprachunterricht* (S. 75–93). Verfügbar unter: https://www.uibk.ac.at/iup/buecher/9783903122512.html [08.02.2016].

Henke-Bockschatz, G. (2007). Viel benutzt, aber auch verstanden? Arbeit mit dem Schulgeschichtsbuch. *Geschichte lernen, 20* (116), 40–45.

Köster, M. (2013): *Historisches Textverstehen. Rezeption und Identifikation in der multiethnischen Gesellschaft.* Berlin: Lit.

Kühberger, Ch. (2017). Wrong Tracks of Language-Sensitive History Teaching. *Public History Weekly, 5.* Verfügbar unter: https://public-history-weekly.degruyter.com/5-2017-3/sprachsensibler-geschichtsunterricht/ [08.02.2017].

Kühberger, Ch. & Windischbauer, E. (2009). Literacy als Auftrag? Zur Förderung bei Leseschwäche im Geschichtsunterricht. *Geschichte lernen, 22* (131), 22–29.

Lange, K. (2011). *Historisches Bildverstehen oder Wie lernen Schüler mit Bildquellen? Ein Beitrag zur geschichtsdidaktischen Lehr-Lern-Forschung.* Berlin Lit.

Langer-Plän, M. (2003). Problem Quellenarbeit. Werkstattbericht aus einem empirischen Projekt. *Geschichte in Wissenschaft und Unterricht, 54*, 319–336.

Langer-Plän, M. & Beilner, H. (2006). Zum Problem historischer Begriffsbildung. In H. Günther-Arndt & M. Sauer (Hrsg.): *Geschichtsdidaktik empirisch. Untersuchungen zum historischen Denken und Lernen* (S. 215–249). Berlin: Lit.

Leisen, J. (2013). *Handbuch Sprachförderung im Fach. Sprachsensibler Fachunterricht in der Praxis.* 2 Bde. Stuttgart: Klett.

Mehr, Ch. & Werner, K. (2012). Geschichtstexte verstehen. Sinnerschließendes Lesen als historisches Lernen. *Geschichte lernen, 25* (148), 2–11.

Memminger, J. (2007). *Schüler schreiben Geschichte.* Schwalbach am Taunus: Wochenschau.

Memminger, J. (2009): Schulung historischen Denkens oder bloß fiktionale Spielerei? Über kreative Schreibformen im Geschichtsunterricht. *Geschichte in Wissenschaft und Unterricht, 60*, 204–221.

Michalak, M., Lemke, V. & Goeke, M. (Hrsg.). (2015). *Sprache im Fachunterricht. Eine Einführung in Deutsch als Zweitsprache und sprachbewussten Unterricht.* Tübingen: Narr.

Ministerium für Schule und Weiterbildung des Landes Nordrhein-Westfalen (2011). *Kernlehrplan für die Hauptschule Nordrhein-Westfalen. Gesellschaftslehre, Geschichte/Politik.* Düsseldorf: Ritterbach.

Oleschko, S. (2013). »Ich verstehe nix mehr.« – Zur Interdependenz von Bild und Sprache im Geschichtsunterricht. *Zeitschrift für Geschichtsdidaktik, 12*, 112–127.

Oleschko, S. (2014). Zur Bedeutung der Sprache im gesellschaftswissenschaftlichen Lernprozess. In M. Michalak (Hrsg.), *Sprache als Lernmedium im Fachunterricht. Theorien und Modelle für das sprachbewusste Lehren und Lernen* (S. 134–153). Baltmannsweiler: Schneider Verlag Hohengehren.

Pandel, H.-J. (2004). Erzählen. In U. Mayer, H.-J. Pandel & G. Schneider (Hrsg.), *Handbuch Methoden im Geschichtsunterricht. Klaus Bergmann zum Gedächtnis* (S. 408–424). Schwalbach am Taunus: Wochenschau.

Pandel, H.-J. (2005). *Geschichtsunterricht nach PISA. Kompetenzen, Bildungsstandards und Kerncurricula.* Schwalbach am Taunus: Wochenschau.

Pandel, H.-J. (2010). *Historisches Erzählen. Narrativität im Geschichtsunterricht.* Schwalbach am Taunus: Wochenschau.

Pandel, H.-J. (2011). Was macht ein Schulbuch zu einem Geschichtsbuch? Ein Versuch über Kohärenz und Intertextualität. In S. Handro & B. Schönemann (Hrsg.), *Geschichtsdidaktische Schulbuchforschung* (S. 15–38). Berlin: Lit.

Pandel, H.-J. (2012). *Quelleninterpretation. Die schriftliche Quelle im Geschichtsunterricht.* Schwalbach am Taunus: Wochenschau.

Röhner, Ch. & Hövelbrinks, B. (Hrsg.). (2013). *Fachbezogene Sprachförderung in Deutsch als Zweitsprache. Theoretische Konzepte und empirische Befunde zum Erwerb bildungssprachlicher Kompetenzen.* Weinheim & Basel: Beltz.

Rohlfes, J. (1997). Begriffsbildung. In K. Bergmann, K. Fröhlich, A. Kuhn, J. Rüsen & G. Schneider (Hrsg.), *Handbuch der Geschichtsdidaktik* (S. 470–472). Seelze: Friedrich.

Rose, D. & Martin, J. R. (2012). *Learning to write, reading to learn. Genre, knowledge and pedagogy in the Sydney school.* Sheffield: Equinox.

Rox-Helmer, M. (2010). Lesen im Geschichtsunterricht: Notwendigkeit oder Chance? In *Pro Lesen. Auf dem Weg zur Leseschule – Leseförderung in den gesellschaftswissenschaftlichen Fächern* (S. 183–199). Donauwörth: Auer.

Rüsen, J. (1983). *Historische Vernunft: Grundzüge einer Historik I. Die Grundlagen der Geschichtswissenschaft.* Göttingen: Vandenhoeck & Ruprecht.

Rüsen, J. (2008). Geschichtsdidaktische Konsequenzen aus einer erzähltheoretischen Historik. In J. Rüsen, *Historisches Lernen. Grundlagen und Paradigmen* (S. 25–60). Schwalbach am Taunus: Wochenschau.

Rüsen, J. (2013). *Historik. Theorie einer Geschichtswissenschaft.* Köln: Böhlau.

Sauer, M. (2015). Begriffsarbeit im Geschichtsunterricht. *Geschichte lernen, 28* (168), 2–11.

Schiefele, U., Artelt, C., Schneider, W. & Stanat, P. (Hrsg.). (2004). *Struktur, Entwicklung und Förderung von Lesekompetenz. Vertiefende Analysen im Rahmen von PISA 2000.* Wiesbaden: VS Verlag für Sozialwissenschaften.

Schmölzer-Eibinger, S. (2011). *Lernen in der Zweitsprache. Grundlagen und Verfahren der Förderung von Textkompetenz in mehrsprachigen Klassen.* Tübingen: Narr.

Schmölzer-Eibinger, S. (2013). Sprache als Medium des Lernens im Fach. In M. Becker-Mrotzek, K. Schramm, E. Thürmann & H. J. Vollmer (Hrsg.), *Sprache im Fach. Sprachlichkeit und fachliches Lernen* (S. 25–40). Münster: Waxmann.

Schönemann, B., Thünemann, H. & Zülsdorf-Kersting, M. (2010). *Was können Abitu-rienten? Zugleich ein Beitrag zur Debatte über Kompetenzen und Standards im Fach Geschichte*. Berlin: Lit.

Studienseminar Koblenz (Hrsg.). (2009). *Sachtexte lesen im Fachunterricht der Sekun-darstufe I*. Seelze-Velber: Klett/Kallmeyer.

Thünemann, H. (2015). Unterrichtsplanung und Verlaufsformen. In H. Günther-Arndt & S. Handro (Hrsg.), *Geschichts-Methodik. Handbuch für die Sekundarstufe I und II* (S. 257–268). Berlin: Cornelsen.

Thürmann, E. & Vollmer, H. J. (2010). Zur Sprachlichkeit des Fachlernens: Modellie-rung eines Referenzrahmens für Deutsch als Zweitsprache. In B. Ahrenholz (Hrsg.), *Fachunterricht und Deutsch als Zweitsprache* (S. 107–132). Tübingen: Narr.

Thürmann, E. & Vollmer, H. J. (2013): Sprachbildung und Bildungssprache als Aufgabe aller Fächer der Regelschule. In M. Becker-Mrotzek, K. Schramm, E. Thürmann & H. J. Vollmer (Hrsg.), *Sprache im Fach. Sprachlichkeit und fachliches Lernen* (S. 41–57). Münster: Waxmann.

Ventzke, M. (2012). Begriffliches Arbeiten und »Geschichte denken« – theoretische Voraussetzungen und unterrichtliche Vorgehensweisen. In C. Kühberger (Hrsg.), *Historisches Wissen. Geschichtsdidaktische Erkundung zu Art, Tiefe und Umfang für das historische Lernen* (S. 75–102). Schwalbach Taunus: Wochenschau.

Wenzel, B. (2015): Über Geschichte kommunizieren. In H. Günther-Arndt & S. Handro (Hrsg.), *Geschichts-Methodik. Handbuch für die Sekundarstufe I und II* (S. 191–202). Berlin: Cornelsen.

Sven Oleschko

Sprachsoziologische Erkundung eines sprachbildenden Geschichtsunterrichts

1. Einführung

Die Untersuchung des Zusammenhangs von fachlichem und sprachlichem Lernen für die einzelnen Unterrichtsfächer hat in den letzten Jahren an Intensität gewonnen. Auch wenn die naturwissenschaftlich-mathematischen Fächer stärkere Aufmerksamkeit erfahren (vgl. Gräsel, 2010, S. 143), lassen sich zunehmend auch Arbeiten aus den Didaktiken der gesellschaftswissenschaftlichen Bezugsdisziplinen finden (vgl. Berendes, Vajjala, Meurers, Bryant, Wagner, Chinkina & Trautwein, 2017). Dabei sind überfachlich die Betrachtung von Sprache und Schule sowie die Bedeutung der sprachlichen Fähigkeiten für das erfolgreiche Durchlaufen der Schule nicht neu (vgl. Clauss, 1954). Dennoch erscheint eine ausdifferenziertere sprachsoziologische Betrachtung in den fachdidaktischen Diskursen bisher kaum abgebildet (vgl. Oleschko, 2017). Doch gerade die Bedeutung der Sprache im fachlichen Lernprozess aus sprachsoziologischer Perspektive zu betrachten, sollte eine größere Bedeutung auch für die fachdidaktischen Arbeiten besitzen. Denn auch wenn durch die einzelnen Fachdidaktiken die jeweiligen fachspezifischen Lernprozesse in den Blick genommen werden, zeigt sich, dass es etwas Übergeordnetes oder Allgemeingültiges im Lernprozess gibt. Dies kann bezeichnet werden mit fachunabhängigen Strukturen, die dem jeweiligen Interaktionsprozess eingeschrieben sind und in jedem Unterricht somit wirkmächtig werden können. Daher kann eine Betrachtung aus dem Einzelfach heraus gewinnbringend sein, da immer auch pädagogische Normalitätsvorstellungen von Lehrer*innen nachgezeichnet werden, die sich zwischen einzelnen Unterrichtsfächern unterscheiden (vgl. Oser & Blömeke, 2012). Die *beliefs* von Lehrkräften haben eine Bedeutung für die Gestaltung von unterrichtlichen Lernprozessen und damit auch auf die Gestaltung von Lernumgebungen und der Überzeugung von schulischer Interaktion.

Im Rahmen des folgenden Beitrags wird ausgehend von der Idee, dass die in Schule verwendete Sprache und die im Fachunterricht Geschichte spezifischen Lernsituationen aus einer sprachsoziologischen Perspektive heraus interpretiert, sprachliche Strukturen reproduzieren (vgl. Holzkamp, 1971, S. 113), die bestimmte Schülergruppen bevorteilen (vgl. Bernstein, 1959, S. 69). Da dieser Einsicht gefolgt wird, wird theoretisch der Zusammenhang zwischen sprachlichen und institutionellen Machstrukturen ausgeleuchtet, umso die Herstellung von Differenz im Unterricht und der damit eingeschriebenen Wahrnehmung von kognitiver Diversität nachzuzeichnen. An einem zufällig ausgewählten Unterrichtstranskript aus dem Geschichtsunterricht werden die theoretischen Erkenntnisse nachgezeichnet und abschließend diskutiert.

2. Ein interdisziplinärer Blick auf die Sprachverwendung in der Schule

Sprachstrukturen in ihrer Funktion für das schulische Lernen zu betrachten, war Gegenstand der soziologischen und pädagogischen Forschung vor allem in den 1950er bis 1970er Jahren. Hier lassen sich zahlreiche Arbeiten finden (vgl. Bernstein, 1959, Bock 1975, Labov 1972, Schlee 1973 oder Spanhel 1973), die die vorhandenen Sprachstrukturen als Wiederspiegelung sozialer Prozesse ansehen. Sprachunterschiede wurden demnach – je nach Disziplin – als Konstrukt verstanden, welches in Zusammenhang mit Armut, Erziehung und Entwicklung zu bringen war (vgl. Kjolseth 1971). Dieser Einsicht folgend hat die sprachsoziologische Betrachtung zu der Einsicht geführt, dass die Leistungsunterschiede zwischen Schüler*innengruppen in der sozialen Herkunft dieser zu suchen ist. Darüber hinaus gilt, dass grundsätzlich alle »Beziehungen zwischen sozialen Gruppen im Bildungsdiskurs sprachlich und symbolisch markiert (…)« (Mack & Schroeder, 2005, S. 348) sind. Das zeigt sich immer dann, wenn Lehrer*innen mit Schüler*innen interagieren und bestimmte Vorstellungen von Sprachfähigkeiten automatisch aktiviert werden und zur Aktivierung von Normalitätsvorstellungen führen. Gleiches gilt auch für den Kontakt zu den Eltern von Lernenden, bei der die Sprachfähigkeit der Eltern auch automatisch eine implizite Bewertung durch die Lehrer*innen erfährt. An der wahrgenommenen Sprachfähigkeit von Schüler*innen werden durch die Lehrkräfte bestimmte Vorstellungen über Herkunft und auch über Erfolg der Schullaufbahn aktiviert und andere mit diesen im Zusammenhang stehenden Überzeugungen wirkmächtig. Hieraus ergeben sich spezifischen Konstellationen, die zeigen, wie eng Sprache und Interaktionsprozesse in der Schule zusammenhängen. Denn die Wissensvermittlung und die fachspezifischen Lernprozesse werden in diesem Kontext bedeutsam, da sie immer auf sprachlichen Ausein-andersetzungen beruhen. Zum einen wird in Schule alles Wissen in sprach-licher Form dargeboten und muss ebenso in dieser von den Schüler*innen bewältigt werden können (vgl. Roeder, 1965, S. 12) und zum anderen kann den in der Schule verwendeten Sprachstrukturen nachgesagt werden, dass diese vor allem bestimmte Schülergruppen bevorteilen (vgl. Bernstein, 1959, S. 69). Diese Bevorteilung ergibt sich aus der Tatsache, dass die in der Schule verwen-deten Sprachstrukturen den Milieus der Lehrer*innen ähnlich sind und somit wiederum Schüler*innen bekannter, die aus ähnlichen sozialen Verhältnissen stammen. Daher sind diese auch mit den schulischen sprachlichen Strukturen vertrauter, da sie außerschulisch Lernumgebungen erfahren, die ihnen ermög-lichen, dieses Register in der Schule leichter zu nutzen bzw. den Zugang zu diesem zu finden. Schule als Institution ist ein System, welches vor allem soziale Merkmale der Mittelschicht reproduziere (vgl. Holzkamp, 1971, S. 113). Hier gibt es Interdependenzen, die sich nicht nur an der Sprache an sich, sondern auch mit ihr im zusammenhangstehenden Verhaltensnormen widerspiegeln.

Sprache wird somit auf einer vorbewussten Ebene wirkmächtig und or-ganisiert bereits Wahrnehmungen und Einschätzungen auf Seiten der Leh-rer*innen. Diese inneren Überzeugungen der Lehrer*innen üben auf die kon-krete Gestaltung von Lehr- und Interaktionsprozessen Einfluss aus. Denn sie gelten als handlungsleitend und sind somit Vorbedingungen für die Wahl von Methoden, die Ausgestaltung von Lernumgebungen und auch die Wahr-nehmung von Interaktionsprozessen mit Schüler*innen. Psychologische For-schungsarbeiten untersuchen beispielsweise im Kontext von Bildungsgerech-tigkeit die erfahrene soziale Exklusion von Personen in pädagogischen In-teraktionskontexten (vgl. Dovidio, Major & Crocker, 2000). Für Deutschland können spezifische Vorurteile benannt werden, die negative Stereotype für Per-sonen mit prestigelosem Migrationshintergrund und Personen mit niedrigem sozioökonomischem Hintergrund eröffnen (vgl. Wellgraf, 2011 oder Schofield, 2006). Diese Erkenntnisse sind für schulische Lernprozesse bedeutsam, da hier Lehr-Lern-Situationen bestehen können, in denen diese negativen Stereotype unwillkürlich aktiviert werden. Dann löst diese Aktivierung bei den Schü-ler*innen wiederum den Aufbau oder die Verfestigung von Selbstkonzepten aus, bei denen diese sich als weniger kompetent oder leistungsstark einschät-zen. Dabei sind solche Einschätzungen dann nicht leistungsindiziert, sondern über Ko-Konstruktionsprozesse hergestellt. Schüler*innen sind in bestimmten Fällen nicht schlechter als andere, sondern aktivieren durch die Wahrnehmung von Stereotypen in ihrer eigenen Selbsteinschätzung negative Kausalattributionen, welches sich in schlechte Lern- oder Testleistungen übersetzen. Lehrer*innen wiederum nehmen dann diese Leistungen wahr und fühlen sich bestärkt in der Einschätzung der Schüler*innen. Dieser Vorgang führt zu einer Spirale, die wenn sie nicht hinreichend reflektiert wird, pädagogische Sachverhalte schafft, deren Ursache nicht in der vermeintlich objektiven Leistungsfähigkeit der Schüler*innen zu suchen ist, sondern in dem Vorhandensein eigener pädagogischer Normalitätsvorstellungen.

Hess-Lüttich (1987, S. 5) hat darauf hingewiesen, dass »Kommunikationsprozesse in pädagogisch relevanten Situationen immer auch psychosoziale Prozesse in sozial relevanten ›Domänen‹ gesellschaftlicher Wirklichkeit« seien. Diese Einsicht erscheint im Kontext diversitätssensiblen Unterrichts und Umgang mit Vielfalt besonders relevant. Denn gerade sprachliche Vielfalt wird in Schule häufig implizit konnotiert und mit stereotypen Überzeugungen versehen. Dabei werden zum einen die Schüler*innen aufgefordert, sich der sprachlichen Umgebung in der Schule anzupassen, damit diese dort erfolgreich sein können. Auf der anderen Seite nutzen Schüler*innen diese neuen sprachlichen Fähigkeiten auch in ihrem privaten Umfeld und können da dann Stigmatisierungen ausgesetzt sein, weil sie den sprachlichen Erwartungen ihrer Eltern oder Peer-Group nicht mehr gerecht werden. Dies bedeutet, dass durch sprachliche Bildung in der individuellen Entwicklung der Schülerin oder des Schülers Spannungsverhältnisse angelegt werden, die es mindestens zu reflektieren gilt.

3. Zuschreibungspraxen in der schulischen Wirklichkeit

Die Reflektion von Sprachbildungsprozessen setzt auf der einen Seite die Betrachtung eigener pädagogischer Normalitätsvorstellungen und auf der anderen Seite die individuellen Lernprozesse der Schüler*innen sowie deren psycho-soziale Besonderheit voraus. Daher lässt sich hieraus ableitend die Frage stellen, wie im Bildungssystem ein produktiver Umgang mit soziokultureller Pluralität organisiert und gestaltet werden kann (vgl. auch Strojanov, 2008, S. 529, Göbel & Schmelter, 2016). Denn die reine Fokussierung auf Sprachverwendungszusammenhänge, die schulisch als normal, tradiert und wünschenswert gelten, hilft noch nicht, Lernumgebungen zu gestalten, die den Schüler*innen ermöglichen, in diese hineinwachsen zu können. Es gilt daher zu fragen, wie eine gerechte oder gerechtere Schulbildung zu gestalten ist. Strojanov (2008, S. 521) formuliert dazu, dass eine gerechte Schulbildung sich durch den Ausgleich herkunftsbedingter und nicht durch das Individuum zu verantwortender Ungleichheit auszeichnen müsse. Auch sei den Schüler*innen kein moralischer Respekt gegeben, wenn diese ausschließlich als Produkt ihrer familiären Herkunft und Sozialisation betrachtet und behandelt würden (vgl. ebd., S. 526). Genau diese Aspekte üben beim impliziten Vorhandensein unreflektierter Normalitätsvorstellungen aber einen erheblichen Einfluss auf das Lehr-Lern-Verständnis von Lehrer*innen aus. Die schulische Realität zeichnet sich dadurch aus, dass aufgrund kultureller Sozialisationseffekte in den Sozialschichten bei der Vermittlung von Sprachkultur Unterschiede vorliegen, wodurch diese zunächst deskriptiv erst einmal ausschließlich als herkunftsbedingte Ungleichheiten bei Voraussetzungen für Schulbildung zu bezeichnen sind (vgl. Becker 2011; Bauer 2013 oder Fürstenau & Lange, 2011). Diese herkunftsbedingten Ungleichheiten werden dann bedeutsam, wenn Lehrer*innen ihnen unterschiedliche Qualitäten und damit unterschiedliche Wertigkeiten zumessen. Solche Prozesse ergeben sich aufgrund der eigenen persönlichen und beruflichen Sozialisation und sind häufig nicht reflektiert. Dennoch üben sie einen erheblichen Einfluss auf die Herstellung pädagogischer Sachverhalte aus.

3.1 Zuschreibungspraxen aus intersektionaler Perspektive betrachtet

Im Bereich der Forschung zu Intersektionalität wird der Klassenraum als Abbild der Gesellschaft verstanden und daher als »mini society« bezeichnet. Dieser Metapher ist eingeschrieben, dass der Klassenraum als Minigesellschaft in Analogie zu der Gesellschaft »with norms and expectations, rights and obligations, and roles and relationships for its members« (Green, Kantor & Rogers, 1991, S. 338) ausgestattet ist. Eine heuristische Unterscheidung zwischen schulischer und gesellschaftlicher Wirklichkeit bietet sich als Hilfskonstrukt an, um die spezifischen Zusammenhänge zwischen inner- und außerschulischer Wirklichkeit besser verstehen und theoretisch modellieren zu können. In diesem Verständnis sei die »social world« dann auch mehr als nur Hintergrundvariable oder Kontext (vgl. Green, Kantor & Rogers, 1991) für den Sprachgebrauch der Schüler*innen. Vielmehr ginge es zunächst darum, die spezifischen Konstellationen zwischen Sprache und Lernen in der schulischen Umgebung verstehen zu lernen (vgl. Green, Kantor & Rogers, 1991, S. 336–339) und somit Erkenntnisse für die enge Verflechtung von differenziellen Lernmilieus und pädagogischen Überzeugungen zu gewinnen.

Dieses Erkenntnisinteresse ist keineswegs als neu zu bezeichnen, sondern auch schon Gegenstand des sprachsoziologischen Diskurses der 1950er bis 1970er Jahre gewesen. Hier wurde ebenfalls der symbolische Wert von Sprachvarietäten (vgl. Fishman, 1975) in den Blick genommen und Sprache immer schon als gesellschaftliches Phänomen verstanden (vgl. Hager, Haberland & Paris, 1973, S. 29). Das Neue am Zugang durch die Intersektionalitätsforschung kann im Bereich der Zielgruppendefinition verstanden werden. Geht beispielsweise die DaZ-Forschung häufig davon aus, dass die untersuchten Sprachunterschiede ein gruppenspezifisch eingrenzbares Sonderproblem (in den untersuchten Fällen von Schüler*innen, die als mehrsprachig bezeichnet werden) wäre, wird durch einen Intersektionalitätsansatz die Zugehörigkeit eines Individuums zu multiplen Gruppen in den Fokus gestellt:

> »Such an approach recognizes the individual's social and historical position and understands the interlocking oppression and hierarchies individuals experience as members of multiple groups (…)« (Iverson, 2015, S. 219).

Diese Perspektive eröffnet für die allgemein- wie fachdidaktische Forschung neue Erklärungszusammenhänge, die helfen, Interaktionsprozesse im Unterricht genauer fassen zu können. Durch die Übertragung eines soziologischen Ansatzes in die Unterrichts- und Fachdidaktikforschung werden zu erklärende Differenzen so an Fragen von Ungleichheit und Machrelationen rückgebunden (vgl. Emmerich & Hormel, 2016, S. 571). Sprache wird unter dieser Perspektive relevant betrachtet, da sie dreifach unterschieden werden kann: Sie ist (1) Medium der Wissensvermittlung, (2) Gegenstand der selektionsorientierten Leistungsbewertung und (3) führt einen sozialen Index mit (vgl. ebd., S. 572). Hierdurch ergibt sich die Grundannahme, dass historisch gewordene Diskriminierungsformen, Machtverhältnisse, Subjektivierungsprozesse und soziale Ungleichheiten nicht isoliert voneinander konzeptualisiert werden können (vgl. Walgenbach, 2016, S. 651). Intersektional betrachtet geht es darum, die Wechselbeziehungen, also das je Spezifische einer Unterdrückungskonstellation genauer zu untersuchen und so eine integrale Perspektive auf soziale Kategorien zu entwickeln (vgl. ebd., S. 651–652). Damit gewinnt die Betrachtung von Klassismen (wieder) an Bedeutung für den Diskurs um ungleichheitskritische Perspektiven im Kontext schulischer und fachspezifischer Lernprozesse. Innerhalb der Geschichtsdidaktik gibt es vereinzelte Arbeiten, die darauf hinweisen, dass die soziale Herkunft stärkere Berücksichtigung für das fachliche

Lernen im Geschichtsunterricht finden sollte (vgl. Bernhardt, 2011; Heuer, 2010 oder Ziegler, Waldis & Brauch, 2018).

Klassismen bezeichnen Herrschaftsverhältnisse, die auf Grundlage von sozialer Herkunft, Bildung und Beruf deutliche Unterschiede aufrechterhalten (vgl. Winker & Degele, 2009, S. 44) und daher im Kontext schulischer Bildungsprozesse eine besondere Bedeutsamkeit besitzen, da sie auf einer latenten Ebene Wirkung erzeugen. Die Kategorie ›Klasse‹ stellt im Intersektionalitätsdiskurs eine zentrale Referenz dar, wohingegen sie im schulpädagogischen Heterogenitätsdiskurs kaum (mehr) Verwendung findet (vgl. Emmerich & Hormel, 2013, S. 10). Dabei erscheint gerade diese Kategorie hilfreich, um individuelle Lernprozesse besser verstehen und erklären zu können. Denn gerade die Zuschreibung bestimmter sozialer Merkmale erfolgt vor allem auch durch die Wahrnehmung des verwendeten Sprachcodes der Schüler*innen durch die Lehrer*innen. Hierbei werden wiederum vorbewusst Normalitätsvorstellungen aktiviert, die die Äußerungen der Schüler*innen bewerten. Damit erscheint der soziale Index von Sprache zentral, da er in der Regel kaum reflektiert wird und zum anderen in pädagogischen Kommunikationssituationen einen erheblichen Einfluss auf die Beziehungsgestaltung besitzen kann.

3.2 *Beliefs* von Lehrer*innen im Kontext intersektionaler Begründungszusammenhänge

Die Reflexion der eigenen pädagogischen Einstellungen wird somit zu einem wichtigen Faktor, wenn es darum geht, den eigenen Unterricht, das eigene Handeln und das Reagieren auf Schüler*innenäußerungen und – verhalten als Lehrkraft verstehen zu wollen. Diese pädagogischen Einstellungen lassen sich auch als Überzeugungen oder *beliefs* benennen. Mit *beliefs* wird eine ›educational philosophy‹ (Yilmaz, Altinkurt & Cokluk, 2011) bezeichnet und umfasst »(meist) nicht-wissenschaftliche Vorstellungen darüber, wie etwas beschaffen ist oder wie etwas funktioniert, mit dem Anspruch der Geltung für das Handeln« (Oser & Blömeke, 2012, S. 415). Damit lassen sich individuelle Vorstellungen für das eigene pädagogische Handeln in den Blick nehmen, die helfen, retrospektiv oder in der Aus- und Weiterbildung über tieferliegende und kaum reflektierte Einstellungen und Haltungen ins Gespräch und somit in die Beschäftigung kommen zu können. Kuhl, Moser, Schäfer & Redlich (2013, S. 6) haben folgende Definition zu *beliefs* vorgelegt:

»Beliefs sind ein gegenstandsbezogenes, wertebasiertes individuelles, in Clustern verankertes Überzeugungssystem, das teils bewusst, teils unbewusst das eigene Handeln steuert. Beliefs können sowohl affektive wie kognitive Komponenten beinhalten, die über Erfahrungen, Erkenntnisse, Instruktionen und / oder Informationen erworben wurden und die über einen längeren Zeitraum konsistent und stabil, aber nicht über die Lebensspanne unveränderlich sind«.

Beliefs erweisen sich im Kontext von Intersektionalität und der Bedeutung von Sprache für fachliche Lernprozesse als besonders relevant. Denn diese individuellen Überzeugungssysteme entscheiden darüber, welches Handeln in pädagogischen Situationen aktiviert und gezeigt wird. Dadurch üben sie auch Einfluss auf die Lehr-Lern-Situationen aus, was sich in der Kommunikation mit den Schüler*innen zeigt und dadurch auch den Lernerfolg dieser beeinflusst (vgl. Wilson & Cooney, 2002, S. 144). Das Konstrukt der *beliefs* konkret fassen zu können, erweist sich als herausfordernd. Denn der Ausdruck wird uneinheitlich genutzt und stellt eher ein »messy construct« (Pajares, 1992) dar. Oser & Blömeke (2012, S. 415) kommen zu der Einsicht, dass *beliefs* »z. B. im fachdidaktischen Bereich – in einem eigenartig dichten Verhältnis zum Handeln und zur Handlungsbegründung einer Person« stehen. Denn sie können unterschieden werden in »epistemologische (Lerninhalte und Lernprozesse), personenbezogene (Lehrkräfte und Schüler / Schülerinnen) und kontextbezogene (Schule und Gesellschaft) beliefs« (vgl. ebd., S. 415).

Das Zusammenspiel aller drei Unterkategorien sind für das Handeln im Fachunterricht relevant, da sie eine spezifische Konstellation bei der Lehrperson ergeben können, die die Wahrnehmung von fachspezifischen Lernprozessen beeinflusst. Unterricht und Schule sind dabei niemals frei von gesellschaftlicher Einflüssen oder Verfasstheit zu verstehen und haben somit wiederum auch Einfluss auf die epistemologischen und personenbezogenen *beliefs*. Aus intersektionaler Perspektive argumentiert, werden im Unterricht pädagogische Sachverhalte von den Lehrer*innen aufgrund ihrer *beliefs* hergestellt. Lehrer*innen nehmen beispielsweise eine sprachliche Differenz bei ihren Schüler*innen oder zu den normativ formulierten Bildungserwartungen wahr und schreiben den Lernenden dann individuelle Merkmale zu, die wiederum aufgrund der sprachlichen Verfasstheit einen sozialen Index mitführen. Durch diesen Pfad sind dann pädagogische Sachverhalte hergestellt, die Entscheidungen über Inklusion und Exklusion legitimieren (vgl. Emmerich & Hormel, 2013, S. 81). Konkret zeigt sich dies im Unterricht, wenn sich beispielsweise Schüler*innen alltagssprachlicher ausdrücken und Lehrer*innen dies als irritierend wahrnehmen, da sie eigentlich das Register Bildungs-/Fachsprache erwartet hätten. In diesem Moment werden subjektive Überzeugungssysteme aktiviert, die die sprachliche Äußerung bewerten und diese dann als abweichend zu den kompetenten (Bildungssprach-)Sprecher*innen der Schulgemeinschaft einordnen. Hieraus ergibt sich wiederum ein Muster, welches im Experten-Novizen-Verhältnis dazu führt, dass bestimmte Schüler*innengruppen grundsätzlich als weniger sprachkompetent wahrgenommen werden. Dies kann an Aussagen von Lehrer*innen wie »Sag das mal auf schlau.« oder »Wie heißt das auf vornehm?« (Riebling, 2013, S. 128 ff.) erkennbar sein. Denn hier wird über ein Othering-Verfahren eine sprachliche Differenz konstituiert, die anzeigen soll, dass es innerhalb der Klasse der Lernenden unterschiedliche Sprachgemeinschaften gibt. Dabei wird die Sprachgemeinschaft, die etwas auf »schlau« und »vornehm« formuliert als Zieldimension markiert. Lehrer*innen werden durch die Schüler*innen dieser Gruppe zugeordnet und empfinden sich selbst auch als zugehörig zu dieser. Im Anschluss an eine Unterrichtsstunde wird sich dann vielleicht im Lehrerzimmer über die wahrgenommenen sprachlichen Differenzen ausgetauscht und es könnten Allgemeinplätze wie »Meine Klasse drückt sich auch so aus.«, »In meiner Klasse können sich auch nur wenige verständlich ausdrücken.« oder »Ja, bei mir ist das genauso.« formuliert werden. Dieser Austausch unter den Peers kann wiederum dazu führen, dass die Wahrnehmung der sprachlichen Differenz als allgemeingültig anerkannt wird, da auch anderen Kolleg*innen eine ähnliche Wahrnehmung haben. Für den Fachunterricht bedeutet dies, dass damit häufig auch fehlende fachsprachliche Kenntnisse unterstellt werden oder von alltagssprachlichen Fähigkeiten auf die Beherrschung der Fachsprache geschlossen wird. Hier kann es dann sein, dass epistemologische *beliefs* aktiviert sind oder aktiviert werden, die dazu führen, dass die fachlichen Herausforderungen in der spezifischen Sprachverwendung der Schüler*innen gesucht werden. Diese Kausalattribution führt dazu, dass das eigentliche »Beobachtungsdefizit in Zuweisung sprachlicher Herausforderung (…) [zur] Askription von ›Risikoschülern‹ und nicht zur Infragestellung der eigenen Askriptionsleistung« (Emmerich & Hormel, 2013, S. 86) führt.

Die eigene Askriptionsleistung zu hinterfragen wird im Kontext eines sprachbildenden Geschichtsunterrichts entscheidend, da nicht mehr nur alltagstheoretische Überzeugungen der Lehrer*innen das eigene Handeln bestimmen sollten. Für die Wahrnehmung von sprachlicher Differenz im Fachunterricht Geschichte gehört die Kenntnis, worin die sprachlichen Besonderheiten und möglichen Herausforderungen für Schüler*innen bestehen. Denn jeder Fachunterricht stellt spezifische sprachliche Anforderungen an die Lernenden, die transparent und auch zum Lerngegenstand im Unterricht werden sollten (vgl. Eisen, Kietzmann, Prediger, Şahin-Gür, Wilhelm & Benholz, 2017, S. 193 ff.).

Im Bereich der geschichtsdidaktischen Unterrichtsforschung lassen sich bisher eher vereinzelte Studien zu *beliefs* von Lehrer*innen finden. Nitsche (2017, S. 91) stellt einige Studien vor, wobei der Schwerpunkt im internationalen Bereich liegt. Einige Erkenntnisse zu geschichtstheoretischen und – didaktischen *beliefs* von Lehrpersonen (vgl. Nitsche, 2017, S. 104 ff.) lassen sich vor allem im Bereich der epistemologischen finden. Bisher existieren scheinbar keine Forschungen zu kontextbezogenen *beliefs* bei Geschichtslehrer*innen. Grundsätzlich kann festgehalten werden, dass für den Geschichtsunterricht kaum Forschungsarbeiten vorliegen, die betrachten »wie sich das Lehrerwissen (…) auf die Unterrichtsgestaltung und mittelbar auch auf den Lernerfolg der Schülerinnen und Schüler auswirkt« (Messner & Buff, 2007, S. 148). Dabei sehen Ziegler, Waldis & Brauch (2018, 95) gegenwärtig innerhalb der Geschichtsdidaktik folgenden Forschungsbedarf:

> »Herausforderung des Umgangs mit einer heterogenen Schülerschaft und der Anspruch der Inklusion (…) Geschichtsdidaktische Entscheidungssituationen, die derzeit als Forschungsdesiderata beobachtbar sind und zum Teil in Angriff genommen wurden, betreffen u. a.
> - Sprache und Kommunikationsformen für das fachliche Lernen (…)
> - Diversitätssensibler Unterricht und die Bearbeitung von Fragen zu Inklusion / Exklusion«

3.3 Sprachliche Struktur und Bedeutung der Sprache in fachlichen Lernprozessen

Ausgehend von den eben formulierten Forschungsdesiderata zeigt sich, dass Sprache und Diversität zwei Aspekte darstellen, die im Kontext des fachlichen Lernens stärker an Bedeutung gewinnen sollten. Denn eben durch den Zusammenhang von sprachlichen Strukturen und Vielfalt ergeben sich spezifische Kontextbedingungen für Unterricht, die einer genaueren Untersuchung unterzogen werden sollten, umso zu weiteren Einsichten für die Gestaltung von fachlichen Lernprozessen kommen zu können. Dabei sind sowohl Analysen im Mikrobereich des Unterrichts wie z. B. Schülerlösungen, Unterrichtskommunikation hilfreich, aber es scheint auch notwendig zu sein, eine Makroperspektive einzunehmen, die hilft, fachliche Lernprozesse in wissenschaftliche Diskurse mit gesamtgesellschaftlicher Relevanz zu verorten.

Innerhalb der bildungswissenschaftlichen und bildungssoziologischen Forschung liegen bereits Erkenntnisse vor, die den Einfluss der schulischen Lernumgebung unter Berücksichtigung der sozialstrukturellen Zusammensetzung auf die individuelle Entwicklung betrachten (vgl. Ditton, 2010; Becker & Schulze, 2013 oder Racherbäumer, Funke, van Ackeren & Clausen, 2013). Denn die individuelle Entwicklung ist für das fachspezifische Lernen im Geschichtsunterricht relevant und gewinnt vor dem Hintergrund »schichtspezifisch habitualisierter Lerngewohnheiten« (Maaz et al., 2010, S. 16) eine Bedeutung für geschichtsdidaktische Forschungsarbeiten. Schulische Kontexte sind nie einfach so vorhanden und auch die Besonderheiten des jeweiligen Geschichtsunterrichts gilt es genauer in den Blick zu bekommen, gerade in der Verbindung zu schulischen und individuellen Merkmalen, da hierdurch immer relationale Strukturen vorliegen, die im konkreten Unterricht »sich aus dem Resultat der Handlungen von Menschen« (Ditton, 2013, S. 176) ergeben. Innerhalb der bildungssoziologischen Forschung wird die Verknüpfung der unterschiedlichen Kontexte als »cross-level-Interaktionen« bezeichnet und diese beschreiben sowohl die Eigenschaften der Schulen sowie Lehrkräfte und wie diese wiederum mit den Herkunftsmerkmalen der Schüler*innen interagieren (vgl. Maaz et al., 2010, S. 27). Diese cross-level-Interaktionen besitzen im Kontext der Intersektionalitäts- und beliefs-Forschung eine Relevanz, da vorherrschende negative Stereotype sich unbewusst auf die Erwartungseffekte der Lehrer*innen auswirken (vgl. Rosenthal & Jacobson, 1968 oder Schofield, 2006, S. 47). Dadurch kann die Diagnostik von Lehrkräften als befangen bezeichnet werden, da die eigenen vorhandenen Stereotype zu impliziten heuristischen Vorgehen führen. Hierdurch ergeben sich gerade in Lerngruppen in schulischen Umgebungen, die stark vom Herkunftsmilieu der Lehrer*innen abweichen, bedeutungstragende Interaktionsprozesse, die vielleicht noch stärker von den eigenen *kontextbezogenen beliefs* geprägt sind.

Der Umgang mit sprachlicher und kognitiver Vielfalt gehört zur Aufgabe aller Lehrer*innen und kann nicht ausschließlich in förder- oder sonderpädagogische Settings ausgelagert werden. Daher geht es darum, zu untersuchen wie die Normalitätsvorstellungen der Lehrkräfte die Gestaltung von Lehr-Lern-Umgebungen im Geschichtsunterricht beeinflussen. Grundsätzlich ist anzuerkennen, dass Schule zu allererst und damit auch der Fachunterricht Geschichte, ein Begegnungsraum für ganz unterschiedlich und verschieden begabte Menschen ist. Dies betrifft sowohl die Diversität der Schüler*innen als auch der Lehrer*innen. Die Frage, die an Relevanz gewinnen sollte, könnte vielleicht wie folgt formuliert werden: Wie wird die gemeinsame Zeit in einer Schule der Vielfalt gestaltet, damit ein Lernen für alle stattfinden kann? Im Bereich der sprachlichen Bildung gibt es vermehrt Forschungsinitiativen, die sich auch den fachsprachlichen Lernprozessen und der Bedeutung der Sprache für das fachliche Lernen im Geschichtsunterricht widmen.

Bereits vor über 60 Jahren hat Clauss (1954) eine Studie vorgelegt, die an Aktualität nicht verloren hat. Er zitiert Lehrkräfte, die darauf hinweisen, dass ihre Schüler*innen nicht in ganzen Sätzen, sondern sich lediglich mit einzelnen Wörtern begnügen. Auch heute wird diese sprachliche Besonderheit von Lehrer*innen wahrgenommen und ursächlich in gesellschaftlichen und medialen Veränderungen (z. B. Nutzung des Handys und Internets und dessen Charakteristika der Kommunikation) gesehen. Dabei kommt Clauss bereits damals zu der Einsicht, dass diese sprachliche Limitierung nicht nur auf Seiten der Schüler*innen zu vermuten ist, sondern viel maßgeblicher von der Unterrichtsgestaltung der Lehrer*innen abhänge. Denn seinen empirischen Unterrichtsanalysen nach läge es besonders an zwei Besonderheiten der unterrichtlichen Kommunikation, dass die Schüler*innen nur mit einzelnen Wörtern antworten: (1) Sie bekommen zu wenig Zeit zum Nachdenken und müssen sehr schnell auf Fragen antworten und (2) Lehrer*innen fragen tendenziell mehr singuläre Fakten ab, wodurch die Lernenden auch nur diese nennen (vgl. Clauss, 1954, S. 365). Demnach beeinflusst die lehrerseitig angelegte Interaktion die Äußerungsqualität der Schüler*innen. Durch die gestellten Fragen, erteilten Arbeitsaufträge und die Gestaltung von Unterrichtsgesprächen entstehen Kommunikationssituationen, in denen die Schüler*innen dem Gesprächsangebot entsprechend in bestimmte Rollen gebracht werden. Die Wahrnehmung, dass sich die Schüler*innen aufgrund gesellschaftlicher Sprachwandlungsprozesse zunehmend einsilbiger Ausdrücken, kann zum einen mit Rückgriff auf Clauss nicht gehalten werden, da diese Einschätzung bereits von ihm als »altes Schulübel« benannt worden ist und somit auch schon einen Zeitraum vor 1954 umfasst. Darüber hinaus kann eher angenommen werden, dass die sprachlichen Muster im System Schule so konstant sind, dass sie statt zu hinterfragen immer wieder auf die Schüler*innen übertragen werden. Emmerich & Hormel (2013, S. 86) kommen aus intersektionaler Perspektive zu folgender Einsicht:

> »Die Unverfügbarkeit der eigenen Systemvoraussetzungen kann damit als ein Problem defizitärer oder differentieller Lernvoraussetzungen auf die AdressatInnen pädagogischer Kommunikation projiziert werden«.

In Anlehnung an Clauss kann die Unverfügbarkeit in der unzureichenden Diagnostik der Lehrer*innen bezüglich (fach-)sprachlicher Fähigkeiten der Schüler*innen gesehen werden. Somit scheinen Lehrer*innen im Fachunterricht nicht in der Lage, die fachspezifische Sprachqualität benennen und einschätzen zu können und aufgrund dieser fehlenden Systemvoraussetzung wird die Sprachfähigkeit der Schüler*innen dann über die Aktivierung *epistemologischer* und *personenbezogener beliefs* erklärt. Die differentiellen Lernvoraussetzungen der Schüler*innen, die eine unmittelbare Beteiligung am fachlichen Lernprozess erschweren können, wird dann nicht als Aufgabe der Lehrperson gesehen, sondern auf die Sprachfähigkeit der Lernenden projiziert, welche von außerschulischen und damit auch nicht-lehrerseitig-geprägten Einflüssen entstanden sein soll. Die Untersuchung von Clauss zeigt allerdings, dass die pädagogische Kommunikation eben doch maßgeblich von der zu gestaltenden Lernumgebung und sprachlichen Qualität bzw. sprachlichen Angeboten der Lehrer*innen abhängt. Daher kommt er auch zu der Einsicht, dass durch die »Variation der bevorzugt verwendeten Sprachfunktionen (…) Bewegung und Leben in den Stundenablauf hineingetragen werden« könnte (Clauss, 1954, S. 367).

4. Sprachliche Strukturierung einer ausgewählten Geschichtsstunde in der Sekundarstufe I

Durch eine monotone Unterrichtsgestaltung hinsichtlich der sprachlichen Angebote können Schüler*innen also in die Rolle gebracht werden, nur in kurzen Sätzen mit wenigen Wörtern zu antworten. Diese Beobachtung von Clauss soll nun exemplarisch auf eine Stunde eines Geschichtsunterrichts übertragen werden. Denn die so untersuchte Unterrichtsstunde gibt Hinweise darauf, dass »das didaktische Handeln im Unterricht nicht nur durch verfügbare Routinen gesteuert [wird], sondern es ist immer auch Ausdruck von subjektiven didaktischen Überzeugungen, Zielvorstellungen und Konzepten« (Messner & Buff, 2007, S. 145) ist. Dabei gilt das Lehrverständnis als bedeutsam, da es auch das eigene Rollenverständnis der Lehrer*innen im Unterricht beeinflusst (vgl. ebd., S. 146). Empirische Evidenz für den Geschichtsunterricht liegt insofern vor, dass einzelne Arbeiten bereits Hinweise darauf geben, dass die Lehrpersonen der »Förderung historischer Denk- und Arbeitsweisen« weniger Bedeutung beimessen »als dem systematischen Aufbau fachlicher Kenntnisse über die Vergangenheit und Geschichte« (Messner & Buff, 2007, S. 170). Doch gerade die Förderung historischer Denk- und Arbeitsweisen stehen im engen

Zusammenhang mit der Interdependenz von Kognition und Sprache. Hier benötigen die Schüler*innen Lernumgebungen, die ihnen ermöglichen, dass sie fachsprachliche Strukturen kennenlernen, um diese selbstständiger anwenden zu können und damit in für das Fach typische Denk- und Arbeitsweisen hineinwachsen können. Dabei ist die Gestaltung des Unterrichts hinsichtlich Sozial- und Arbeitsform entscheidend, da diese konkreten Lernumgebungen und -anlässe für die Schüler*innen bedeuten. Auch hier zeigt sich bereits, dass der Unterricht im Fach Geschichte überwiegend (durchschnittlich 70 %) öffentlicher Klassenunterricht[1] ist (vgl. Hodel & Waldis, 2007, S. 106). In dieser Sozialform überwiegt nach Darstellung von Hodel & Waldis (2007, S. 135) das Klassengespräch als Arbeitsform. Für die Untersuchung von Klassengesprächen ist interessant, genauer zu erfahren, wie die Interaktion mit den Schüler*innen gestaltet ist und ob diese als unterstützend für den Erwerb historischer Denk- und Arbeitsweisen eingeschätzt werden kann. Denn das Abfragen von singulären Fakten und damit die Orientierung an deklarativen Wissensbeständen lässt die Einsicht zu, dass ein solcher Unterricht wenig sprachbildend ist. Denn Schüler*innen benötigen eine Lernumgebung, in der sie in fachspezifische Sprachhandlungen hineinwachsen können. Dazu gehört, dass die Schüler*innen ausreichend Gelegenheiten erhalten, sich elaboriert zu äußern und somit auch fachspezifische Wissensbestände unterstützend auf- und auszubauen. Daher erhalten die Fragen im Geschichtsunterricht eine besondere Aufmerksamkeit, da diese für fachliche Lernprozesse entscheidend erscheinen (vgl. Mehr, 2013). »Gute Fragen« gelten im Lehr-Lern-Prozess »als Indikatoren für gute Lernvoraussetzungen« (Niegemann & Stadler, 2001, S. 172). Denn die Wirksamkeit von Lernprozessen konstituiert sich über metakognitive exekutive Prozesse und hier gilt, dass eine größere Häufigkeit der Lehrerfragen die Gelegenheit für Schüler*innen reduziert, eigene Fragen stellen zu können (vgl. ebd., S. 173–174). Niegemann & Stadler (2001, S. 189) weisen darauf hin, dass die Anzahl der Fragen kaum für Urteile über die Unterrichtsqualität genutzt werden kann. Vielmehr ginge es darum, das kognitive Niveau zu bestimmen und davon ausgehend, die Qualität der Fragen und dann des Unterrichts zu ermitteln. In der Untersuchung von Niegemann & Stadler (2001, S. 189) ist nachgewiesen, dass Lehrer*innen nur einen sehr geringen Anteil von Fragen

---

1 Untersucht wurden 41 Lektionen in Schulklassen des 9. Schuljahres in deutschsprachigen Kantonen der Schweiz. »Als öffentlicher Klassenunterricht wurden all jene Unterrichtssequenzen taxiert, während deren eine Person im Raum spricht und die anderen Anwesenden zuhören« (Hodel & Waldis, 2007, S. 106).

mit höherem kognitiven Niveau stellen. Die Autoren sehen dies kritisch, da »hier sowohl Chancen zur unmittelbaren Förderung des Lernens von Zusammenhängen als auch Chancen zur Demonstration »guter Fragen« vergeben« würden. Gerade die Qualität der Fragen ist für die zu gestaltenden Lernprozesse entscheidend, da Schüler*innen hier Angebote bereitgestellt bekommen, selber Wissen auszubauen und damit ein höheres kognitives Niveau bei ihren mentalen Operationen erreichen.

4.1 Beobachtungsaspekt für die untersuchte Geschichtsstunde

Nachfolgend soll eine Geschichtsstunde unter dem Aspekt der formulierten Lehrerfragen untersucht werden. Hierzu wird auf ein Unterrichtstranskript aus dem Archiv für pädagogische Kasuistik der Universität Frankfurt (2011) zurückgegriffen. Es handelt sich somit nicht um ein systematisches Forschungsprojekt, sondern die nachfolgende Analyse hat eher explorativen Charakter, um aufzuzeigen, wie sich dem Thema der Unterrichtskommunikation mit Fokus auf Lehrer*innenfragen im Geschichtsunterricht genähert werden könnte. Die analysierte Unterrichtsstunde ist in einer 9. Klasse einer Gesamtschule dokumentiert worden und fand zum Thema »Politische Situation in Deutschland im Oktober / November 1918« (vgl. Universität Frankfurt, 2011) statt.

Im Unterricht werden eine Vielzahl verschiedener Fragen gestellt, die mit Hilfe von Kategoriensystemen in ihrer Intention und dem verlangten kognitiven Niveau unterschieden werden können (vgl. z. B. Niegemann & Stadler, 2001, S. 176 ff.). Eine Erweiterung soll hier die nachfolgende Betrachtung darstellen, da sie hilft, aufgrund der Fokussierung der sprachlichen Formulierung, genauer in den Blick zu nehmen, welche Sprachanlässe durch die Lehrkraft für die Schüler*innen geschaffen werden. Es kann davon ausgegangen werden, dass wenn nur singuläre Fakten abgefragt werden, Schüler*innen wenig zu elaborierten Antworten neigen müssen. Daher sind die Offenheit bzw. das Angebot zur Elaboration durch die von der Lehrkraft formulierten Frage entscheidend. In der Frageverwendung kann zum Beispiel zwischen w-Pronomen und anderen handlungsinitiierenden Verben unterschieden werden.

> »In der Frageverwendung gibt das *w*-Pronomen eine Orientierung auf eine Person, ein Objekt oder einen Sachverhalt, die vom Sprecher nicht näher zu identifizieren sind, deren Identifizierung er aber vom Adressaten erwartet. In der Ergänzungsfrage markiert das *w*-Pronomen ein Wissensdefizit, das der Adressat auffüllen soll« (Breindl, 2017, o. S.)

Andere Fragen, die nicht mit w-Pronomen beginnen oder über eine veränderte Satzstellung realisiert werden, können mit Hilfe von Verben organisiert
sein, die zu spezifischen Sprachhandlungen auffordern. Diese sind im Kontext
schulischer Lehr-Lern-Prozesse Operatoren (wie z. B. erzählen, argumentieren, berichten u. a.), die in schriftlichen Aufgabenstellungen häufiger genutzt
werden als in mündlichen Kommunikationskontexten. Neben der Formulierung (w-Pronomen oder Operator) lässt sich auch der Fragemodus unterscheiden. Hiermit sind Modi gemeint, die die Funktion beim Fragen haben, dass sie
»Propositionen unter dem Aspekt ihres Zutreffens zum Ausdruck bringen, jedoch nicht festlegen, ob sich die Dinge auch wie ausgesagt verhalten« (Strecker,
2017, o. S.). Demnach gibt es drei Formen: (1) Entscheidungsfrage, (2) Ergänzungsfrage und (3) Alternativfrage. Dazu kommen drei aufbauende Formen:
(a) Bestätigungsfrage, (b) Nachfrage und (c) Rückfrage (vgl. ebd.).

4.2 Ergebnisse

Für die untersuchte Geschichtsstunde (45 Minuten) kann festgehalten werden,
dass die Lehrkraft insgesamt 54 Fragen gestellt hat. Diese 54 eingegebenen Fragen an die Schüler*innen verteilen sich unterschiedlich auf die einzelnen Typen (vgl. Tabelle 1). Den größten Teil nehmen 45 (81,8 %) W-Fragen ein, dann 5
(9,1 %) operatoreneingeleitete Fragen, 2 (3,6 %) kombinierte Fragen aus Operator und W-Pronomen und 3 (5,5 %) rhetorische Fragen. Eine genauere Betrachtung der W-Fragen zeigt, dass den größten Anteil unter ihnen die wer-Fragen
(14 oder 31 %), warum-Fragen (9 oder 20 %) und was-Fragen (7 oder 16 %) einnehmen.

Alle Fragen – mit Ausnahme einer Alternativfrage und drei rhetorischen
Fragen – lassen sich dem Fragemodus Ergänzungsfrage zuordnen. Hier ist das
Besondere, dass der Sprecher Propositionen einbringt, »in denen mindestens
ein Argument offen lässt, worum es sich dabei handelt und das deshalb mittels
W-Phrasen auszudrücken ist« (Strecker, 2017, o. S.). Das Ziel von Ergänzungs-
fragen kann wie folgt formuliert werden:

> »Die Wissensqualität von kommunikativen Ausdruckseinheiten im Ergänzungsfra-
> gemodus ist dabei prinzipiell dieselbe wie beim Entscheidungsfragemodus. Ver-
> schieden ist, was der Hörer nach Intention des Sprechers leisten soll: Er soll nicht
> Stellung nehmen zu der Proposition, wie sie vorgebracht wird, sondern sie im
> Aussagemodus durch eine Proposition ersetzen, in der nichts offen bleibt, was zu-
> nächst offen war« (ebd.).

Fragentypen	absolute Vorkommenshäufigkeit	relative Vorkommenshäufigkeit
W-Fragen	45	81,8 %
davon:		
warum	9	
wieso	3	
was	7	
wo	1	
welche	6	
wer	14	
wie	4	
woran	1	
Operatoren	5	9,1 %
Kombination (Operator und w-Frage)	2	3,6 %
rhetorische Frage	3	5,5 %

Tabelle 1 – Fragentypen und deren Verteilung in einer Unterrichtsstunde

5. Diskussion

Die Ergebnisse der zufällig ausgewählten Geschichtsstunde zeigen, dass die Lehrkraft 81% W-Fragen stellt und damit fast ausschließlich singuläre Fakten abfragt. Die Schüler*innen sind aufgefordert, eine Proposition zu ersetzen, von der die Lehrkraft bereits weiß, was nicht offen bleiben soll. Dies zeigt sich im Verlauf des Unterrichtsgesprächs an mehreren Stellen, wo durch die Lehrkraft immer wieder die gleiche Proposition erfragt wird. Es ergibt sich dadurch ein klassenöffentlicher Unterricht, in der das Klassengespräch als Arbeitsform dominiert. Diese Einschätzung deckt sich mit den Erkenntnissen der Untersuchung schweizerischer Geschichtsstunden von Hodel und Waldis (2007). Die Fokussierung auf die Lehrerfragen in diesem Beitrag zeigen deutlich, dass auch in der untersuchten Geschichtsstunde wie bereits durch Clauss (1954) formuliert, die Schüler*innen aufgrund der durch die Lehrer*innen formulierten Fragen nicht in ganzen Sätzen antworten müssen. Denn durch das Formulieren von Ergänzungsfragen sind Schüler*innen nur aufgefordert, fehlende Propositionen zu benennen. In der untersuchten Geschichtsstunde zeigt sich das vor allem in der Ergänzung von Namen und Zeitangaben. Es kann also vermutet werden, dass hier keine kognitiv höheren Niveaus erreicht werden, da die Schüler*innen in der Regel in die Rolle gebracht werden, lediglich Wissensbestände einzuwerfen, mit denen die Lehrkraft dann die inhaltliche Auseinandersetzung gestaltet.

Im Kontext intersektionaler und sprachsoziologischer Zugänge wäre nun eine systematische Forschungsaufnahme wünschenswert, die die explorativen Erkenntnisse dieser Arbeit in Kontext der theoretischen Ansätze aufgreift und vertieft. Denn die Gestaltung von Lehr-Lern-Prozessen von Lehrer*innen ist zum einen durch deren beliefs abhängig. Hierbei sind allerdings nicht nur epistemische sowie personenbezogene, sondern auch kontextbezogene beliefs bedeutsam. Denn diese sind im Zusammenhang intersektionaler Erkenntnisse hilfreich, um Erklärungsansätze geben zu können, wie cross-level-Interaktionen in der Schule gestaltet sind und welche Auswirkungen diese auf die Lernleistungen der Schüler*innen haben. Die gewonnenen Erkenntnisse sind vor dem Hintergrund der theoretischen Ausführungen genauer zu diskutieren, da mit dem Lehrverständnis auch »das didaktische Rollenverständnis im Unterricht [verknüpft ist]: Sieht sich der Lehrer eher als Vermittler oder als Lerncoach? Wer sich als Vermittler versteht, fokussiert die direkte Weitergabe von Lehrstoffen durch die Lehrperson, wer sich eher als Lerncoach versteht, betont die Begleitung und Unterstützung der Schülerinnen und Schüler beim selbständigen Lernen« (Messner & Buff, 2007, S. 146). Das didaktische Rollenverständnis ist gerade im Kontext eines sprachbildenden Unterrichts innerhalb der Geschichtsdidaktik vertieft zu diskutieren. Denn dadurch wird die Gestaltung einer Lehr-Lern-Umgebung durch die Lehrer*innen bestimmt. Ein diversitätssensibler und sprachbildender Unterricht eröffnet damit die Chance, innerhalb der geschichtsdidaktischen Forschung Fragen nach Unterrichtsqualität und Gelingensbedingungen historischen Lernens in den Blick nehmen zu können.

Die exemplarisch analysierte Unterrichtsstunde hat die Notwendigkeit – im Zusammenhang mit den dargestellten Forschungsergebnissen – aufgezeigt, dass gerade der Aspekt gelingender (fach-)sprachlicher Unterrichtsprozesse bedeutsam für das fachliche Lernen ist. Denn es besteht ein enger Zusammenhang zwischen Kognition und Sprache. Damit sich die Schüler*innen in ihrer sprachlichen Fähigkeit weiterentwickeln und so komplexer werdende fachliche Lerngegenstände bearbeiten können, benötigen sie eine ausgebaute Sprache. Hierzu ist es erforderlich, dass sie in Lernumgebungen hineinwachsen, die ihnen helfen, genau diese Fähigkeiten weiter ausbauen zu können. Das Abfragen von singulären Fakten ist daher wenig förderlich für höhere kognitive Prozesse, sondern das selbstständigere Elaborieren und durch Operatoren eingeleitete Fragen helfen, dass Schüler*innen sich (fach-)sprachlich und inhaltlich differenzierter ausdrücken müssen.

Literatur

Bauer, U. (2013). *Sozialisation und Ungleichheit. Eine Hinführung.* Wiesbaden: VS.

Becker, R. (2011). *Lehrbuch der Bildungssoziologie,* Wiesbaden: VS.

Becker, R. & Schulze, A. (2013). Kontextuelle Perspektiven ungleicher Bildungschancen – Eine Einführung. In R. Becker & A. Schulze (Hrsg.), *Bildungskontexte* (S. 1–30). Wiesbaden: VS.

Berendes, K., Vajjala, S., Meurers, D., Bryant, D., Wagner, W., Chinkina, M. & Trautwein, U. (2017). Reading Demands in Secondary School: Does the Linguistic Complexity of Textbooks Increase With Grade Level and the Academic Orientation of the School Track? *Journal of Educational Psychology,* 1–26.

Bernhardt, M. (2011). Bilingualität und historisches Lernen. Förderung von historischen Kompetenzen oder soziales Differenzkriterium? In J. Hodel & B. Ziegler (Hrsg.), *Forschungswerkstatt Geschichtsdidaktik 09. Beiträge zur Tagung »geschichtsdidaktik empirisch 09«* (S. 214–223). Bern: hep.

Bernstein, B. (1959). Soziokulturelle Determinanten des Lernens. In P. Heintz (Hrsg.): *Soziologie der Schule* (S. 52–79). Opladen: Westdeutscher Verlag.

Bock, I. (1975). *Das Phänomen der schichtspezifischen Sprache als pädagogisches Problem.* Darmstadt: Wissenschaftliche Buchgesellschaft.

Breindl, E. (2017). W-Pronomen. In Institut für deutsche Sprache, *grammis 2.0. das grammatische informationssystem des instituts für deutsche sprache* (ids). Verfügbar unter: http://hypermedia.ids-mannheim.de/call/public/sysgram.ansicht?v_typ=d&v_id=405 [02.07.2018]

Clauss, G. (1954). Zur sprachlichen Struktur des Unterrichts. *Wissenschaftliche Zeitschrift der Karl-Marx-Universität Leipzig,* 4, 361–368

Ditton, H. (2010). Selektion und Exklusion im Bildungssystem. In G. Quenzel & K. Hurrelmann (Hrsg.), *Bildungsverlierer. Neue Ungleichheiten* (S. 53–71). Wiesbaden: VS.

Ditton, H. (2013). Kontexteffekte und Bildungsungleichheit: Mechanismen und Erklärungsmuster. In R. Becker & A. Schulze (Hrsg.), *Bildungskontexte* (S. 173–206). Wiesbaden: VS.

Dovidio, J. F., Major, B. & Crocker, J. (2000). Stigma: Introduction and overview. In: T. F. Heatherton, R. E. Kleck, M. R. Hebl & J. G. Hull (Hrsg.), *Stigma: Social psychological perspectives* (S. 1–28). New York, NY: Guilford.

Eisen, V., Kietzmann, U., Prediger, S., Şahin-Gür, D., Wilhelm N. & Benholz, C. (2017). Cluster Mathematik. In S. Oleschko (Hrsg.), *Sprachsensibles Unterrichten fördern – Angebote für den Vorbereitungsdienst.* Verfügbar unter: http://sprachsen

sibles-unterrichten.de/wp-content/uploads/2017/12/Buch_Sprachsensibles-Unter richten-foerdern.pdf [02.07.2018]

Emmerich, M. & Hormel, U. (2013). *Heterogenität – Diversity – Intersektionalität. Zur Logik sozialer Unterscheidungen in pädagogischen Semantiken der Differenz.* Wiesbaden: VS.

Fishman, J. (1975). *Soziologie der Sprache.* München: Max Hueber Verlag.

Fürstenau, S. & Lange, I. (2011). Schulerfolg und sprachliche Bildung. Perspektiven für eine Unterrichtsstudie. In P. Hüttis-Graff & P. Wieler (Hrsg.), *Übergänge zwischen Mündlichkeit und Schriftlichkeit im Vor- und Grundschulalter* (S. 37–54). Freiburg i. Brsg.: Fillibach.

Göbel, K. & Schmelter, L. (2016). Mehr Sprachen – mehr Gerechtigkeit? In I. Dirim & A. Wegener (Hrsg.), *Mehrsprachigkeit und Bildungsgerechtigkeit* (S. 271–254). Opladen: Budrich.

Gräsel, C. (2010). Lehren und Lernen mit Schulbüchern – Beispiele aus der Unterrichtsforschung. In E. Fuchs, J. Kahlert & U. Sandfuchs (Hrsg.), *Schulbuch konkret. Kontexte Produktion Unterricht* (S. 137–148). Bad Heilbrunn 2010.

Green, J., Kantor, R. & Rogers, T. (1991). Exploring the Complexity of Language and Learning in Classroom Contexts. In L. Idol & B. Jones (Hrsg.), *Educational values and cognitive instruction: Implications for reform* (S. 333–364). Hillsdale: Erlbaum.

Hager, F., Haberland, H. & Paris, R. (1973). *Soziologie und Linguistik.* Stuttgart: Metzlersche J. B.

Handro, S. (2015). Sprache und historisches Lernen. Zur Einführung. *Zeitschrift für Geschichtsdidaktik*, Heft 14, 5–24.

Hartung, O. (2015). Geschichte schreibend lernen. In S. Schmölzer-Eibinger & E. Thürmann (Hrsg.), *Schreiben als Medium des Lernens. Kompetenzentwicklung durch Schreiben im Fachunterricht* (S. 201–216). Münster: Waxmann.

Hess-Lüttich, E. (1987). *Angewandte Sprachsoziologie: eine Einführung in linguistische, soziologische und pädagogische Ansätze.* Stuttgart: Metzler.

Heuer, C. (2010). Für eine neue Aufgabenkultur – Alternative für historisches Lehren und Lernen an Hauptschulen. *Zeitschrift für Geschichtsdidaktik*, 9, 79–97.

Holzkamp, C. (1971). Die Entwicklung der kognitiven Fähigkeiten. In b:e Redaktion (Hrsg.), *Familienerziehung, Sozialschicht und Schulerfolg* (S. 83–114). Weinheim: Beltz.

Iverson, Susan (2015). Interlocking oppressions: An intersectional analysis of diversity. In D. Davis & J. Dannielle (Hrsg.), *Intersectionality in Educational Research* (S. 211–230). Sterling, VA.

Kjolseth, R. (1971). Einführung. Die Entwicklung der Sprachsoziologie und ihre sozialen Implikationen. In *Kölner Zeitschrift für Soziologie und Sozialpsychologie* (Sonderheft 15), 9–32.

Kuhl, J., Moser, V., Schäfer, L. & Redlich, H. (2013). Zur empirischen Erfassung von Beliefs von Förderschullehrerinnen und -lehrern. *Empirische Sonderpädagogik*, 2013, 1 (1), 3–24.

Labov, W. (1972). Die Widerspiegelung sozialer Prozesse in sprachlichen Strukturen. In B. Badura & K. Gloy (Hrsg.), *Soziologie der Kommunikation. Eine Textauswahl zur Einführung* (S. 309–323). Stuttgart-Bad Cannstatt: Frommann-Holzboog.

Maaz, K., Baumert, J. & Trautwein, U. (2010). Genese sozialer Ungleichheit im institutionellen Kontext der Schule: Wo entsteht und vergrößert sich soziale Ungleichheit? *Zeitschrift für Erziehungswissenschaft*, Sonderheft 12, 11–46.

Mack, W. & Schroeder, J. (2005). Schule und lokale Bildungspolitik. In F. Kessl, C. Reutlinger, S. Maurer & O. Frey (Hrsg.), *Handbuch Sozialraum* (S. 337–353). Wiesbaden: VS.

Mehr, C. (2013). Fragen an die Geschichte – Fragen im Geschichtsunterricht. In J. Hodel, M. Waldis & B. Ziegler (Hrsg.), *Forschungswerkstatt Geschichtsdidaktik 12. Beiträge zur Tagung »geschichtsdidaktik empirisch 12«*. Bern: hep.

Messner, H. & Buff, A. (2007). Lehrerwissen und Lehrerhandeln im Geschichtsunterricht. In P. Gautschi, D. Moser, K. Reusser & P. Wiher (Hrsg.), *Geschichtsunterricht heute. Eine empirische Analyse ausgewählter Aspekte*. Bern: hep.

Niegemann, H. & Stadler, S. (2001). Hat noch jemand eine Frage? Systematische Unterrichtsbeobachtung zu Häufigkeit und kognitivem Niveau von Fragen im Unterricht. *Unterrichtswissenschaft, 29* (2), 171–192.

Nitsche, Martin (2017). Geschichtstheoretische und -didaktische Beliefs angehender und erfahrender Lehrpersonen – Einblicke in den Forschungsstand, die Entwicklung der Erhebungsinstrumente und erste Ergebnisse. In U. Dankler (Hrsg.), *Geschichtsunterricht – Geschichtsschulbücher – Geschichtskultur. Aktuelle geschichtsdidaktische Forschungen des wissenschaftlichen Nachwuchses* (S. 85–107). Göttingen: v&r.

Oleschko, S. (2017). Differenzielle Lernmilieus und Sprachbildung – Zur Bedeutung der Sprachsoziologie für den Diskurs um Sprachfähigkeit in der Schule. In B. Lüttke (Hrsg.), *Fachintegrierte Sprachbildung* (S. 51–68). Berlin: De Gruyter.

Oser, F. & Blömeke, S. (2012). Überzeugungen von Lehrpersonen. *Zeitschrift für Pädagogik*, Heft 58, 415–421.

Pajares, F. (1992). Teachers' Beliefs and Educational Research: Cleaning Up a Messy Construct. *Review of Educational Research, 62*, 307–332.

Racherbäumer, K., Funke, C., van Ackeren, I. & Clausen, M. (2013). Schuleffektivitätsforschung und die Frage nach guten Schulen in schwierigen Kontexten. In R. Becker & A. Schulze (Hrsg.), *Bildungskontexte: Strukturelle Voraussetzungen und Ursachen ungleicher Bildungschancen* (S. 239–267). Wiesbaden: VS Verlag.

Riebling, L. (2013). Heuristik der Bildungssprache. In I. Gogolin, I. Lange, U. Michel & H. H. Reich (Hrsg.), *Herausforderung Bildungssprache – und wie man sie meistert. FörMig-Edition, Band 9* (S. 106–153). Münster: Waxmann.

Roeder, P. (1965). Sprache, Sozialstatus und Bildungschancen. In P. Roeder, A. Pasdzierny & W. Wolf (Hrsg.), *Sozialstatus und Schulerfolg. Bericht über empirische Untersuchungen* (S. 5–32). Heidelberg: Quelle & Meyer.

Rosenthal, R. & Jacobson, L. (1968). *Pygmalion in the classroom: Teacher expectation and pupils' intellectual development*. New York: Holt, Rinehart & Winston.

Schlee, J. (1973). *Sozialstatus und Sprachverständnis.* Düsseldorf: Pädagogischer Verlag Schwann.

Schofield, J. W. (2006). Migrationshintergrund, Minderheitenzugehörigkeit und Bildungserfolg. Forschungsergebnisse der pädagogischen, Entwicklungs- und Sozialpsychologie. Verfügbar unter: http://www.ssoar.info/ssoar/bitstream/handle/document/11419/ssoar-2006-schofield-migrationshintergrund.pdf?sequence=1 [15.05.2017].

Spanhel, D. (1973). *Die Sprache des Lehrers. Grundformen des didaktischen Sprechens.* Düsseldorf: Schwann.

Stojanev, K. (2008). Bildungsgerechtigkeit als Freiheitseinschränkung? Kritische Anmerkungen zum Gebrauch der Gerechtigkeitskategorie in der empirischen Bildungsforschung. *Zeitschrift für Pädagogik, 54,* 516–531.

Strecker, B. (2017). Fragemodus. In Institut für deutsche Sprache, *grammis 2.0. das grammatische informationssystem des instituts für deutsche sprache (ids).* Verfügbar unter: http://hypermedia.ids-mannheim.de/call/public/sysgram.ansicht?v_typ=d&v_id=1873 [02.07.2018]

Universität Frankfurt (2011). *Unterrichtstranskript einer Geschichtsstunde an einer Kooperativen Gesamtschule (9. Klasse, Gymnasialzweig). Stundenthema: »Politische Situation in Deutschland im Oktober/November 1918«.* Verfügbar unter: https://archiv.apaek.uni-frankfurt.de/2378 [02.07.2018]

Walgenbach, Katharina (2016). Intersektionalitätsforschung. In I. Hedderich, G. Biewer, J. Hollenweger & R. Markowetz (Hrsg.), *Handbuch Inklusion und Sonderpädagogik* (S. 650–655). Bad Heilbronn: UTB/Klinkhardt.

Wellgraf, S. (2011). Hauptschule: Formationen von Klasse, Ethnizität und Geschlecht. In: S. Hess, N. Langreiter & E. Timm (Hrsg.), *Intersektionalität revisted* (S. 119–147). Bielefeld: Transcript.

Wilson, M. & Cooney, T. (2002). Mathematics Teacher Change and Development. In G. C. Leder, E. Pehkonen & G. Törner (Hrsg.), *Beliefs: A Hidden Variable in Mathematics Education?* (S. 127–147). Dordrecht: Springer.

Winker, G. & Degele, N. (2009). *Intersektionalität. Zur Analyse sozialer Ungleichheiten.* Bielefeld: transcript verlag.

Yilmaz, K., Altinurt, Y. & Cokluk, Ö. (2011). Developing the Educational Belief Scale: The Validity and Reliability Study. In *Educational Sciences: Theory & Practice, 11,* 343–350.

Ziegler, B.; Waldis, M. & Brauch, N. (2018). Desiderate geschichtsdidaktischer Empirie. In G. Weißeno, R. Nickolaus, M. Oberle & S. Seeber (Hrsg.), *Gesellschaftswissenschaftliche Fachdidaktiken. Theorien, empirische Fundierungen und Perspektiven* (S. 93–102). Wiesbaden: Springer.

Anhang

W-Fragen 45 (81 %)

Warum 9

Warum hab ich gesagt, ihr sollt das Schulbuch benutzen? (Z. 104)

Warum noch? (Z. 139)

Ja, aber dann beantworte mir trotzdem die Frage, **warum** sollt ihr das Schulbuch benutzen? (Z. 148)

Warum sollten denn die Entscheidungsträger sich für die eine (…) und nicht für ein anderes? (Z. 508)

Warum sollten die irgendeinem neuen Gesetz zustimmen, wer könnte sie denn da beeinflussen? (Z. 511)

Warum denn die Fabrikanten? (10sec) **Warum** die Fabrikanten? (Z. 544)

Und **warum** konnte der Forderungen stellen? (Z. 619)

Warum hat der Kaiser von China nicht Forderungen gestellt (…)? (Z. 623)

Warum das denn? (Z. 661)

Wieso 3

Ja, ich möchte, dass du mir jetzt sagst, **wieso** ihr das Schulbuch nutzen sollt. (Z. 135)

Wieso sollt ihr das Schulbuch benutzen? (Z. 154)

Wieso? (Z. 276)

Was 8

Was war denn da, direkt nach der Abdankung des Kaisers? (Z. 265)

Was hast du gesagt? (Z. 408)

Was heißt das? (Z. 526)

Das heißt, im Oktober 1919, äh 1918 passiert also **was**? (Z. 645)

Und **was** passiert Ende Oktober 1918? (Z. 651)

Was passiert im November 1918? (Z. 655)

Was heißt das denn? (Z. 734)

Wo 1

Wo ist jetzt der Unterschied zwischen dem, was der Sm23 vorgelesen hat und das, was die Sw17 vorgelesen hat?

Welche 6

Welche Parteien und Gruppen, Namen, Gruppierungen gibt es? (Z. 304)

Welche Funktion hatten die, weiß das jemand? (Z. 326)

Welche Bevölkerungsgruppen gibt's denn, die ihr kennt? (Z. 387)

Welche Republik wird denn am 9.1.. ausgerufen? (Z. 710)

Welche gewählte Partei? (Z. 761)

Also, es lebe die Republik, wird ausgerufen, die Frage ist nur, **welche**? (Z. 788)

Wer 14

Wer war das denn? (Z. 323)

(…) **wer** war das denn? (Z. 443)

Wer noch? (Z. 448)

Wer noch? (Z. 450)

Wer noch? (Z. 454)

Wer beeinflusst die Politik mit? (Z. 526)

Wer denn noch? (Z. 530)

Wer soll das denn beeinflussen (…)? (Z. 534)

Wer ist denn irgendjemand? (Z. 604)

Wer? Wer hat das gesagt? (Z. 607)

Wer hat, ähm, wollte, dass Deutschland demokratischer wird? (Z. 613)

Wer sitzt denn heute im Parlament (…)? (Z. 759)

Vom Rednerpult betrachtet, **wer** sitzt auf der rechten Seite? (Z. 761)

Wer sitzt ganz links? (Z. 767)

Wie 4

Wie läuft denn der Krieg so im Jahre 1918? (Z. 579)

Wie läuft denn der Krieg im Oktober 1918 beispielsweise für Deutschland? (Z. 581)

Wie kommt das denn? (Z. 657)

Beides die SPD oder **wie** ist das? (Z. 735)

Woran 1

Woran war das abzulesen, dass das das mächtigste Reich war? (Z. 630)

Operator 5 (9,3 %)

Und jetzt **erzähl** mal, was du eben gesagt hast. (Z. 110)

Ja, **erklär** mal, mit eigenen Worten. (Z. 116)

Sw17, dann **erzähl** uns doch mal, was du heraus-gefunden hast, bitte. (Z. 202)

Sm14, **erzähl** mal. (Z. 593)

Kombination 2 (3,7 %)

Erklär mir, **was** du eben gesagt hast. (Z. 113)

Du sollst mir mit eigenen Worten **erklären, wie** die Situation in Deutschland im Oktober 1918 gewesen ist. (Z. 117)

rhetorische Frage 3 (5,6 %)

Neuer Kaiser wurde Friedrich Ebert? (Z. 250)

Sm23, hast du den Unterschied gemerkt? (Z. 279)

Echt? (Z. 316)

Olaf Hartung

Sprachhandeln und kognitive Prozesse von Schülerinnen und Schülern beim Schreiben über Geschichte

Sprache und Kognition sind nicht deckungsgleich, hängen aber eng miteinander zusammen. Geschichtslernen ist aufgrund seiner primär abstrakten Lerninhalte eine komplexe mentale Aktivität, die sich (weitgehend) in Sprache realisiert. Dabei dient Sprache nicht nur als Werkzeug für historische Sinnbildungen, sie kann vielmehr auch infolge solcher Versprachlichungsprozesse als resultierende Leistung erscheinen. Einerseits ermöglicht Sprache überhaupt erst fachbezogene Kognitionen, andererseits erweitern die kognitiven Operationen im Fach das Spektrum der sprachlichen Fähigkeiten. In den geistes- und gesellschaftswissenschaftlichen Fächern ist von einem besonders engen Zusammenhang zwischen kognitiver Strukturbildung und sprachlicher Informationsverarbeitung auszugehen. Selbstständige (individuelle) Wissensverarbeitung erfolgt dabei fast immer im Modus des Sprachhandelns. Die Versprachlichung kognitiver Operationen führt wiederum zu bestimmten Sprachhandlungen mit unterschiedlichen Funktionen. Der Beitrag widmet sich nun der Frage nach den möglichen Zusammenhängen zwischen Sprachfunktionen und kognitiven Operationen beim Schreiben über geschichtliche Fachinhalte. Untersucht wird, welche Art sprachlicher Handlungen und kognitiver Operationen Schülerinnen und Schüler bei der eigenständigen Produktion von Geschichtstexten zu leisten imstande sind. Oder anders gefragt: Welche sprachlich-prozeduralen Wissensbestände verwenden Geschichtslernende, um deklaratives Geschichtswissen sachgerecht zu einem kohärenten Text zu verarbeiten?

Definitionen, Untersuchungsmethode und Sampling

Aus lerntheoretischer Perspektive ist Kognition im Wesentlichen als Problemlösen zu verstehen, bei dem verschiedenartige Kognitionsprozesse zu bewältigen sind (Anderson, 2013). Ein Problemlöseprozess beginnt mit der (selektiven) Wahrnehmung der Problemsituation und wird durch die bisher gelernten

Lösungsmuster und Erwartungen der Lerner gesteuert. Auch Schreiben im Sinne von kohärenter Textproduktion lässt sich als Problemlöseprozess (vgl. Mollitor-Lübbert, 1996) und Erwerbsprozess von Fähigkeiten begreifen (vgl. Späker, 2006), die das Planen, das Überführen von Gedanken in Sprache durch sinnbildende Verknüpfung formulierter Aussagegehalte sowie das Überarbeiten umfasst. Im Unterschied zur Mündlichkeit unterstützt das schreibende Lernen bestimmte kognitive Fähigkeiten für die Verarbeitung von Wissensinhalten, wie z. B. distanzierte Betrachtung und Multiperspektivität, Abstraktion, Klassifikation und kategoriales Denken sowie komplexe Schlussfolgerungen und Sinnbildungen (Schmölzer-Eibinger & Thürmann, 2015, S. 9).

Insofern macht es einen Unterschied, ob Schülerinnen und Schüler ihre Arbeitsaufträge nur mündlich durchsprechen oder aber in Form eigenständiger Textproduktion erledigen. Gerade das Erkennen und Begreifen komplexer geschichtlicher Ursachen- und Wirkungszusammenhänge erfordert zumeist kognitive Operationen auf einem Abstraktionsniveau, die durch eine konzeptionell-schriftliche Bearbeitung eher und präziser durchgeführt werden können als durch eine ›nur‹ mündliche Besprechung. Problemlösendes Schreiben bedeutet daher immer auch epistemisch-heuristisches Schreiben, das nicht zuletzt der gedanklichen Durchdringung von Fragestellungen und dem Entdecken bzw. der Weiterentwicklung gedanklicher Zusammenhänge dient. Das Schreiben über geschichtliche Sachverhalte fördert aber nicht nur die Fähigkeit zum distanzierten abstrakten historischen Denken. Vielmehr bieten sogenannte ›kreative‹ Schreibaufträge und Textformen (Memminger, 2007, 2009), wie etwa das Verfassen fiktiver Briefe oder Tagebucheinträge, auch die Möglichkeit zum spontanen, spielerischen und/oder subjektivierenden Ausdruck, anhand dessen sich Schülerinnen und Schüler in die imaginierten historischen Personen und Situationen einfühlen und eine engere Beziehung zum historischen Lerngegenstand herstellen können.

Die in dieser Untersuchung analysierten Problemlösefähigkeiten von Schülerinnen und Schülern beziehen sich auf Lösungen von Schreibaufgaben, die auf die Bearbeitung von Fragestellungen zur Geschichte der Weimarer Republik in Form eigener kohärenter, d. h. inhaltlich schlüssiger Texte zielen. Um die Aufgabenstellungen lösen zu können, müssen sich die Schülerinnen und Schüler sowohl neues thematisch-inhaltliches Wissen (epistemische Struktur oder deklaratives Wissen) auf der Grundlage von Informationen aus Ausgangstexten und Bildern aneignen als auch auf bestimmte Verfahren zur sprachlichen Realisierung (heuristische Struktur oder prozedurales Wissen) zurückgreifen. Ein wichtiges sprachlich-prozedurales Verfahren ist die Verwendung sogenannter Sprach- bzw. Diskursfunktionen wie etwa Erzählen, Erklären, Beschreiben und Belegen. Durch das Sprachhandeln mit unterschiedlichen Diskursfunktionen kommen – jeweils bezogen auf bestimmte Inhalte und deren (rezeptive oder produktive) Bearbeitung – grundlegende kognitive Operationen und deren verbale Realisierungen simultan zum Ausdruck (Vollmer, 2011, S. 1). Ein zweites prozedurales Verfahren ist die Konstruktion sachlogischer Zusammenhänge durch sogenannte sprachlogische Verknüpfungen, die Junktionen. Mit ihnen semantisieren Sprachhandelnde die logischen Beziehungen zwischen Aussagegehalten: z. B. temporal, kausal, final, konsekutiv oder adversativ. Der dritte und in dieser Untersuchung letzte Bereich sprachlichen Handelns analysiert schließlich die beim ›Problemlösen‹ geleisteten Schlussfolgerungen bzw. Inferenzen der Schülerinnen und Schüler als mögliche Resultate ihrer beim Schreiben vollzogenen Denkleistungen. Die nachfolgende Betrachtung der sprachlich-kognitiven Operationen erfolgt somit anhand folgender Analysekategorien: (1.) verwendete Sprach- bzw. Diskursfunktionen, (2.) hergestellte sprachlogische Verknüpfungen und (3.) eigenständig geleistete Schlussfolgerungen.

Als empirisches Material dienen im Geschichtsunterricht erhobene Schülertexte, die zu einem Textkorpus zusammengefasst wurden.[1] Die Texte der Schülerinnen und Schüler flossen in das Korpus ein, wie sie in den Klassen und Kursen angefertigt, von den Lehrkräften eingesammelt und dem Untersuchungsleiter ausgehändigt wurden. Einen Überblick über Sample, Schreibaufträge und Zusammensetzung des Textkorpus der zugrunde liegenden Erhebung bietet Abbildung 1 auf der folgenden Seite.

Das Sample bilden acht fortgeschrittene Geschichtsklassen bzw. -kurse beider Sekundarstufen aus dem weiteren Umkreis Mittelhessens. Insgesamt sind an der Untersuchung sechs Schulen beteiligt: zwei Gymnasien, eine Hauptschule und zwei Realschulen sowie eine Integrierte Gesamtschule (IGS). An der Erhebung nahmen 168 Probanden im Alter zwischen 14 und 20 Jahren teil, von denen 96 männlichen und 72 weiblichen Geschlechts sind. Das Textkorpus umfasst 229 Schülertexte; davon 92 fiktive Reden, 73 Erörterungen und 64 Zeitschriftenessays. Der höhere Anteil der Textsorte Rede erklärt sich u. a. damit, dass der Schreibauftrag die Anfertigung von jeweils drei fiktiven Reden pro Schülerin bzw. Schüler verlangte, wobei jedoch nicht alle Schülerinnen und Schüler in der Lage waren, alle drei Reden zu verfassen. Die im Vergleich zum Zeitschriftenessay höhere Anzahl der Textsorte Erörterung findet einen

---

1 Die Daten entstammen der Untersuchung von Hartung (2013).

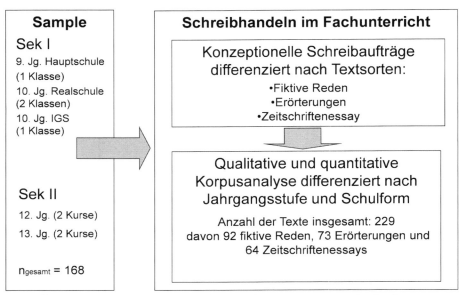

Abb. 1: Überblick über Sample, Schreibaufträge und Zusammensetzung des Textkorpus

Grund darin, dass die Schülerinnen und Schüler der Oberstufenkurse mehrere Themen schriftlich erörterten. Einen Einfluss auf die Textmenge der einzelnen Lerngruppen hatten zudem die Zusammensetzung der Arbeitsgruppen in den Klassen, die Leistungsfähigkeit der Lernenden sowie die Dauer und Arbeitsintensität in den Unterrichtseinheiten.

Die basalen Analyseeinheiten bilden segmentierte Aussagenpaare, die nach ihren jeweiligen sprachlogisch-semantischen Verknüpfungen bestimmt wurden. Insgesamt umfasst das Korpus 5.602 Aussagen bzw. 2.801 Aussagenpaare (Segmente). Die Segmentgrenzen können zwar mit der syntaktischen Einheit eines selbstständigen Satzes übereinstimmen, sie müssen es aber nicht. Nicht selten gehen die Segmente über grammatische Satzgrenzen hinweg. Das entscheidende Kriterium bei der Segmentierung ist die semantische Zuordnung zu einer funktional identifizierbaren Sprach- bzw. Diskursfunktion. Hinsichtlich ihres Wortumfangs variieren die Segmente erheblich. Ihre Spanne reicht von knappen Dreiwortkombinationen bis hin zu expansiven Aufzählungen, die bis zu 30 Wörter umfassen können.

1. Dimension: Verwendete Sprach- bzw. Diskursfunktionen

Welche Sprachfunktionen verwenden Schülerinnen und Schüler zur Lösung der gestellten Schreibaufgaben und welche kognitiven Operationen sind damit verbunden? Die als Diskursfunktionen bzw. als Sprachfunktionen bezeichneten Sprach- bzw. Texthandlungen[2] markieren den engen Zusammenhang zwischen Inhalt, kognitiver Aktivität und Versprachlichung (Form-Funktions-Beziehung). Das segmentierte Textkorpus offenbart eine pragmatisch-funktionale Ausdifferenzierbarkeit des Sprach- und Texthandelns der Schülerinnen und Schüler vor allem nach den Funktionen Beschreiben, Erläutern, Begründen, (Be-)Werten und Belegen. Darüber hinaus lässt sich feststellen, dass die Sprachfunktionen in regelmäßiger Kombination mit bestimmten thematischen Aspekten auftreten. Die Form-Inhalt-Kombinationen ergeben schließlich Textbausteine, die sich nach folgenden fachtypischen Teilfunktionen unterscheiden lassen:

- Begründen von Bewertungen, z. B.: »[W]eil es die Arbeitslosigkeit gab, waren die 20er nicht so gold« (Text 152, Seg. 2199, w Jg. 9HS).
- Begründen zeitentsprechender Motive/Ziele, z. B.: »Liebe Genossen, damit der Staat demokratisiert wird, darf die Spartakusgruppe nicht die Oberhand gewinnen« (Text 144, Seg. 2142, m Jg. 9HS).
- Beschreiben historischer Zu-/Umstände, z. B. »Die Deutschen lebten bis 1918 in einer Monarchie« (Text 147, Seg. 2160, m Jg. 9HS).
- Beschreiben zeitentsprechender Motive/Ziele, z. B.: »Der Spartakusbund und der linke Flügel der USPD verfolgten das Rätesystem als Ziel« (Text 17, Seg. 182, w Jg. 13).
- Bewerten historischer Sachverhalte, z. B.: »Doch ›Goldene‹ Zwanziger waren es nur für die Reichen und Wohlhabenden« (Text 179, Seg. 2363, m Jg. 10RS).
- Erläutern historischer Sachverhalte, z. B.: »Durch die Auslandskredite konnte Deutschland erneuert und modernisiert werden« (Text 229, Seg. 2779, w Jg. 10RS).

---

2 Im Konzept der Texthandlung, das auf dem Konzept der sprachlichen Handlung basiert, gilt Sprechen und Schreiben als ›Handeln‹ in dem Sinn, dass dabei Absichten der Schreibenden und Wirkungen bei den Lesenden im Spiel sind, die – ähnlich wie bei physikalischer Handlungen – auf Veränderungen zielen. ›Texthandlung‹ meint somit das, was mit einer Äußerung im Text im kommunikativen Sinne ›getan‹ wird (vgl. Schröder 2003).

– Verweisen auf Ausgangstexte (auch zum Belegen), z. B.: »Der Dichter Leonhard Frank schrieb über das kulturelle Leben, dass dies wie ein schönes Märchen sei« (Text 89, Seg. 1208, w Jg. 10Ges).
– Paratextuelle Elemente zur Leserführung (auch als Fragen formuliert und explizite Verweise auf Textstellen in den Ausgangstexten), z. B.: »In der folgenden Erörterung gehe ich auf Gründe, Unterschiede und Ursprünge der gespaltenen Wunschvorstellungen von zwei Regierungssystemen des deutschen Volkes ein« (Text 17, Seg. 170, w Jg. 13).

Beschreibende Textsegmente bilden häufig die Ausgangsbasis, auf der die Schülerinnen und Schüler einen historischen Sachverhalt erörtern oder bewerten. Nicht ohne Grund bilden die unter der Kategorie *Beschreiben historischer Um- und Zustände* zusammengefassten Segmente den größten Anteil im Textkorpus (Abb. 2), wobei die Verteilung der Handlungsformen in Abhängigkeit von der jeweiligen Makrofunktion des Textes bzw. der vorgegebenen Textsorte beträchtlich variieren kann.

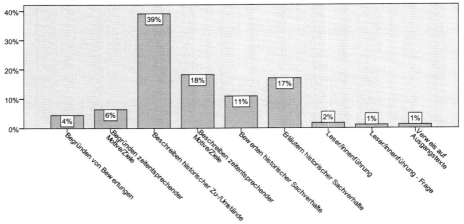

Abb. 2: Anteile der Sprachhandlungsformen im Textkorpus in % (n = 5.589 Segmente)

Welche kognitiven Funktionen erfüllen bzw. unterstützen nun die in den Texten nachgewiesenen funktionalen Form-Inhalt-Kombinationen? Die als Beschreibungen klassifizierten Textsegmente der Schülerinnen und Schüler haben vor allem die Funktion, den Rezipienten die ›Beschaffenheit‹ eines Wirklichkeitsausschnitts aus der Vergangenheit ohne jeden erklärenden oder wertenden Zusatz in einer möglichst sachlichen Art und Weise vorzustellen. Die Sprachfunktion ›Beschreiben‹ wird im Korpus als eine Handlungsform sichtbar, die nicht nur räumlich strukturierte und somit statische Sachverhalte wiedergeben kann, sondern vielmehr für das historische Erzählen insofern konstitutiv ist, als sie versucht, dem Anspruch nach sachlich angemessener und objektivierender Rekonstruktion historischer Wirklichkeit gerecht zu werden. Als »ausdrucks- und textbildende Prozedur« auf der Mikro- und Mesoebene spielt Beschreibungshandeln – und das gilt nicht nur für sogenannte Vorgangs- oder Verlaufsbeschreibungen – auch im Makrozusammenhang der historischen Erzählung eine fundamentale Rolle, da die Schülerinnen und Schüler es zur Wiedergabe der historischen Zu- bzw. Umstände benötigen. In einem gewissen Sinne wirken die beschreibenden Texthandlungen bisweilen sogar »epistemisch produktiv«, weil sie auf vergleichende und unterscheidende Bezüge zu bereits etabliertem Wissen angewiesen sind (Feilke, 2005, 2003; Janle, 2009; Iluk & Witosz, 1998).

Die Form-Inhalt-Kombination *Beschreiben zeitentsprechender Motive bzw. Ziele* umfasst im Wesentlichen solche Teiltexthandlungen, mit denen die Schülerinnen und Schüler primär die Handlungsmotive bzw. -ziele von zeitgenössischen Personen oder Institutionen im zuvor explizierten Sinne beschreiben. Mit den Motivbeschreibungen kommen die für das historische Erzählen unverzichtbaren *handelnden Subjekte* mit ins Spiel. Die Schülerinnen und Schüler beschreiben sowohl *Um-zu-Motive* im Sinne der Absichten, die die historischen Akteure leiteten und die vor allem auf die Veränderung der (nunmehr ebenfalls vergangenen) Zukunft zielten, als auch *Weil-Motive* im Sinne der Beweggründe, die eine historische Person oder Institution dazu veranlasst haben, bestimmte Ziele (*Um-zu-Motive*) zu verfolgen. Die Beschreibung der Motivarten anhand von Kausalitätskonzepten (*Weil* und *Um-zu*) (Schütz, 1974, S. 115–127; Schneider, 2008, S. 234–289) impliziert bereits, dass diesen im Zusammenhang des Gesamttextes zumeist auch eine erklärende Funktion zukommt. Sofern die Schülerinnen und Schüler nicht unreflektiert paraphrasieren, führen sie vor allem solche historischen Motive an, die eine strukturelle Analogie zu ihrem eigenen Weltwissen, zu ihren Motiven und Erfahrungen aufweisen (Wenzel, 2009, S. 173). Dies bedeutet jedoch nicht, dass sie sich mit den beschriebenen historischen Motiven und Zielen identifizieren. Tatsächlich können im Textkorpus keine Segmente identifiziert werden, die Motive beschreiben, die dem historischen Kontext nicht strukturell angemessen sind.

Die Teilfunktion *Erläutern historischer Sachverhalte* umfasst vor allem solche Texthandlungen, mit denen die Schülerinnen und Schüler versuchen, den Sinn eines historischen Sachverhalts um der größeren Klarheit willen zu expandieren, weil sie augenscheinlich vermuten, dass die (vorgestellten) Rezipienten die beschriebenen Sachverhalte ohne diese Expansion nicht angemessen erfassen können. Der primäre Zweck, den die Schülerinnen und Schüler mit dieser Sprachfunktion verfolgen, besteht vor allem darin, den Adressaten den historischen Sachverhalt möglichst ›rein‹ bzw. ›klar‹ vorzustellen. Das Ausführen solcher expandierenden Texthandlungen setzt voraus, das Vorzustellende als klärungsbedürftig wahrzunehmen, d. h., die Lernenden handeln dann erläuternd, wenn sie den Sachverhalt als nicht allgemein verständlich ansehen. Da solche Teiltexthandlungen primär eine ›nur‹ erweiternde und Hilfestellung bietende Funktion erfüllen, sind sie vom wortfeldnahen Begriff des *Erklärens* zu unterscheiden. Historisches Erklären verlangt im Unterschied zum Erläutern historischer Sachverhalte in der Regel die Bezugnahme auf ein mehr oder weniger komplexes Erklärungssystem.[3] Was den Schülerinnen und Schülern als erläuterungswürdig erscheint, bestimmen sie in Abhängigkeit von den tatsächlichen oder vermuteten Bedürfnissen ihrer vorgestellten Rezipienten. Zudem können sich beide Sprachfunktionen auf ganz verschiedene Objekte beziehen (Hohenstein, 2006, S. 118–139), etwa auf historische Handlungen, Sachverhalte, Dinge, Strukturen oder Begriffe.

Im Textkorpus lassen sich fernerhin diskursfunktionale Einheiten nachweisen, die primär der *Begründung von zeitentsprechenden Motiven bzw. Zielen* dienen und in der Regel die Vorstellung des ›zu Begründenden‹ voraussetzen. Dass die Lernenden zwar Gründe für die Motive und Ziele historischer Akteure angeben, nicht aber für historische Zu- bzw. Umstände, vermag nicht allzu sehr zu überraschen. Schließlich werden subjektiv motivierte Handlungen zumeist mit dem Konzept der individuellen Entscheidungsfreiheit assoziiert, das in viel stärkerem Maße als die ›objektiv‹ gegeben erscheinenden Zustände nach sogenannten begründenden ›accounts‹ im Sinne von »praktischen Erklärungen« (Bergmann, 1988, S. 46) für das Handeln bzw. Nicht-Handeln verlangt. Aus diesem Grund treten motivbeschreibende Sprachhandlungen auch häufig in Verbindung mit dem Kausalitätskonzept auf (*Weil*- und *Um-zu-Motive*). Dies bedeutet jedoch nicht, dass sich die Motivbegründungen der Schülerinnen und Schüler nur auf außersprachliche (ontologische) Ursache-Wirkungs-Verhältnisse beziehen (Gohl, 2006, S. 5–16). Die Absichten der historischen Akteure werden nicht primär durch Verweis auf gesetzmäßige Kausalverhältnisse begründet, sondern auch und vor allem durch Herstellung eines größeren und zumeist allgemeineren historischen Kontexts.

---

3   Die Diskussionen zum Thema sind mindestens so alt wie die modernen Geschichtswissenschaften; vgl. den Eintrag »Erklären-Verstehen-Debatte« in Nünning (2008, S. 171 f.) sowie Frings & Marx (2008).

(Be-)wertende Sprachhandlungen sind nicht nur einer apriorischen und kulturellen, sondern in besonderem Maße auch einer individuellen Subjektivität unterworfen (Köller, 2005, S. 33 f., 38). Zudem können Wertungen in sehr subtilen Formen wie Implikaturen und Präsuppositionen auftreten. In unserem Kontext interessiert jedoch ›nur‹ das Sprachhandeln, mit denen die Schülerinnen und Schüler den historischen Sachverhalten *explizit* die Eigenschaft zuordnen, in Bezug auf eine bestimmte Norm bzw. einen bestimmten Wert positiv oder negativ zu sein. Die wertenden Segmente beziehen sich sowohl auf die thematischen Aspekte als auch auf die Bewertungsdimensionen wie Angemessenheit, Wahrheit, Gerechtigkeit, Moral oder auch Schönheit. Zumeist haben sie die Eigenschaft, zugleich auch die Normen und Werte der Schülerinnen und Schüler zum Ausdruck zu bringen, die deren (Be-)Wertungen zugrunde liegen. Die Komplexität der wertenden Sprachhandlungen liegt in den meisten Fällen noch unterhalb des Konzepts des historischen Urteilens, wie Karl-Ernst Jeismann es in Anlehnung an Ernst Weymars Dreischritt von Sachaussage, Sachurteil und Werturteil (Weymar, 1970, S. 198–215) konzipiert hat (Jeismann, 1978, 1980, S. 207–214; Rüsen, 1997b, S. 307 f.) oder wie es in den geschichtsdidaktischen Kompetenzdebatten als Urteilskompetenz modelliert wird (Schulz-Hageleit, 2010a, 2010b, S. 111–128; Kayser / Hagemann 2005, S. 45 f.). Sach- oder gar Werturteilsprozeduren finden sich, wenn überhaupt, primär in der für die Urteilsbildung charakteristischen Textsorte Erörterung, in denen wertende Sprachhandlungen zusammen mit anderen, zumeist erläuternden und begründenden Diskursfunktionen eine komplexe Argumentationsstruktur bilden. Zu bedenken ist hierbei jedoch, dass die historischen Urteile der Schülerinnen und Schüler nicht nur von ihren Grundorientierungen, sondern auch vom Bewertungssystem der Lehrkräfte abhängen. Bemerkenswert ist zudem die in den Schülertexten beobachtbare größere Zurückhaltung bzw. Differenziertheit von Geschichtslernern höherer Bildungsgänge beim (Be-)Werten. Schließlich gilt sowohl bei den *Einheitlichen Prüfungsanforderungen in der Abiturprüfung* (EPA) als auch in nicht wenigen geschichtsdidaktischen Kompetenzmodellen die Fähigkeit zur Urteilsbildung und Wertung als Indikator für eine Leistung im höchsten Anspruchsniveau. Tatsächlich scheint jedoch eine gewisse Zurückhaltung beim Bewerten vor allem eine Eigenschaft von fortgeschrittenen Lernern zu sein.

Wie bei den Beschreibungen von Motiven und Zielen historischer Akteure können auch *Bewertungen historischer Sachverhalte* begründende Sprachhandlungen nach sich ziehen. Allerdings verspüren die Lernenden keineswegs bei allen wertenden Äußerungen das Bedürfnis, diese auch zu begründen. Darauf deutet zumindest der Befund, dass der Anteil an nur wertenden Segmenten im Gesamtkorpus um ein Mehrfaches größer ausfällt als der Anteil an Sprachfunktionen, mit denen die Schülerinnen und Schüler ihre Wertungen begründen. Diese relative ›Begründungs*un*lust‹ der Lernenden gilt zuerst und vor allem für Wertungen, die nicht ihre eigenen sind, also für die Wertungen der imaginierten historischen Sprecher. Sprachhandlungen mit Begründungsfunktion für Wertungen sind ganz eindeutig eine Domäne der Erörterungen. Sie haben am ehesten die Eigenschaft, die Schülerinnen und Schüler zur Offenlegung nicht nur der angelegten Wertmaßstäbe, sondern auch der möglichen Alternativen zu animieren. Begründungen für Wertungen treten vor allem dort im Korpus auf, wo einzelne Teilaspekte wertend verglichen oder die Ergebnisse dieser Vergleiche zusammengefasst werden. Damit kommen die Texte dem anspruchsvollen Konzept der historischen Urteilsbildung am nächsten. Die Bildung von Urteilen geht einher mit der Abwägung begründbarer Entscheidungsalternativen, wobei die Schülerinnen und Schüler weder die Wertmaßstäbe noch die Bewertungsalternativen allein ›in der Geschichte‹ auffinden.

Die als Paratextsegmente im Korpus identifizierten Sprachfunktionen schließlich sind dem eigentlichen Text prinzipiell untergeordnet; ihre Daseinsberechtigung erhalten sie aus ihrer heteronomen Stellung im Text. Zumeist handelt es sich um Formulierungen, mit denen die Schülerinnen und Schüler die Adressaten *über* ihre Texte informieren, indem sie die Leser direkt ansprechen, um ihr Rezeptionsverhalten in eine bestimmte Richtung zu lenken. Eine besondere Form der paratextuellen Handlungsweisen bilden die ›rhetorischen‹ Fragen, mit denen die Schülerinnen und Schüler die Aufmerksamkeit ihrer Adressaten auf problematische bzw. fragwürdige Inhaltsaspekte lenken. Bisweilen können diese Fragen sogar die Form einer ›historischen Frage‹ annehmen, indem die Formulierungen nicht nur ein bestimmtes Maß an Wissen über den ›fragwürdigen‹ Sachverhalt erkennen lassen, sondern auch eine Haltung zum Ausdruck bringen, die sich als ein Nachdenken über mögliche Erklärungen für ein historisches Phänomen beschreiben lässt.

2. Dimension: Hergestellte sprachlogische Verknüpfungen

Die kognitive Leistung sprachlichen Handelns manifestiert sich nicht nur in der Verwendung von Diskursfunktionen, sondern auch und gerade in der Art und Weise, wie auf der lokalen Textebene einzelne Aussagegehalte sprachlogisch miteinander in Beziehung gesetzt werden. Da die jeweils gewählten Verknüpfungen zugleich Ergebnis und Ausdruck einer konstruktiven, auf Assoziationen und Schlussfolgerungen gestützten Tätigkeit sind (Lötscher, 2006, S. 19), können sie als Indikatoren für mögliche Verstehensleistungen analysiert werden. Indem die Schülerinnen und Schüler ihre aus Text- und Bildquellen ausgewählten Informationen durch semantische Verknüpfungen von Aussagegehalten zu einem mehr oder weniger kohärenten Text verbinden, geben sie ihrem themenbezogenen Wissen eine manifeste Struktur. Die jeweiligen sprachlogischen Verknüpfungen sind mittelbarer Ausdruck der realisierten mentalen Prozeduren zur Wissensstrukturierung und Ergebnis der beim Sprachhandeln vollzogenen Denk- und Verstehensprozesse. Die nachstehende Tabelle belegt die von den Schülerinnen und Schülern verwendeten semantischen Verknüpfungsformen (Junktionen) mit entsprechenden Textbeispielen (siehe Tabelle 1).

Insgesamt lässt sich feststellen, dass die Schülerinnen und Schüler ein umfangreiches Repertoire an Relationierungen nutzen, um Aussagegehalte kohärent zu verknüpfen. Die hergestellten sachlogischen Beziehungen zwischen den Aussagegehalten unterscheiden sich jedoch hinsichtlich ihrer semantischen Bestimmtheit bzw. Unterbestimmtheit. Während die additiv und temporal hergestellten Sinnzusammenhänge konzeptuell eher unterbestimmt bleiben, deuten die verschiedenen Formen der Verursachungsrelationen auf eine mehr oder weniger eindeutige Lesart der Beziehungen zwischen den referierten Sachverhalten. Hierbei muss man allerdings bedenken, dass die Relationen umso eindeutiger formuliert werden, je mehr sie sich auf möglichst allgemeine und wenige Aspekte beziehen. Man könnte sogar sagen, dass die Spezifiziertheit der Verknüpfungen in einem umgekehrt proportionalen Verhältnis zur Prägnanz und Konkretion des kommunizierten Sachverhaltes steht. Oder anders herum: Je komplexer ein Sachverhalt dargestellt wird, umso vager müssen die Zusammenhänge notwendigerweise bleiben. Insofern deutet semantische Unterbestimmtheit bei den Relationen keineswegs auf eine geringere Komplexität der Texte. Vielmehr kann die referenzielle Vagheit auch Indiz für eine besonders differenzierte Vorgehensweise bei der Sinnkonstruktion sein.

Ein wenig anders sehen die Befunde bei den Kontrajunktionen aus. Ihr Gebrauch scheint eine verhältnismäßig hohe kognitive Valenz vorauszusetzen. Adversative, vor allem aber konzessive Relationen deuten auf eine differenzierte, wenn nicht gar dialektische Verknüpfung von Aussagegehalten hin. Ein schulstufendifferenzierter Vergleich der Textsorte »Erörterung« legt die Vermutung nahe, dass die Häufigkeit des Auftretens bestimmter Verknüpfungstypen in Abhängigkeit von der Lernentwicklung variiert (Abb. 3 und 4). Aber

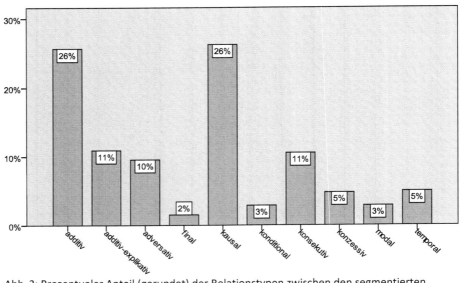

Abb. 3: Prozentualer Anteil (gerundet) der Relationstypen zwischen den segmentierten Aussagen in den Erörterungen, nur Mittelstufenklassen (n = 522 Segmente)

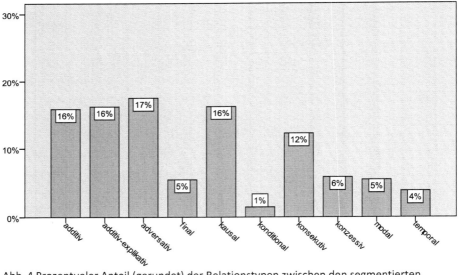

Abb. 4 Prozentualer Anteil (gerundet) der Relationstypen zwischen den segmentierten Aussagen in den Erörterungen, nur Oberstufenkurse (n = 549 Segmente)

Junktionstyp	Beispiel im Textkorpus
– additiv-kopulativ	»[E]s gab sehr viele Arbeitslose (keine Arbeit) und es war ein ständiger Regierungswechsel (politisches Weimar keine 5%-Regel)« (Text 147, Seg. 2157, m Jg. 9HS).
– additiv-explikativ	»Aber zusätzlich spricht auch ein weiterer moralischer Aspekt gegen die Regierung Eberts: Die Verbindung mit der OHL war eine Verbindung mit Konservativen. Diese waren einige Jahre zuvor noch gegen die SPD selbst vorgegangen« (Text 107, Seg. 1543, w Jg. 12).
– adversativ	»Bei der Betrachtung der 20er Jahre stellt sich die Frage: Tatsächliche Fröhlichkeit oder gezwungene Ablenkungen von den Schrecken des Krieges?« (Text 187, Seg. 2440 w Jg. 12).
– final	»Für den Erhalt des Großmachtstatus muss das Heer und das Offizierskorps der neuen Staatsform erhalten bleiben« (Text 1, Seg. 7, m Jg. 13).
– kausal	»Da die Währung zu diesem Zeitpunkt stabil war und hohe Zinsen gezahlt wurden, konnte man leicht im Ausland Geld leihen« (Text 61, Seg. 737, m Jg. 10Ges).
– konditional	»Wenn es die Darlehen vom Ausland nicht gegeben hätte, hätte Deutschland einige Zeit gebraucht, um alles wieder herzustellen« (Text 62, Seg. 766, w Jg. 10Ges).
– konsekutiv	»Die Deutschen lebten bis 1918 in einer Monarchie, konnten also kein demokratisches Verhalten kennen« (Text 147, Seg. 2160, m Jg. 9HS).
– konzessiv	»Wir müssen die heimische Rätebewegung verhindern, egal mit welchen Mitteln. Selbst wenn wir in unserem eigenen Land kämpfen müssen« (Text 119, Seg. 1752, w Jg. 13).
– modal	»Außerdem zeigten die Frauen die neue Rolle auch, indem sie Auto fuhren und die Zigarren ihrer Männer rauchten« (Text 136 Seg. 2013, w Jg. 13).
– temporal	»Am 11. Februar hatte die Nationalversammlung Friedrich Ebert zum Reichspräsidenten gewählt. Und zwei Tage später die erste von einem Parlament bestimmte deutsche Regierung« (Text 48, Seg. 520, m Jg. 10Ges).

Tab. 1: Im Textkorpus nachgewiesene Junktionstypen mit Textbeispielen

auch die textziel- und textsortenbedingten Unterschiede scheinen sich nicht nur auf die Verwendung der Diskursfunktionen, sondern auch auf die Art und Weise der sprachlogischen Verknüpfungen auszuwirken. So verwenden die Schülerinnen und Schüler beim Verfassen der fiktiven Reden verhältnismäßig häufig konditionale und finale Junktionen, während sie in den Erörterungen relativ häufig kausale Sinnzusammenhänge konstruieren. Im Unterschied dazu weisen die Zeitschriftenessays vor allem additive, temporale und konsekutive Verknüpfungen auf. Das Verhältnis zwischen den ›nur‹ aneinanderreihenden und den kausalen, finalen und konditionalen Verknüpfungen fällt bei den Essays viel stärker zugunsten des aggregierenden Typs aus als bei den Erörterungen oder fiktiven Reden.

Man erkennt deutlich, dass der Gebrauch des Junktionen-Repertoires bei den Oberstufenschülerinnen und -schülern deutlich ausgewogener ausfällt. Zudem formulieren sie seltener strenge Kausale (*Weil*-Verknüpfungen) als die Vergleichsgruppe aus der ersten Sekundarstufe. Auffällig erscheinen zudem die Unterschiede bei den Kontrajunktionen. Die Schülerinnen und Schüler der Oberstufe neigen häufiger dazu, ihre Aussagen adversativ zu verknüpfen, was ebenfalls auf eine höhere Komplexität bei der Argumentationsführung hindeutet. Der Lernstand scheint also auch die Art des Erklärens zu beeinflussen: Während die Schülerinnen und Schüler der Mittelstufe im Durchschnitt eher zum intentionalen Typ des (additiv-kopulativen) Erklärens neigen und etwa Veränderungen in der Geschichte vornehmlich auf die Motive und Ziele der Handelnden zurückführen, tendieren fortgeschrittene Lerner stärker zum nomologischen Typ des (additiv-explikativen) Erklärens. Das heißt, die Letztgenannten versuchen Veränderungen vor allem anhand allgemeiner Gesetzmäßigkeiten zu erklären (Rüsen, 1997a, S. 164–169). Prinzipiell schließen sich die beiden Erklärungsarten aber keineswegs gegenseitig aus. Die Schülerinnen und Schüler der ersten Sekundarstufe scheinen jedoch stärker dem strengen mechanistischen Erklären zuzuneigen als die Schülerinnen und Schüler der Oberstufe.

3. Dimension: Eigenständig geleistete Schlussfolgerungen

Die Schülertexte lassen sich als Manifestationen einer kognitiven Konstruktivität verstehen, die auf text-, vorwissens-, interessens- und zielbasierten Inferenzen und Elaborationen der Verfasser beruhen (Christmann & Schreier, 2003, S. 247). Der Begriff der Inferenz bezeichnet dabei ein kognitives Grundprinzip (Rickheit, Sichelschmidt & Strohner, 2002, S. 72), das auf einem Komplex von sprachlichem und enzyklopädischem Wissen gründet und sich gewöhnlich in textuellen Zusammenhängen entfaltet. Das Vorwissen bildet allgemein die »Basis jeder Inferenz« (ebd., S. 17). In der Leseforschung werden Inferenzen auch als »generation of new semantic information from old information in a given context« definiert (Rickheit, Schnotz & Strohner, 1985, S. 8). Indem die Lernenden ihr bereits vorhandenes Vor- und Weltwissen mit neu aufgenommenen Informationen aus den gegebenen Ausgangstexten verknüpfen, bilden sie auf der Basis ihres Vorwissens und ihres Verständnisses der Ausgangstexte neue sinnvolle Aussagen. Im textlinguistischen Kontext ist der Begriff der Inferenz letztlich nicht von dem der Kohärenz zu trennen, wobei unter Kohärenz als inhaltlicher Zusammenhang auch ein spezieller Typ der Inferenz verstanden werden kann (Traxler/Gernsbacher, 2006, S. 776).

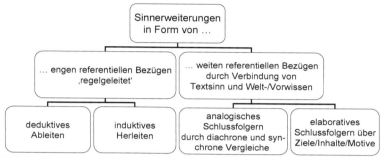

Abb. 5: Inferenztypen differenziert nach der Weite ihrer referentiellen Bezüge

Die Inferenzforschung kennt eine Vielzahl verschiedener Inferenztypen,[4] deren Klassifizierungskriterien sich jedoch nicht immer klar voneinander unterscheiden. Zur Klassifizierung der in den Schülertexten identifizierten selbstständigen Inferenzleistungen bietet sich das Kriterium der Weite an (Christmann & Schreier, 2003, S. 255 f.). Einerseits basieren die Inferenzleistungen auf eher weiten referenziellen Bezügen, d. h., die Schülerinnen und Schüler ziehen Schlüsse über geschichtliche Zusammenhänge und Bedeutungen, indem sie den generellen Textsinn mit ihrem Vorwissen verknüpfen. Andererseits stellen sie eher enge referenzielle Bezüge her, indem sie ihre Schlüsse und Deutungen mehr oder weniger logisch zwingend aus den im direkten Aussageumfeld aufgestellten Prämissen oder Thesen her- oder ableiten. Die häufigsten Arten des engen Schlussfolgerns sind das deduktive und das induktive Schließen. Die weiten Inferenzarten lassen sich nach den beiden heuristischen Unterformen, dem analogischen und dem elaborativen Schließen, unterscheiden. Beim analogischen Inferenztyp gewinnen die Lernenden neues Wissen über Eigenschaften eines Sachverhalts aufgrund der Kenntnis seiner Ähnlichkeit

---

4 Mögliche Inferenztypen sind: Referenz, Kasusrolle, kausale Ursache, Handlungsziel, Thema, Emotionen von Akteuren, kausale Folgen, Konzeptkategorien, Instrument, Teilhandlung, nichtkausale Merkmale von Teilhandlungen und Personen, kommunikative Intentionen der Autorin bzw. des Autors, Emotionen der Rezipientinnen und Rezipienten eines Textes.

mit einem anderen Sachverhalt. Hierbei beziehen sie sich zumeist auf einen aus anderen Kontexten bekannten Sachverhalt, um einen strukturell ähnlich gelagerten Sinnzusammenhang zu verdeutlichen oder zu erklären. Der elaborative Typ liegt dann vor, wenn die Lernenden ihre Schlussfolgerungen über mögliche Sinnzusammenhänge aus dem im Text erarbeiteten Gesamtzusammenhang und ihrem Vor- und Weltwissen ziehen. Abbildung 5 veranschaulicht die Klassifizierung der im Textkorpus identifizierten Sinnerweiterungen nach dem Kriterium der Weite ihrer referenziellen Bezüge.

Als deduktive Schlussfolgerungen gelten Deutungen und besondere Sachverhalte, die eine allgemeine Regel oder ein allgemeines Prinzip erkennen lassen, auf deren/dessen Basis die Schülerinnen und Schüler mit mehr oder weniger logisch zwingender Konsequenz schlussfolgern. Im hermeneutischen Lernzusammenhang beschränken sich diese jedoch nicht nur auf die formallogisch exakten Syllogismen. Vielmehr verwenden die Lernenden auch häufig Heuristiken, mentale Modelle oder Inferenzschemata (Seel, 2003, S. 190–193), deren logische Strukturen nicht immer systematisch eindeutig sind, wie bspw. die mehrfach in den Erörterungen verwendete Konklusion zeigt, dass *in einem wirklich demokratisch verfassten Staatswesen keine Einzelperson bzw. kein einzelnes Amt übermäßige Machtbefugnisse auf sich vereinigen dürfe.* Die allgemeine Regel, von der aus die Schülerinnen und Schüler hier schließen, ist das demokratische Prinzip der Macht- bzw. Gewaltenteilung. Im konkreten Textzusammenhang beziehen die Schülerinnen und Schüler den Grundsatz zumeist auf die besondere Machtstellung, die die Verfassung dem Reichspräsidenten zubilligte: »Andererseits finde ich es nicht gut, dass der Reichspräsident so mächtig ist, weil dies nicht dazu passt, dass die Staatsgewalt jetzt vom Volk ausgeht« (Text 49, Seg. 567, m Jg. 10Ges), oder: »Ich bin der Meinung, der Reichspräsident hätte dies auch anders machen können. Es ist immer schlecht, wenn ein einziger die Befugnis hat, wichtige Dinge zu entscheiden, und ein ganzes Volk oder eine Nation soll sich dem unterordnen« (Text 56, Seg. 672, w Jg. 10Ges).

Mit der Formulierung induktiver Schlussfolgerungen übertragen die Lernenden hingegen Eigenschaften, die für einzelne Sachverhalte gelten, auf eine Gesamtheit. Sie entwickeln selbstständig allgemeine Regeln, Vorstellungen und Begriffe auf der Grundlage ihnen bekannter Bedingungen und Konsequenzen. Ein besonderes Merkmal von Induktionen ist jedoch, dass sie keine Sicherheit bieten, dass die Schlussfolgerungen auch wirklich wahr sind bzw. es nicht noch bessere Konklusionen gibt (Seel, 2003, S. 194). Gleichwohl bieten sie die Möglichkeit, bereits anhand weniger Einzelbeispiele zu relativ wahrscheinlichen

Schlussfolgerungen zu gelangen, die wiederum auch Vorhersagen für weitere neue Beispiele erlauben. Als Beispiel für einen induktiven Zusammenhang folgt hier ein Textsegment, das ein Schüler als Pro-Argument für Eberts Kooperation mit der OHL formuliert: »Außerdem mussten nach der militärischen Niederlage (Q. 103) die Soldaten möglichst schnell aus den Kriegsgebieten in die Heimat zurückgebracht werden (Q. 110, Z. 37). Dies erforderte zwangsläufig eine Kooperation mit der Obersten Heeresleitung« (Text 108, Seg. 1551, m Jg. 12). Dem Schüler gelingt es, zwei Informationen aus den Ausgangstexten zu einer sachlich nachvollziehbaren Begründung zu verknüpfen. Ob allerdings der damals sicherlich dringende, aber letztlich doch nur organisatorische Aspekt der Heeresrückführung die enge Kooperation zwischen Militärführung und neuer Reichsregierung ›erzwang‹, ließe sich im Unterricht gut diskutieren. Einschränkend ist hier jedoch festzustellen, dass die Schülerinnen und Schüler insgesamt nur sehr selten explizit allgemeine Regeln entwickeln. Den Hauptanteil der wenigen induktiv hergeleiteten Sinnerweiterungen bilden zudem solche Aussagenverknüpfungen, in denen die Lernenden entweder eine Einzelbeobachtung verallgemeinern oder aber ihre zuvor im Text verarbeiteten Informationen zu verallgemeinernden Sach- und Werturteilen verdichten.

Analoges Denken gilt der Lernforschung als »ein besonders wirksamer induktiver Mechanismus« (Holland, Holyoak, Nisbett & Thagard, 1986, S. 312, zit. n. Seel, 2003, S. 195), um zu neuem Wissen zu gelangen. Das Bilden von Analogien dient nicht nur dazu, Problemlösungen herzuleiten, sondern auch zur Vorhersage von Wahrscheinlichkeiten und zur Stärkung von Argumenten. In dem hier interessierenden Zusammenhang lassen sich solche Textsegmente als eigenständige Analogieschlüsse beschreiben, mit denen die Schülerinnen und Schüler neue Aussagen »über Eigenschaften eines bestimmten Sachverhalts aufgrund der Kenntnis seiner Ähnlichkeit mit einem anderen Sachverhalt« treffen (Seel, 2003, S. 195). Zumeist handelt es sich dabei um diachrone Ähnlichkeitsvergleiche, bei denen sich die Schülerinnen und Schüler auf zeitlich zurück- oder vorgreifende Sachverhalte beziehen. Aber auch sachliche oder räumliche Aspekte können für Analogiebildungen herangezogen werden. Die häufigste im Korpus anzutreffende Variante der Analogiebildung ist jedoch der Gegenwartsvergleich, bei dem die Lernenden einen Sinnzusammenhang zwischen einem historischen und einem mehr oder weniger aktuellen Sachverhalt konstruieren. Eine mögliche Gefahr besteht hierbei in der Gleichsetzung von Verhältnissen der Gegenwart und Vergangenheit (Günther-Arndt, 2005).

Im Textkorpus dominieren die Gegenwartsanalogien. Diese können, wie im folgenden Beispiel, genetische Bezüge aufweisen: »Ich sehe, wie unsere heutige

Demokratie darauf aufgebaut ist, da die Grundidee einer einheitlichen Demo-
kratie, bei der allerdings alle mitbestimmen dürfen, damals gegründet wurde«
(Text 84, Seg. 1147, m Jg. 10Ges). Sie können aber auch einen hypothetischen
Charakter annehmen: »Wenn die frühere Regierung ebenfalls wie heute vom
Bundestag abhängig und nicht vom Reichstag und Reichspräsidenten gewesen
wäre, wäre die Regierung stärker gewesen« (Text 53, Sek. 629, w Jg. 10Ges).
Das letztgenannte Beispiel zeigt allerdings, dass historische Analogien auch
›misslingen‹ können. Im vorliegenden Fall scheint die Schülerin die prinzipielle
Identität der Parlamentskonzepte Reichstag und Bundestag nicht zu erkennen.
Zudem impliziert ihr Vergleich einen Wirkungszusammenhang, der fraglich
ist. Die ›Stärke‹ der Exekutive muss nicht automatisch mit einer ›stärkeren‹
Legislative zunehmen. Grundsätzlich ist aber festzustellen, dass Schülerinnen
und Schüler durchaus in der Lage sind, beim Schreiben über Geschichte eigenständig Schlussfolgerungen aus Ähnlichkeitsvergleichen zu ziehen. Dies
geschieht zumeist, aber nicht nur, in Form von Gegenwartsanalogien, wobei
sowohl vergangene als auch gegenwärtige Sachverhalte als Basis- oder Zielbe-
reiche der Sinnprojektion dienen können. Raumbezogene Analogiebildungen
nehmen die Lernenden hingegen nur selten vor. Personenbezogene Ähnlichkeitsvergleiche konnten im Korpus nicht nachgewiesen werden. Die Beispiele
sprechen insgesamt für eine semantische Konzeption der Analogiebildung,
d. h. für die Annahme, dass zwischen den Elementen des analogisierten Basis-
und Zielbereichs keine inhaltskonkreten Entsprechungen vorzuliegen brau-
chen.

Als elaborative Inferenzen gelten schließlich solche sprachlichen Operationen, mit denen die Schülerinnen und Schüler ihr eigenes Welt- und Kontextwissen explizit in ihre Texte einflechten, um wahrgenommene semantische
Leerstellen der Ausgangstexte im Sinne der Gesamtaussage sinnhaft aufzufüllen. In der Regel gehen – wie im nachfolgende Beispiel – die entsprechenden Aussagenverknüpfungen merklich über die Sinnangebote der Ausgangstexte hinaus: Ein wiederkehrendes Thema, das die Schülerinnen und Schüler im Zusammenhang mit den ›Goldenen Zwanzigern‹ beschäftigt, ist die
Frage nach der sozialen Gerechtigkeit. Häufig beziehen sie sich auf die allgemeine Erkenntnis, dass weite Teile der Bevölkerung nicht am vermeintlich
breiten Wohlstand der Zeit partizipieren konnten. Diesen Aspekt erweitern
einige Schülerinnen und Schüler um elaborierte Beschreibungen der Lebens-
verhältnisse benachteiligter Menschen: »Doch sie [die armen Menschen] sahen
überall wohlgenährte Bäuche, die sie nicht bebetteln wollten, aber sie suchten
überall Arbeit und wenn jemand Arbeit hatte, einen kleinen Job, nicht gerade

hoch angesehen, so hatte man nur einen geringen Anteil am Wirtschaftsaufschwung« (Text 99, Seg. 1408, w Jg. 10 Ges). Das hier erkennbare Bedürfnis, die 1920er Jahre sozial differenziert und engagiert zu beschreiben, manifestiert sich auch in den Texten anderer Schülerinnen und Schüler. Sie flechten ihr eigenes Welt- und Kontextwissen nicht nur in ihre Texte ein,[5] um semantische Leerstellen der Ausgangstexte im Sinne der Gesamtaussage aufzufüllen, sondern wollen sich auch kritisch positionieren. Das Spektrum der eigenständigen Schlussfolgerungen reicht hier von einfachen Ausdeutungen gegebener Informationen über die Berücksichtigung von zusätzlichem historischem Ereigniswissen bis hin zum sozialkritisch engagierten Sprachhandeln.

Zusammenfassend bleibt in der Beobachtungskategorie eigenständiger Inferenzleistungen zu konstatieren, dass Lernende nur selten explizit Analogien bilden, aus allgemeinen Regeln ableiten oder allgemeine Regeln entwickeln. Das induktive Herleiten scheint überhaupt nur den fortgeschrittenen Lernern zu gelingen. Nicht nur erzielen die Oberstufenschülerinnen und -schüler in dieser Kategorie die höchsten Werte, auch die Gesamtschüler, die in den anderen Kategorien überdurchschnittlich gut abschneiden, schließen kaum häufiger induktiv als die Realschüler. Die geringe Neigung der Mittelstufe zum induktiven Schließen hat vermutlich auch mit dem »engen Zusammenhang von Begriffsbildung und induktivem Denken« (Seel, 2003, S. 193) zu tun. Die jüngeren Schülerinnen und Schüler müssen in der Regel noch lernen, Einzelbeobachtungen auf einen allgemeinen Begriff zu bringen.

Schlussbemerkung

Der vermutete enge Zusammenhang zwischen Inhalt, kognitiver Aktivität und seiner Versprachlichung (Form-Funktions-Beziehung) kann bestätigt werden. Geschichtslernprozesse bilden ein Beziehungsgeflecht aus Inhalt, Sprache und Denken. Zum einen erfolgt die Verwendung der Sprachfunktionen und sprachlogischen Verknüpfungen von Aussagegehalten in der Regel in Abhängigkeit von den aufgabeninduzierten Text- bzw. Schreibzielen und den dabei vor-

---

5 Beilner (2004, S. 112 f.) stellt ebenfalls bei seiner Analyse zur Quellenarbeit fest, dass Schülerinnen und Schüler bereits beim Zusammenfassen bzw. Nacherzählen einer Quelle von sich aus zusätzliche Überlegungen zu Bedeutungszusammenhängen anstellen, die bisweilen weit über die in der Quelle erwähnten Sachverhalte hinausgehen.

gegebenen Textsorten. Dies lässt sich u. a. bei der Diskursfunktion Erklären deutlich beobachten. Während die Schülerinnen und Schüler in den fiktiven Reden eher zum intentionalen Typ des Erklärens neigen und Veränderungen vornehmlich auf die Motive und Ziele der Handelnden zurückführen, tendieren sie beim Erörtern stärker zum nomologischen Typ. Zum anderen gibt es aber auch kognitive Fähigkeiten, die weniger mit der sprachlichen Form als mit dem Fortschritt im Bildungsgang zu interagieren scheinen und somit als Folge von größerer kognitiver Reife und/oder fortgeschrittenem Lernen gedeutet werden können. Dies gilt vor allem für den Gebrauch der sprachlogischen Verknüpfungen (Junktionen), mit denen die Lernenden Aussagegehalte logisch in Beziehung setzen. So verwenden die Mittelstufenschüler häufiger spezifische *Weil*-Kausale als die Abiturienten, während Letztgenannte insgesamt weniger zur Konstruktion eindeutiger Wirkungszusammenhänge neigen. Sie nutzen in ihren Texten zumeist ein ausgewogeneres Set an Verknüpfungsarten, um den formulierten Motiven und Argumenten Geltung zu verleihen. Die Fähigkeit, eigenständig induktive und elaborative Sinnerweiterungen in die Texte einzuflechten, scheint ebenfalls mit der Höhe des Bildungsgangs zuzunehmen. Sollte auch dieser Befund weniger der kognitiven Reife als vielmehr dem höheren Lernalter der Schülerinnen und Schüler geschuldet sein, würde das die Integration von Lernphasen bzw. Übungen in den Unterricht nahelegen, die explizit auf Methoden zur Begriffsbildung zielen (Sauer, 2015).

Für die Initiierung und Förderung von Geschichtslernprozessen folgt aus den beschriebenen Zusammenhängen die Notwendigkeit von Lernsettings, die Inhalt, Sprache und Denken funktional sinnvoll in Beziehung setzen. Der Erwerb geschichtlich-sprachlich-methodischer Kompetenzen bedarf komplexer, kompetenzorientierter Lernaufgaben, in denen die Schülerinnen und Schüler Sprache als Form und Funktion in Bezug auf Inhalte erfahren. Ziel eines solchen Unterrichts ist es, die Integration von fachlichen Inhalten, Diskursfunktionen, Textsorten und Sprachmitteln aufzubauen und je nach unterrichtlichem Handlungsfeld zu erweitern. Dazu sollen die Lernenden das aus Ausgangstexten entnommene Wissen nicht einfach nur reproduktiv wiederholen, sondern in einem aktiven, problemlösenden und konstruktiven Prozess weiterverarbeiten bzw. umstrukturieren. Erst wenn sie unter Einbeziehung ihrer Vorerfahrungen und bisherigen Kompetenzen selbstständig inhaltliche Informationen gezielt auswählen und in neue Wissensstrukturen überführen, werden Denkprozesse in Gang gesetzt, die zur Formulierung eigener Schlussfolgerungen anregen. Dies leisten vor allem solche Aufgabenstellungen, die prozess- und produktorientiert sowie transformierend und generisch sind, die Adressierung und das Schreibziel reflektieren, ein situiertes Sprachhandeln ermöglichen, zur Verarbeitung von Ausgangstexten anregen, die Schülerinnen und Schüler zur gemeinsamen Arbeit am Text auffordern und dabei die sprachlichen, kommunikativen und fachlichen Kompetenzen zugleich fördern. Mit zunehmender Übung und Automatisierung entwickeln die Lernenden mehr Sicherheit in der Präzisierung geschichtsbezogener Denk- und Versprachlichungsvorgänge – Rückmeldungen durch die Lehrkraft und die Mitlernenden vorausgesetzt. Dabei werden die Schülerinnen und Schüler sowohl fachlich als auch allgemein sprachlich wie kognitiv geschult: Es gibt keine fachliche Spezifik, die nicht zugleich Sprachliches fördert (Vollmer & Thürmann, 2010).

Literatur

Anderson, J. R. (2013). *Kognitive Psychologie*. Berlin: Springer.

Beilner, H. (2004). Empirische Zugänge zur Arbeit mit Textquellen in der Sekundarstufe I. In ders. & M. Langer-Plän (Hrsg.), *Quellen in Geschichtswissenschaft und Geschichtsunterricht. Exemplarische Zugänge zur Rekonstruktion von Vergangenheit* (S. 103–126). Neuried: Ars Una.

Bergmann, J. R. (1988). *Ethnomethodologie und Konversationsanalyse* (Kurseinheit 1). Hagen: Fernuniversität, Gesamthochschule.

Christmann, U. & Schreier, M. (2003). Kognitionspsychologie der Textverarbeitung und Konsequenzen für die Bedeutungskonstitution literarischer Texte. In F. Jannidis et al. (Hrsg.), *Regeln der Bedeutung. Zur Theorie der Bedeutung literarischer Texte* (S. 246–285). Berlin, New York: De Gruyter.

Feilke, H. (2003). Beschreiben und Beschreibungen. *Praxis Deutsch, 30* (182), 6–14.

Feilke, H. (2005). Beschreiben, erklären, argumentieren. In P. Klotz & C. Lubkoll (Hrsg.), *Beschreibend wahrnehmen – wahrnehmend beschreiben. Sprachliche und ästhetische Aspekte kognitiver Prozesse* (S. 45–59). Freiburg i. Br. & Berlin: Rombach Verlag.

Frings, A. & Marx, J. (Hrsg.). (2008). *Erklären, Erzählen, Verstehen. Beiträge zur Wissenschaftstheorie und Methodologie der Historischen Kulturwissenschaften* (Beiträge zu den Historischen Kulturwissenschaften). Berlin: Akademie Verlag.

Gohl, C. (2006). *Begründen im Gespräch. Eine Untersuchung sprachlicher Praktiken zur Realisierung von Begründungen im gesprochenen Deutsch*. Tübingen: Niemeyer.

Günther-Arndt, H. (2005). Metaphorische Konzepte in Schülervorstellungen zur Geschichte. In dies. (Hrsg.), *Geschichtsunterricht und didaktische Rekonstruktion* (Oldenburger VorDrucke, Bd. 519) (S. 43–45). Oldenburg: BIS-Verlag.

Handro, S. & Schönemann, B. (Hrsg.). (2010). *Geschichte und Sprache*. Münster u. a.: Lit.

Hartung, O. (2013). *Geschichte – Schreiben – Lernen. Empirische Erkundungen zum konzeptionellen Schreibhandeln im Geschichtsunterricht.* Münster u. a.: Lit.

Hohenstein, C. (2006). *Erklärendes Handeln im wissenschaftlichen Vortrag. Ein Vergleich des Deutschen mit dem Japanischen* (Studien Deutsch, Bd. 36). München: Iudicium.

Holland, J. H., Holyoak, K. J., Nisbett, R. E. & Thagard, P. (1986). *Induction: Processes of inference, learning, and discovery.* Cambridge, Mass. u. a.: MIT Press.

Iluk, J. & Witosz, B. (1998). Die Sprachhandlung ›Beschreiben‹ aus linguistischer und didaktischer Sicht. *Fremdsprachen und Hochschule, 54,* 32–43.

Janle, F. (2009). *Beschreiben entdecken. Theoretische und empirische Grundlagen linguistischer und schreibdidaktischer Aspekte einer zentralen Sprachhandlung in Alltag, Schule und Literatur.* Baltmannsweiler: Schneider-Verl. Hohengehren.

Jeismann, K.-E. (1978). Didaktik der Geschichte: Das spezifische Bedingungsfeld des Geschichtsunterrichts. In G. C. Behrmann, K.-E. Jeismann & H. Süssmuth (Hrsg.), *Geschichte und Politik. Didaktische Grundlagen eines kooperativen Unterrichts* (S. 50–107). Paderborn: Schöningh.

Jeismann, K.-E. (1980). Geschichtsbewußtsein. Überlegungen zur zentralen Kategorie eines neuen Ansatzes der Geschichtsdidaktik. In H. Süssmuth (Hrsg.), *Geschichtsdidaktische Positionen. Bestandsaufnahme und Neuorientierung* (S. 179–222). Paderborn: Schöningh.

Kayser, J. & Hagemann, U. (2005). *Urteilsbildung im Geschichts- und Politikunterricht.* Bonn: Bundeszentrale für politische Bildung.

Köller, W. (2005). Perspektivität und Beschreibung. In P. Klotz & C. Lubkoll (Hrsg.), *Beschreibend wahrnehmen – wahrnehmend beschreiben. Sprachliche und ästhetische Aspekte kognitiver Prozesse* (S. 25–44). Freiburg i. Br. & Berlin: Rombach Verlag.

Lötscher, A. (2006). Die Formen der Sprache und die Prozesse des Verstehens. Textverstehen aus grammatischer Sicht. In H. Blühdorn, E. Breindl & U. H. Waßner (Hrsg.), *Text – Verstehen. Grammatik und darüber hinaus* (S. 19–45). Berlin & New York: De Gruyter.

Memminger, J. (2007). *Schüler schreiben Geschichte. Kreatives Schreiben im Geschichtsunterricht zwischen Fiktionalität und Faktizität.* Schwalbach am Taunus: Wochenschau.

Memminger, J. (2009). Schulung von historischem Denken oder bloß fiktionale Spielerei? Über kreative Schreibformen im Geschichtsunterricht. *Geschichte in Wissenschaft und Unterricht, 60* (4), 204–221.

Mollitor-Lübbert, S. (1996). Schreiben als mentaler und sprachlicher Prozess. In H. Günther & O. Ludwig (Hrsg.), *Schrift und Schriftlichkeit: ein interdisziplinäres Handbuch internationaler Forschung, Bd. 2* (S. 1005–1027). Berlin & New York: De Gruyter.

Nünning, A. (Hrsg.). (2008). *Metzler Lexikon Literatur- und Kulturtheorie. Ansätze – Personen – Grundbegriffe* (4. Aufl.). Stuttgart & Weimar: Metzler.

Rickheit, G., Schnotz, W. & Strohner, H. (1985). The Concept of Inference in Discourse Comprehension. In G. Rickheit & H. Strohner (Hrsg.), *Inferences in Text Processing* (S. 3–49). Amsterdam: North-Holland et al.

Rickheit, G., Sichelschmidt, L. & Strohner, H. (2002). *Psycholinguistik*. Tübingen: Stauffenburg.

Rüsen, J. (1997a). Gesetze, Erklärungen. In K. Bergmann et al. (Hrsg.), *Handbuch der Geschichtsdidaktik* (5., überarb. Aufl.) (S. 164–169). Seelze-Velber: Kallmeyer.

Rüsen, J. (1997b). Werturteile im Geschichtsunterricht. In K. Bergmann et al. (Hrsg.), *Handbuch der Geschichtsdidaktik* (5., überarb. Aufl.) (S. 304–308). Seelze-Velber: Kallmeyer.

Sauer, M. (2015). Begriffsarbeit im Geschichtsunterricht. *Geschichte lernen, 28* (168), 2–11.

Schmölzer-Eibinger, S. & Thürmann, E. (2015). Schreiben als Medium des Lernens: Einleitung. In dies. (Hrsg.), *Schreiben als Medium des Lernens: Kompetenzentwicklung durch Schreiben im Fachunterricht* (S. 9–15). Münster: Waxmann.

Schneider, W. L. (2008). *Grundlagen der soziologischen Theorie. Bd. 1: Weber – Parsons – Mead – Schütz* (3. Aufl.). Wiesbaden: Springer.

Schröder, T. (2003). *Die Handlungsstruktur von Texten. Ein integrativer Beitrag zur Texttheorie*. Tübingen: Narr.

Schütz, A. (1974). *Der sinnhafte Aufbau der sozialen Welt. Eine Einleitung in die verstehende Soziologie*. Frankfurt am Main: Suhrkamp.

Schulz-Hageleit, P. (2010a). *Werturteilsbildung und Urteilskompetenz*. Referat in der Sektion Historische Urteilskompetenz auf dem 48. Deutschen Historikertag in Berlin, 30. 09. 2010.

Schulz-Hageleit, P. (2010b). Schülerkompetenzen – Lehrerkompetenzen: zwei divergente Zielperspektiven der historisch-politischen Fachdidaktik. In C. Geißler & B. Overwien (Hrsg.), *Elemente einer zeitgemäßen politischen Bildung. Festschrift für Hanns-Fred Rathenow* (S. 111–128). Münster, Berlin: Lit.

Seel, N. M. (2003). *Psychologie des Lernens. Lehrbuch für Pädagogen und Psychologen*. München & Basel: Reinhardt.

Späker, B. (2006). *Zwei Modelle des Schreibens – Schreibprozess- und Schreibentwicklungsmodelle im Vergleich*. In Linguistik-Server Essen. Verfügbar unter: http://www.linse.uni-due.de/linse/esel/arbeiten/Arbeit_Spaeker.pdf [18.12.2016].

Traxler, M. J. & Gernsbacher, M. A. (Hrsg.). (2006). *Handbook of psycholinguistics* (2. Aufl.). Amsterdam u. a.: Elsevier & Academic Press.

Vollmer, H. J. (2011). *Schulsprachliche Kompetenzen: Zentrale Diskursfunktionen*. Osnabrück. Unveröffentlichtes Manuskript. Verfügbar unter: http://www.home.uni-osnabrueck.de/hvollmer/VollmerDF-Kurzdefinitionen.pdf [18.12.2016].

Vollmer, H. J. & Thürmann, E. (2010). Zur Sprachlichkeit des Fachlernens: Modellierung eines Referenzrahmens für Deutsch als Zweitsprache. In B. Ahrenholz (Hrsg.), *Fachunterricht und Deutsch als Zweitsprache* (2. Aufl.) (S. 107–132). Tübingen: Narr.

Wenzel, B. (2009). Geschichte erklären. In R. Vogt (Hrsg.), *Erklären. Gesprächsanalytische und fachdidaktische Perspektiven* (S. 169–188). Tübingen: Stauffenburg.

Weymar, E. (1970). Werturteile im Geschichtsunterricht. *Geschichte in Wissenschaft und Unterricht, 21*, 198–215.

Sebastian Barsch

Sprachförderung und Sprachbedeutung im inklusiven Geschichtsunterricht

Mittlerweile hat sich allgemein die Auffassung durchgesetzt, dass Inklusion nicht nur im Verantwortungsbereich der Sonderpädagogik liegt. Andererseits stand aus sonderpädagogischer Sicht Sprache schon lange im Fokus von Unterricht. So gibt es etwa mit dem *Förderschwerpunkt Sprache* eine eigene sonderpädagogische Fachrichtung, die sich mit dem Phänomen schwerpunktmäßig befasst und deren Zielgruppe die viertgrößte all derer mit einem diagnostizierten sonderpädagogischen Förderbedarf ist (KMK, 2013). Allerdings zeigt sich in dieser Disziplin eine traditionelle, vor allem defizitorientierte Sicht, die sich – trotz eines auch hier spürbaren Wandels dieser Sicht im Zuge der Inklusion – auf Sprache und dort speziell auf fehlende Sprachfähigkeit bezieht (Glück, Reber & Spreer, 2013, S. 235–240). Entfernt man sich von dem engen Inklusionsbegriff – also dem Fokus auf Behinderung –, wird Sprache zu einem wesentlichen Bedingungsfaktor für die Planung *jeglichen* Unterrichts. Problematisch ist hier jedoch, dass Geschichtslehrkräfte bislang nur unzureichend auf sprachliche Vielfalt vorbereitet werden, sie somit auch mit falschen Erwartungen in die Schulen gehen. »Die wachsende Zahl von Schülerinnen und Schülern, deren Muttersprache nicht Deutsch ist, und Lernende aus bildungsfernen Milieus treffen damit auf Sprachbarrieren und können die sprachlichen Lernchancen im Unterricht nicht hinreichend nutzen« (Handro, 2014). Dabei sind einerseits Aspekte wie das Sprachverstehen relevant, also das Vermögen, Lautäußerungen Sinn und Bedeutung zuzusprechen. Andererseits muss berücksichtigt werden, dass diese Sinnstiftung äußerst subjektiver Natur ist und sich die den Lautäußerungen zugeschriebenen Bedeutungen voneinander unterscheiden können. Spricht eine Lehrkraft etwa von einem König, so mag die Bedeutung, die die Individuen einer Gruppe diesem Wort zuschreiben, im Kern zwar ähnlich sein. Das dadurch heraufbeschworene innere Bild jedoch könnte sich von Person zu Person stark unterscheiden, je nachdem, welche Vorerfahrungen sie bereits damit gemacht hat oder welche geschichtskulturellen Prägungen vorhanden sind (Krone und Purpurmantel dürften z. B. eher *westliche* Vorstellungen sein; vgl. Theyßen, 2014).

Insbesondere Fächer wie Geschichte, deren Kern die Narrativität, mithin also ein auf Sprache beruhender Prozess ist, werden durch die Inklusion vor große Herausforderungen gestellt. Natürlich kann die größer werdende Vielfalt von Schülerinnen und Schülern eine Bereicherung für den schulischen Geschichtsunterricht werden, indem auch die Narrative in den Klassenzimmern vielfältiger werden (Barsch, 2014, S. 41). Dabei ist jedoch darauf zu achten, dass Vielfalt nicht gleichzusetzen ist mit der Akzeptanz proto-wissenschaftlicher impliziter Theorien, bei denen aus »Alltags-Weltwissen und Erinnerungen [...] handlungsleitende Pseudotheorien« (Brütting, 2014, S. 70) werden. Gleichsam – und dies muss ausgehalten werden – bedeutet die Akzeptanz von Vielfalt auch, dass die Erzählungen über Geschichte auch Mechanismen außerhalb der Deutungshoheit von »Experten« folgen können, der Grad dessen, was unter empirischer Triftigkeit verstanden wird, also neu verhandelt werden muss. Wenn allseits akzeptiert wird, dass Geschichtsbewusstsein individuell erworben wird und wirkt, und wenn das Ziel historischen Lernens die narrative Kompetenz ist, dann muss mit Martin Lücke festgehalten werden, dass nicht »mehr die eine große Geschichte, sondern viele kleine Geschichten [...] erzählt werden [müssen], Geschichten, die an ebenjenen Schnittstellen liegen, an denen sich soziale Kategorien und Herrschaftsebenen kreuzen und in denen solche Kreuzungen narrativ verknüpft werden« (2012, S. 136).

Während die Bedeutsamkeit der narrativen Kompetenz für das historische Lernen unter den *Professionals* als Konsens gilt, ist jedoch die Erforschung der »Sprache im Prozess des Erwerbs von Wissen und die Interaktion von Schülersprache und Lehrersprache im Lernprozess« seitens der Geschichtsdidaktik bislang eher vernachlässigt worden, möglicherweise weil dies »nur aufwendig und interdisziplinär mit Sprach-, Text- und (lern)psychologischen Wissenschaften hinreichend bearbeitet werden kann« (Brütting, 2014, S. 70). Rolf Brütting möchte die narrative Kompetenz vor allem durch Schreiben fördern (ebd., S. 71–72). Wird damit aber ein Defizit auf der Seite der Schülerinnen und Schüler lokalisiert, so kommt der Rolle der Lehrkraft insbesondere für inklusive Settings eine weit größere Bedeutung zu, ist es doch zweifelhaft, ob Schülerinnen und Schüler überhaupt immer verstehen, was Lehrkräfte sagen wollen (Bernhardt & Wickner, 2015, S. 281). Ob also Lernende überhaupt den Sinn und Inhalt dessen erfassen, was eine Lehrkraft sagt – und sei es die Aufforderung, eine Aufgabe schriftlich zu lösen –, hängt von den jeweiligen individuellen Voraussetzungen ab. Die Herausforderung für sprachsensiblen Geschichtsunterricht in inklusiven Settings besteht hiermit also auf zwei Ebenen:

- auf der Ebene der sprachlichen Kompetenz der Schülerinnen und Schüler, sowohl aktiv (Schreiben, Sprechen, Erzählen) als auch passiv (Verstehen), sowie
- im Hinblick auf die Fähigkeit der Lehrkraft, sprachsensibel zu agieren.

Dies sehen auch Markus Bernhardt und Mareike-Cathrine Wickner, denen zufolge die Geschichtsdidaktik einerseits »vor der Aufgabe [steht], die Schwierigkeiten zu benennen, die Lernende im Umgang mit der Fachsprache im Geschichtsunterricht haben«, andererseits müsse sie herausarbeiten, »welche Möglichkeiten der fachsprachlichen Förderung existieren und vor allem funktionieren« (2015, S. 281). Die mit der Inklusion verbundenen Herausforderungen für den Geschichtsunterricht unterscheiden sich somit zunächst einmal in keiner Weise von den Herausforderungen, vor denen die Geschichtsdidaktik generell im Kontext »Sprachsensibilität« steht. So oder so: Tätig werden müssen die Lehrkräfte. Sie müssen über ein methodisches Repertoire verfügen, um die (fach-)sprachliche Kompetenz ihrer Schüler individuell erfassen zu können. Wie bei allen Fragen, die sich mit dem Thema inklusiven Geschichtsunterrichts befassen, spielt also auch hier die Frage nach der fachdidaktischen Diagnostik (Ammerer, Hellmuth & Kühberger, 2015) eine wichtige Rolle. Dazu liegen allerdings bislang kaum Konzepte vor, insbesondere dann nicht, wenn die (fach-)sprachliche Diagnostik im Fokus steht. Darüber hinaus müssen sie jedoch darauf aufbauend die Fähigkeit situativen Sprachgebrauchs beherrschen, d. h. für verschiedene Schülerinnen und Schüler (nicht Schülergruppen!) verschiedene Sprachregister bedienen.

Dies erfordert ein hohes Maß an Flexibilität und eine hohe Bereitschaft, sich selbst aus den Augen der Lernenden zu betrachten, also einen Perspektivwechsel von der eigenen Person hin zu derjenigen zu vollziehen, die in ihrem Lernen unterstützt werden soll. Dies ist alles gar nicht so neu und findet eine Entsprechung in der viel bemühten pädagogischen Anforderung, das »Kind da abzuholen, wo es steht«. Der Einfluss eines solchen Anspruchs auf die schulische Praxis ist bislang jedoch eher gering – möglicherweise auch, weil die Themen »Selbstreflexion« und »lebenslanges Lernen« in der Ausbildung von Geschichtslehrerinnen und Geschichtslehrern an Hochschulen bislang nur einen geringen Stellenwert einnehmen. Dies ist auch vor dem Hintergrund problematisch, dass, wie ja als gesichert gilt, Lehramtsstudierende und Lehrerinnen und Lehrer in der Novizenphase Vorstellungen von »Unterrichten und Lernen haben, welche […] sie noch aus ihrer eigenen Schulzeit kennen und welche in den späteren Beruf hineingetragen werden« (Barsch, 2016, S. 128). Hier wirken oft subjektive Theorien über »guten« Unterricht, die früh erworben wurden und während des Berufslebens äußerst stabil bleiben (Hollingsworth, 1989). Kurz gesagt: Werden Geschichtslehrkräfte nicht dazu in die Lage gebracht, sich selbst infrage zu stellen, werden sie nur schwer eine sprachsensible Haltung aufbauen können. Auf diese kommt es aber an, um überhaupt situativ reagieren zu können. Diese Haltung sollte idealerweise schon im Studium gefördert werden (Bernhardt & Wickner, 2015, S. 288). Allerdings ist bekannt, dass Haltungen sich nur schwer ändern lassen (Schwer & Solzbacher, 2014). Somit bedarf es auch methodischer Werkzeuge, um Sprachdiagnostik betreiben zu können.

Sprachdiagnostik – Ansätze und Einschätzungen

Für die interdisziplinäre Zusammenarbeit von Geschichtsdidaktik und Sonderpädagogik im Kontext Sprache hat Bettina Alavi Pionierarbeit für die Geschichtsdidaktik geleistet (exemplarisch 2015). Ihre Arbeit zum Einsatz von Leichter Sprache[1] ist wegweisend, und es steht zu erwarten, dass in einem nächsten Schritt auch Diagnoseinstrumente zum Erfassen historischen Denkens in Leichter Sprache entwickelt werden. Möglicherweise bietet auch die von ihr angesprochene Einbettung des erweiterten Lesebegriffs in den geschichtsdidaktischen Diskurs eine wertvolle Grundlage für die Entwicklung gruppenspezifischer Diagnoseinstrumente.

Weit mehr als die Geschichtsdidaktik oder die Sonderpädagogik hat sich die Sprachwissenschaft mit Fragen der Sprachdiagnostik insbesondere im Kontext des Fachunterrichts befasst (u. a. Becker-Mrotzek, Schramm, Thürmann & Vollmer, 2013). Ansätze zur Sprachförderung im inklusiven Setting profitieren also vor allem von Forschungen dieser Disziplin. Der Bezug der Geschichtsdidaktik zu sprachwissenschaftlichen Erkenntnissen wurde bereits intensiv

---

1   Das Konzept der Leichten Sprache basiert auf der Annahme, dass eine Verringerung der sprachlichen Komplexität geschriebener Sprache deren Verständlichkeit erhöht. Es wurde ursprünglich für Menschen mit Lernschwierigkeiten konzipiert. Ausführliche Informationen auf http://www.leichtesprache.org.

diskutiert (u. a. bei Handro & Schönemann, 2010; Handro 2015). Empirische Ansätze, die *fach*sprachliche Fähigkeiten von Kindern und Jugendlichen erfassen, basieren meist auf der Diagnose von Textprodukten (etwa Oleschko 2015; Hartung 2013). Damit können aber die sprachlichen Fähigkeiten einer ganzen Reihe von Schülerinnen und Schülern nicht in ihrer gesamten Komplexität erfasst werden. Überhaupt ist kritisch zu prüfen, ob allein schriftliche Arbeiten tatsächlich Auskunft geben können über das Sprachverständnis, denn schriftsprachliche Fähigkeiten sind eben nicht damit gleichzusetzen. Oder anders: Ein Kind, das sich schriftlich auf einem spezifischen fachsprachlichen Niveau nur schwer äußern kann, kann möglicherweise dennoch einen Sachverhalt kognitiv und sprachlich erfassen. Dies soll den Wert derartiger Forschungen in keiner Weise infrage stellen, denn mit ihnen wurden wertvolle Erkenntnisse für das Verhältnis von Sprache und historischem Lernen generiert. Vielmehr zeigt sich hier eine Leerstelle, die noch gefüllt werden muss, nämlich: Wie kann Fach-Sprachdiagnostik jenseits von schriftlichen Testverfahren erfolgen, um so auch die Schülerinnen und Schüler zu erfassen, die nicht oder nur unzureichend schreiben können?

Dazu muss jedoch erst genauer definiert und erforscht werden, über welche fachsprachlichen Konzepte Kinder und Jugendliche je nach Entwicklung überhaupt verfügen. Auch hier gilt: Diagnostik und somit letztlich Unterricht muss im Zuge der Inklusion konsequent subjektorientiert erfolgen, wodurch eben auch die Notwendigkeit entstehen kann, wie dies Johannes Meyer-Hamme fordert (2006, S. 103), Texte sprachlich einfacher zu gestalten, wenn denn mit Texten gearbeitet werden soll. Der Einwand von Oleschko, dass durch die »Reduzierung des Anspruchsniveaus […] kein historisch besseres Lernen erreicht werden« könne und so »die inhaltliche Auseinandersetzung, und somit das historische Denken, begrenzt(er)« bliebe (2015, S. 91), ist kritisch zu hinterfragen. Wenn Lernende nicht über die nötigen Lesefähigkeiten verfügen, um den Inhalt von Texten überhaupt zu erfassen, kann historisches Denken trotz eines hohen Anspruchsniveaus nur schwer gefördert werden. Überdies lässt sich mit Josef Leisen fordern, dass die Gestaltung sprachintensiven Fachunterrichts es erforderlich macht, dass sich die »Sprache in erster Linie am Verstehen der Schüler orientieren [soll] und nicht an der Sprache des Faches« (2015, S. 48).

CLIL (Content and Language Integrated Learning)

Möglicherweise bietet darüber hinaus das teils stark kritisierte CLIL-Konzept auch für sprachsensibles historisches Lernen in inklusiven Settings Vorteile, auch wenn offenbleiben muss, ob die mit dem Konzept erhofften positiven Effekte im bilingualen Unterricht überhaupt erreicht werden (Bernhardt, 2015). Jedoch lassen sich Elemente des Konzepts auch auf den »monolingualen« Sachfachunterricht übertragen, wie Josef Leisen zu zeigen versucht. Allerdings kann ja auch aus der Perspektive eines Kindes oder eines Jugendlichen die Fachsprache durchaus Züge einer Fremdsprache tragen, wodurch dem grundlegenden Konzept, »eine Fremdsprache und ein Sachfach integriert zu lernen, indem man sich der Fremdsprache als Arbeitssprache bedient« (Wolff, 2007), Rechnung getragen würde. Die folgenden Ausführungen stellen dennoch keine ausschließliche Befürwortung des reinen CLIL-Ansatz für einen sprachsensiblen Geschichtsunterrichts dar, zumal es Hinweise gibt, dass CLIL-Unterricht Prägungen einer Begabtenförderung hat (Müller-Schneck, 2006, S. 66). Dennoch: Prinzipielle Überlegungen des Ansatzes sind vielleicht bedeutsam, insbesondere im Kontext von Individualisierung und Sprachsensibilität.

Das grundlegende Konzept des CLIL-Unterrichts besagt, dass »ein oder mehrere Sachfächer in einer anderen als der jeweiligen Schulsprache« unterrichtet werden (Wolff, 2011, 75). Dieter Wolff vertritt darüber hinaus die Position, dass »dass CLIL als ein neues Unterrichtsfach verstanden werden sollte«, denn durch die Zusammenlegung zweier Fächer würden »Lehrende und Lernende in einem integrierten CLIL-Kontext sowohl sachfachlich als auch sprachlich neue Perspektiven gewinnen« (ebd., S. 76–77) und somit den herkömmlichen Fächerkanon verlassen. Wird CLIL offener verstanden, d. h. nicht nur im herkömmlichem bilingualen Sinne, sondern auch dahingehend, dass *fach*sprachliches Handeln im Unterricht auch Charakteristika einer Fremdsprache haben kann, lassen sich nach Josef Leisen drei Leitlinien des Spracherwerbs identifizieren, die hier wirken:

»1. Die Lernenden werden in fachlich authentische, aber bewältigbare Sprachsituationen […] gebracht.
2. Die Sprachanforderungen liegen knapp über dem individuellen Sprachvermögen […].
3. Die Lernenden erhalten so viele Sprachhilfen, wie sie zum erfolgreichen Bewältigen der Sprachsituationen benötigen […]« (Leisen 2015, S. 46).

Dies klingt leichter, als es ist, denn insbesondere die ersten beiden Punkte bedürfen einer Diagnostik, die prozessbegleitend zum Unterrichtsverlauf durchgeführt werden muss. Da anzunehmen ist, dass die Lernenden im Verlauf des Unterrichts einen Zuwachs an fachsprachlichen Fähigkeiten erlangen, muss die Diagnostik mehrfach erfolgen. Der Lernprozess selbst wird dann durch sprachlich fordernde, individualisierte Aufgabenstellungen begleitet. Lehrende haben dabei vor allem eine moderierende Funktion, um auf die individuellen Anforderungen eingehen zu können. Wesentliche Kennzeichen der Moderation sind nach Leisen, dass diese

- »lernprozessgerecht (den individuellen Lernprozess fördernd),
- diskursiv (Beiträge logisch verknüpfend und voranführend),
- diagnostisch (reflektierend und sachlich wertend),
- differenzierend (auf unterschiedlichen Ebenen, z. B. sozial, fachlich etc.),
- strukturiert (inhaltlich und sprachlich nachvollziehbar) und
- ertragreich (den eigenverantwortlich gestalteten Lernprozess fördernd und weiterführend)«

sind (2015, S. 51). Zu erwähnen ist zudem, dass die Diagnostik im Rahmen dieses Modells keine solche sein muss, die auf standardisierten Sprachtests basiert (zumal solche im Kontext der Geschichtsdidaktik überhaupt erst entwickelt werden müssten). Vielmehr erfolgt sie »durch Vergleichen und Bewerten des Lernzuwachses. Grundlage für eine Diagnose können das Handeln und Sprachhandeln der Lernenden, besonders aber die hergestellten Lernprodukte sein« (ebd.). Dabei ist sie dann erfolgreich, wenn sie »in einen angstfreien Lernraum und nicht in einen Leistungsraum« führt (ebd.), d. h. nicht mit dem Ziel einer Notenvergabe erfolgt, sondern tatsächlich nur den Zweck hat, den sprachlichen Stand von Schülerinnen und Schülern zu erfassen, und zwar *vor* der detaillierten Planung von Unterricht. Somit gilt auch für den sprachsensiblen Geschichtsunterricht in inklusiven Settings das, was für die Planung von inklusivem Geschichtsunterricht generell gilt: Diagnostik *vor* Planung.

Ein Ansatz aus der Sonderpädagogik, der für die Geschichtsdidaktik bereits einmal kurz vorgestellt wurde (Barsch, 2014, S. 54–57) könnte hier in Verbindung mit der Idee der *Lernlinie* des CLIL-Ansatzes gewinnbringend sein: die individuelle Förderplanung. »Auf Basis einer individuellen Diagnostik, die vor der Initiierung von Lernprozessen und diese begleitend durchgeführt wird, werden für jeden Schüler und jede Schülerin individuelle Förderpläne erstellt« (ebd., S. 54). Die mit dem Ansatz der individuellen Förderplanung verbundene Denkrichtung ist allerdings alles andere als verbreitet, denn nach wie vor wird

Thema der Lernlinie:

Lernschritte	Fachwissen	Sprachliche Aktivitäten	materiale Steuerung	personale Steuerung
1. Vorwissen aktivieren und im Lernkontext ankommen		– zuhören – Erwartungen formulieren – Vorwissen nennen – Assoziationen notieren – Vorwissen wiederholen – …	– Bild – Karikatur – Begriffsfeld – Zitat – Videoclip – Hörclip – These – …	– Zeit geben, – Kommunikationssituation öffnen, – Zuversicht ausstrahlen, – ggf. Starthilfe geben – …
2. Neue Informationen aufnehmen und Vorstellungen entwickeln		– Quelle lesen – Fachtext lesen – Video ansehen – Demoexperiment beobachten – Hypothesen formulieren – Vorstellungen entwickeln – Meinungen äußern – …	– fachliches Material	– Gesprächsbereitschaft signalisieren, – öffnen, Zeit geben, – zuhören, – ggf. sprachlichen Input – Beiträge gewichten, – …
3. Lernmaterial bearbeiten und Lernprodukt erstellen		– Lernprodukte erstellen (andere Darstellungsform, Text erstellen, Bild zeichnen, Experiment auswerten, Pro-Contra-Argumente zusammentragen, Rede vorbereiten, Standbild erstellen, Antwortmail verfassen, Radiokommentar verfassen, aus anderer Perspektive beschreiben, Sachverhalt erklären, …)	– Aufgabenstellung – Methoden-Werkzeuge – Lesehilfen – Schreibhilfen – Sprechhilfen – …	– in Einzelgesprächen beraten, – Denk- und Sprachimpulse geben, – Sprachprobleme merken – …

4. Lernprodukte vorstellen, diskutieren und diskursiv verhandeln		– öffnen, – vorentlasten, – Beiträge aufgreifen, – Beiträge gewichten, – Ergebnisse sichern, – strukturieren, kategorisieren – …
5. Gelerntes sichern und vernetzen	– Begriffsnetz erweitern – Wiederholung, Zusammenfassung des Gelernten – Kerngedanken formulieren – mit altem Wissen verknüpfen – schematische Darstellung – Inhalte ausschärfen, – strukturieren und kategorisieren, – Phasen miteinander vernetzen – Beiträge wieder aufgreifen, – Ergebnisse sichern, – …	
6. Transferieren und festigen	– Sprachhandeln üben – Wortschatzübungen, Schreibübungen auf eine ähnliche Situation transferieren – Sprachhandeln anwenden – Wortfeld erweitern – in Partnerdialogen üben – Vortrag halten – …	

Tab. 1: Planungsraster für CLIL-Lernlinien
Quelle: Leisen, 2015, S. 56–57.

in Regelschulen der Unterricht für Kohorten geplant und die Diagnostik erfolgt allenfalls am Ende eines Lernprozesses. Wenn inklusiver Geschichtsunterricht aber tatsächlich Rücksicht auf die Individualitäten der Schülerinnen und Schüler nehmen soll, muss das Kohortendenken – mithin auch die Zielgleichheit des Unterrichts – hinterfragt werden. »Eine solche Herangehensweise würde vor allem bedeuten, dass die Planung von Unterricht anderen Kriterien folgen müsste. Die Planung müsste derart offen sein, dass der Unterricht alle denkbaren Wege gehen könnte, nachdem die Schülerinnen und Schüler mit dem [historischen] Phänomen [(etwa Quellen)] konfrontiert wurden« (Barsch & Dziak-Mahler, 2014, S. 129). Erweitert um das Phänomen Sprache würde dies auch bedeuten, dass die Planung erst dann erfolgen kann, wenn die sprachlichen Voraussetzungen diagnostiziert und auf deren Basis etwa in einem individuellen Förderplan Maßnahmen zum weiteren Vorgehen im Unterricht festgehalten worden sind, die zunächst einmal nur Gültigkeit für die jeweilige Schülerin oder den jeweiligen Schüler haben. Nichts anderes ist mit der Lernlinie des CLIL-Ansatzes gemeint: »Die planende Lehrkraft muss die anstehenden Lehr- und Lernprozesse in eine Zeitstruktur binden, indem sie eine Lernlinie festlegt« (Leisen, 2015, S. 52). Auch dies erfolgt individuell. Die Lernlinie selbst ist dann allerdings die Strukturierung des Unterrichtsprozesses, die eine Stufenabfolge darstellt und jeweils an die individuellen Stände der Schülerinnen und Schüler rückgekoppelt ist, wozu ein vorher erstellter Förderplan Orientierung bieten kann. Bei genauerer Betrachtung zeigt sich auch, dass das Konzept der Förderplanung und jenes der Lernlinie weitgehend äquivalent sind: Beide stellen eine schriftliche Planung dar, mit deren Hilfe individualisierter Unterricht nach erfolgter fachdidaktischer Diagnostik geplant wird, inklusive pädagogischer und methodischer Maßnahmen, der Definition individueller Ziele und der Auswahl geeigneter Lernmaterialien.

Leisen hat ein Planungsraster für CLIL-Lernlinien entwickelt, das gleichzeitig diagnostische Elemente beinhaltet (siehe Tabelle 1).

Insbesondere der erste Lernschritt beinhaltet ein hohes Maß an diagnostischen Prozessen, die das Vorwissen und die subjektiven Vorstellungen der Schülerinnen und Schüler erfassen, ohne zwingend auf schriftsprachliche Verfahren zurückzugreifen. Hier wird auch eines der zentralen Interessengebiete der Geschichtsdidaktik berührt, nämlich die Frage nach der historischen Imagination von Kindern und Jugendlichen. Die genannten sprachlichen Aktivitäten können auch lautes Nachdenken, Elemente narrativer Interviews etc. beinhalten, wodurch ein niederschwelliger Zugang zu der Subjektseite ermöglicht wird, gleichzeitig aber eine Rückmeldung über fachsprachliche Kompetenz erfolgen kann. Natürlich braucht dies Zeit, welche die Lehrkraft einplanen muss. Sie muss sich somit auch gegen den Erwartungsdruck festigen, schnell mit dem »Stoff« vorwärts zu kommen. Es bringt ohnehin nichts, den Stoff voranzutreiben, wenn die Schülerinnen und Schüler schlicht nicht verstehen, worum es überhaupt geht (siehe oben). Wenn beispielsweise das Thema *Herrschaft im Mittelalter* bearbeitet werden soll, ist die Erfassung der verschiedenen auch sprachlich darstellbaren Vorstellungsinhalte der jeweiligen Schülerinnen und Schüler essenziell, um überhaupt einen sinnvollen Unterricht planen und durchführen zu können. Es könnte sich ja herausstellen, dass fundamentale Begriffe wie Herrschaft, Macht, Volk, Adel, König etc. entweder nicht bekannt sind oder sich deren Verständnis doch so weit voneinander unterscheidet, dass eine gemeinsame Sinnbildung bzw. Verständigung auf der Basis der unterschiedlichen individuellen Vorstellungen nicht möglich ist. Die primäre Aufgabe des Unterrichts wäre dann also Begriffsbildung, bevor überhaupt weiter in die Thematik eingestiegen werden kann. Wie diese stattfindet, ob in direkter Instruktion, in kollaborativen Lernsettings oder in Einzelarbeit, hängt von den Lernenden ab. So würden leistungsschwache Schülerinnen und Schüler vermutlich eher von direkter sprachlicher Instruktion, vielleicht sogar einem Lehrervortrag profitieren (Grünke, 2006), leistungsstarke Schülerinnen und Schüler möglicherweise eher von Lernsettings, die eine selbstorganisierte Herangehensweise ermöglichen.

Wo bleibt die Domänenspezifik?

Dem Problem des Verlustes der Domänenspezifik kann auch hier nicht ausgewichen werden. Viele der schulischen Herausforderungen, so auch die Frage nach dem sprachsensiblen inklusiven Geschichtsunterricht, sind überfachlicher Natur. Konzepte zum Umgang mit ihnen müssen aus anderen Disziplinen übertragen und an die fachspezifischen Fragen angepasst werden. Dies bedeutet auch, dass vieles noch im Vagen bleiben muss, insbesondere dann, wenn empirische Forschung mit einem dezidiert fachlichen Bezug noch wenig bis gar nicht durchgeführt worden ist. Für die Kolleginnen und Kollegen an den Schulen ist dies im Übrigen nichts Neues: Den meisten Herausforderungen müssen sie mittels *learning by doing* begegnen. Weiter wird hier ein Merkmal gegenwärtigen Unterrichts, letztlich des gegenwärtigen Schulsystems deutlich: Den Herausforderungen kann nur interdisziplinär begegnet werden. Die Forderungen nach einem Mehr an Arbeit in multiprofessionellen Teams in Schulen (Erd-siek-Rave & John-Ohnesorg, 2014) nehmen zu. Dies ist meines Erachtens eine gute Entwicklung, entlastet sie doch auch die einzelne Lehrkraft. Die Frage, wie *fach*sprachliches Vermögen diagnostiziert wird, ist dann Aufgabe eines Teams mit verschiedenen Expertisen und einem gemeinsamen Gegenstand, in diesem Fall: Geschichte. Eine solche Herangehensweise verlangt selbstre-dend entsprechende Ressourcen. Und sie bedeutet auch: Geschichtslehrkräfte sind zukünftig nicht mehr allein dafür verantwortlich, was in ihrem Unterricht passiert. Sie teilen die Verantwortung mit Expertinnen und Experten anderer Fächer, Sonderpädagogen, vielleicht Sozialarbeitern – vor allem aber mit den Schülerinnen und Schülern. Denn deren Lernausgangslagen – auch sprachli-cher Natur – bestimmten den Verlauf des Unterrichts.

Ausblick

Wie in vielen anderen Bereichen steht die Geschichtsdidaktik vor der Heraus-forderung, neue Konzepte für eine sich schon länger im Wandel befindliche Schullandschaft zu generieren. Dabei wird nicht ausbleiben, dass Ansätze be-reits in der Praxis erprobt werden müssen, obwohl sie noch nicht hinreichend empirisch untersucht sind. Eine – zugegebenermaßen nicht systematische – Sichtung von Unterrichtsmaterial zeigt, dass es abgesehen von bilingualen Ma-terialien einerseits kaum praktisches Material für den Einsatz im Unterricht gibt,[2] andererseits kaum empirische Forschungen vorliegen, die auf reale Un-terrichtssituationen bezogen sind. Dies bedeutet auch, dass Konzepte aus an-deren Disziplinen herangezogen werden müssen, solange domänenspezifische Ansätze nicht annähernd entwickelt sind.

Neben solchen methodischen Fragen werden im Zuge der Inklusion aber auch grundsätzliche Fragen aufgeworfen, die sich auf den Aufbau und die Ge-staltung von Geschichtsunterricht richten. Vielfalt – auch sprachliche Vielfalt – ist ein wesentlicher Bedingungsfaktor von gelingendem Geschichtsunterricht. Viel stärker also als bisher müssen die individuellen Kompetenzen durch Ge-

---

2 Ein wenig findet sich auf dem Bildungsserver Baden-Württembergs: http://www.schule-bw.de/unterricht/faecheruebergreifende_themen/sprachsensibler-fachunterricht/5_1_sprachsensibler_geschichtsunterricht/, oder Nordrhein-Westfalens: http://www.schul entwicklung.nrw.de/cms/sprachsensibler-fachunterricht/fachbezogenes-material/gesell schaftslehre/index.html.

schichtslehrkräfte in den Blick genommen werden, um Unterricht planen zu können. Dies führt dazu, dass nicht die Lehrkräfte, sondern die Individualitäten der Schülerinnen und Schüler den Grad der Komplexität der im Unterricht zu behandelnden Inhalte bestimmen. Fachdidaktische Diagnostik ist somit der Erfolgsfaktor für Geschichtsunterricht in einer heterogenen Gesellschaft.

Literatur

Alavi, B. (2015). Leichte Sprache und Historisches Lernen. *Zeitschrift für Geschichtsdidaktik, 14,* 169–190.

Ammerer, H., Hellmuth, T. & Kühberger, C. (Hrsg.). (2015). *Subjektorientierte Geschichtsdidaktik* (Wochenschau Wissenschaft). Schwalbach am Taunus: Wochenschau.

Barsch, S. (2014). Narrative der Vielfalt. Sonderpädagogische Potenziale für das historische Lernen. In S. Barsch & W. Hasberg (Hrsg.), *Inklusiv – exklusiv. Historisches Lernen für alle* (Geschichte unterrichten) (S. 40–59). Schwalbach am Taunus: Wochenschau.

Barsch, S. (2016). Förderung der inklusiven Haltung bei angehenden Geschichtslehrkräften durch universitäre Praxisphasen. In C. Kühberger & R. Schneider (Hrsg.), *Inklusion im Geschichtsunterricht. Zur Bedeutung geschichtsdidaktischer und sonderpädagogischer Fragen im Kontext inklusiven Unterrichts* (S. 121–135). Bad Heilbrunn: Julius Klinkhardt.

Barsch, S. & Dziak-Mahler, M. (2014). Problemorientierung inklusive. Historisches Lernen im inklusiven Unterricht. In B. Armheim & M. Dziak-Mahler (Hrsg.), *Fachdidaktik inklusiv. Auf der Suche nach didaktischen Leitlinien für den Umgang mit Vielfalt in der Schule* (LehrerInnenbildung gestalten, Bd. 3) (S. 119–132). Münster: Waxmann.

Beck, L., Dewitz, N. von & Titz, C. (2015). *Sprachliche Entwicklungsstände, Lernpotenziale und Lernfortschritte erkennen.* Verfügbar unter: http://www.mercator-institut-sprachfoerderung.de/themenportal/thema/sprachliche-entwicklungsstaende-lern potenziale-und-lernfortschritte-erkennen/ [03.11.2016].

Becker-Mrotzek, M., Schramm, K., Thürmann E. & Vollmer, H. J. (Hrsg.). (2013). *Sprache im Fach. Sprachlichkeit und fachliches Lernen* (Fachdidaktische Forschungen 3). Münster: Waxmann.

Bernhardt, M. (2015). Bilingual History Classes (CLIL). No, Thanks! *Public History Weekly, 21.* doi:10.1515/phw-2015-4268.

Bernhardt, M. & Wickner, M. C. (2015). Die narrative Kompetenz vom Kopf auf die Füße stellen. Sprachliche Bildung als Konzept der universitären Geschichtslehrerausbildung. In C. Benholz, M. Frank & E. Gürsoy (Hrsg.), *Deutsch als Zweitsprache in allen Fächern. Konzepte für Lehrerbildung und Unterricht* (S. 281–296). Stuttgart: Filibach bei Klett.

Brütting, R. (2014). Geschichte ist Erzählen. Narrativität als Zentrum des Kompetenzlernens. *Geschichte für heute. Zeitschrift für historisch-politische Bildung, 7* (3), 70–73.

Coppen, A. (1976). Treatment of Unipolar Depression. *Lancet, 1* (7950), 90–91. doi:10.1016/S0140-6736(76)90185-9.

Erdsiek-Rave, U., John-Ohnesorg, M. & Friedrich-Ebert-Stiftung (Hrsg.). (2014). *Individuell fördern mit multiprofessionellen Teams.* Berlin: Friedrich-Ebert-Stiftung.

Glück, C., Reber, K. & Spreer, M. (2013). Förderbedarf Sprache inklusiv denken. *Praxis Sprache, 4,* 235–40.

Grünke, M. (2006). Zur Effektivität von Fördermethoden bei Kindern und Jugendlichen mit Lernstörungen: Eine Synopse vorliegender Metaanalysen. *Kindheit und Entwicklung, 15* (4), 239–254. doi:10.1026/0942-5403.15.4.239.

Handro, S. (2014). Sprachlos im Geschichtsunterricht? *Public History Weekly, 2* (1). doi:10.1515/phw-2013-957.

Handro, S. (2015). Sprache(n) und historisches Lernen. Eine Einführung. *Zeitschrift für Geschichtsdidaktik, 14,* 5–24.

Handro, S. & Schönemann, B. (Hrsg.). (2010). *Geschichte und Sprache* (Zeitgeschichte. Zeitverständnis, Bd. 21). Berlin: Lit.

Hartung, O. (2013). *Geschichte – Schreiben – Lernen. Empirische Erkundungen zum konzeptionellen Schreibhandeln im Geschichtsunterricht* (Geschichtskultur und historisches Lernen, Bd. 9). Berlin: Lit.

Hirszel, P., Maher, J. F., Tempel, G. E. & Mengel, C. E. (1975). Influence of Peritoneal Dialysis on Factors Affecting Oxygen Transport. *Nephron, 15* (6), 438–443.

Hollingsworth, S. (1989). Prior Beliefs and Cognitive Change in Learning to Teach. *American Educational Research Journal, 26* (2), 160–89. doi:10.3102/00028312026002160.

Kultusministerkonferenz. (2012). *Sonderpädagogische Förderung in Schulen 2001 bis 2010.* Verfügbar unter: http://www.kmk.org/fileadmin/Dateien/pdf/Statistik/Dokumentationen/Dokumentation_SoPaeFoe_2010.pdf [18.12.2016].

Leisen, J. (2015). Planung von CLIL-Unterricht. *Zeitschrift für interkulturellen Fremdsprachenunterricht, 20* (2), 45–58.

Lücke, M. (2012). Diversität und Intersektionalität als Konzepte der Geschichtsdidaktik. In M. Barricelli & M. Lücke (Hrsg.), *Handbuch Praxis des Geschichtsunterrichts, Bd. 1* (S. 136–146). Schwalbach am Taunus: Wochenschau.

Meyer-Hamme, J. (2006). »Man muss so viel lesen. […] Nimmt so viel Zeit in Anspruch und ist nicht so wichtig.« Ergebnisse einer qualitativen und quantitativen Schülerbefragung zum Schulbuchverständnis (2002). In S. Handro & B. Schönemann (Hrsg.), *Geschichtsdidaktische Schulbuchforschung* (S. 89–103). Münster: LIT.

Müller-Schneck, E. (2006). *Bilingualer Geschichtsunterricht: Theorie, Praxis, Perspektiven* (Mehrsprachigkeit in Schule und Unterricht, Bd. 3). Frankfurt am Main: Lang.

Oleschko, S. (2015). Herausforderungen einer domänenspezifischen Sprachdiagnostik im Kontext historischen Lernens. *Zeitschrift für Geschichtsdidaktik, 14,* 87–103.

Schwer, C. & Solzbacher, C. (Hrsg.). (2014). *Professionelle pädagogische Haltung: Historische, theoretische und empirische Zugänge zu einem viel strapazierten Begriff.* Bad Heilbrunn: Julius Klinkhardt.

Smith, R. J. & Bryant, R. G. (1975). Metal Substitutions in Carbonic Anhydrase. A Halide Ion Probe Study. *Biochemical and Biophysical Research Communications, 66* (4), 1281–1286.

Theyßen, V. (2014). »Wie sieht denn eigentlich ein König aus?« Didaktische Überlegungen zur Förderung der Begriffsbildung im Geschichtsunterricht mit blinden und hochgradig sehgeschädigten Schülerinnen und Schülern. In S. Barsch & W. Hasberg (Hrsg.), *Inklusiv – exklusiv. Historisches Lernen für alle* (Geschichte unterrichten) (S. 153–163). Schwalbach am Taunus: Wochenschau.

Wolff, D. (2007). *Was Ist CLIL?* Verfügbar unter: https://www.goethe.de/ins/lt/de/spr/unt/kum/cll/cli/20559000.html [18.12.2016].

Wolff, D. (2011). Der bilinguale Sachfachunterricht (CLIL). Was dafür spricht, ihn als innovatives didaktisches Konzept zu bezeichnen. *Forum Sprache, 3* (2), 75–83.

Katharina Grannemann

Ideen und Perspektiven zur Gestaltung von Lernmaterialien im sprachsensiblen Geschichtsunterricht

Ein Blick auf das Schulbuch als Leitmedium im Geschichtsunterricht

Schulbücher regen in ihrer Gestaltung und Entwicklung oft zu vielseitigen Diskursen an, die ein sehr gegensätzliches Feld von Perspektiven eröffnen. Empfinden manche Lehrende das Schulbuch als »überladen«, »nicht nutzbar«, »realitätsfern« und »untauglich«, beschreiben viele andere die Geschichtsbücher als »Fundgrube«, »Ideengeber« und »Türenöffner«. Auf diesem Kontinuum zwischen Kritik und Wertschätzung finden sich unterschiedliche Einordnungen des Mediums Schulbuch, gemein haben alle eins: Das Bewusstsein für die Herausforderung sowohl für die Lernenden im Umgang mit dem Geschichtsbuch als auch für die Autorinnen und Autoren in der Verantwortung für die Gestaltung und Entwicklung des Schulbuches.

Besonders unter der Betrachtung sprachbildender Kriterien werden die Chancen und auch die Grenzen aktueller Schulbücher deutlich. Im folgenden Beitrag sollen die Potenziale und Herausforderungen des Einsatzes von Schulbüchern im sprachsensiblen Geschichtsunterricht herausgestellt und Hinweise zu dem Einsatz und der Gestaltung von Lernmaterialien gegeben werden. Dabei eröffnen sich Perspektiven auf die graphisch-visuelle Aufbereitung von Fachinhalten und auf das (Re-)Arrangement von Materialien und Schulbuchseiten.

Lernen mit Text-Bild-Kombinationen

Das Schulbuch ist ein zentrales Unterrichtsmedium und aus vielen verschiedenen Bild- und Textelementen zusammengesetzt. Es kann als Leitfaden und Ideengeber für die Unterrichtsgestaltung, als Materialfundus für die Lehrenden oder auch als Orientierungshilfe für die Lerngruppe dienen (vgl. Gautschi,

2010, S. 128–130). Damit bietet es eine Materialfülle, die für viele Lehrende – und die Lernenden selbst – oftmals überwältigend erscheint, wenngleich die Vielfalt an Darstellungsteilen zugleich ein großes Angebot an Lernmöglichkeiten offeriert. Lehrende müssen sich der Komplexität der Materialfülle und Anordnung bewusst sein und in die Lage versetzt werden, kompetent mit dem Schulbuch agieren zu können.

Viele Studien zeigen, dass Lernen mit Text-Bild-Kombinationen effektiver ist, als das Erschließen von Fachinhalten ausschließlich über Text (vgl. z. B. Clark & Mayer, 2011, Mayer & Gallini, 1990). Innerhalb der Didaktik wird daher ein Wechsel verschiedener Darstellungsformen propagiert – auch um die verschiedenen Lerntypen ansprechen zu können. Durch eine Kombination aus unterschiedlichen Medien können Lernmaterialien besser an die »individuellen Voraussetzungen und Präferenzen der Lernenden« (Baadte & Schnotz, 2012, S. 35) anknüpfen, Präkonzepte sichtbar machen und individuelle Kompetenzentwicklung unterstützen.

Im sprachsensiblen Unterricht kommt dem Darstellungswechsel eine besondere Bedeutung zu, da mit einem Wechsel der visuellen Darstellungsform oft auch ein Wechsel der sprachlichen Ebene verbunden ist (vgl. Leisen, 2013). Darstellungsformen verbalisieren fachliche Sachverhalte (vgl. Leisen, 2013) und helfen durch die damit verbundenen Kommunikationssituationen sprachliche Kompetenzen zu erproben und weiterzuentwickeln. Die Übertragung von Fachinformationen zum Beispiel aus einem Text in eine Tabelle oder die Verbalisierung von beispielsweise einer historischen Karte und die anschließende Verschriftlichung tragen demnach zu einer Weiterentwicklung von sprachlichen Kompetenzen bei. Eine Kombination aus Texten und Bildern steigert dabei nachgewiesen den Lernzuwachs (vgl. z. B. Clark & Mayer 2011, Mayer & Gallini, 1990). Die gängigen Schulbücher bieten demnach mit dem entsprechenden Doppelseitenprinzip geeigneten Raum für Lernarrangements. Jedoch gilt es bei der Gestaltung von Lernmaterialien und Lerngelegenheiten mit Text-Bild-Kombinationen Prinzipien zu beachten.

Blickbewegungsstudien belegen, dass fast alle Leserinnen und Leser zuerst die Bilder einer Seite überfliegen, um dann im Wesentlichen bei dem Text zu bleiben, Bilder werden also oftmals nicht eigenständig betrachtet (vgl. Frey, 1999, Rayner, Rotello, Stewart, Keir & Duffy, 2001, Weidenmann, 1988). Die Intention von Schulbuchautoren, die beispielsweise mit unterstützenden Schaubildern oder anderen Abbildungen einen Text vorentlasten wollen, wird von den Lernenden eigenständig oftmals nicht erkannt und die Abbildungen und diskontinuierlichen Texte als zweitrangig neben dem Verfassertext wahrgenommen. Studien zeigen, dass sich die Schülerinnen und Schüler deutlich länger mit dem Fließtext auseinandersetzen (vgl. z. B. Cromley, Fitzhugh, Newcombe, Perez, Tanaka & Wills 2013, Stone & Glock, 1981) und zusätzlich angebotenes Material nahezu ignorieren, wenn sie nicht explizit zur Bearbeitung aufgefordert werden (vgl. Schmidt-Weigand, Kohnert & Glowalla 2010, Oestermeier & Eitel, 2014). So entfällt der Mehrwert der unterschiedlichen Darstellungen (vgl. z. B. Folker, Ritter & Sichelschmidt, 2005, Hannus & Hyönä, 1999). Weidenmann sieht eine mögliche Ursache in der bewussten Abwendung der Lernenden von den Bildern und Graphiken (vgl. Weidenmann, 1988). Schülerinnen und Schüler würden durch die bewusste Vermeidungsstrategie eine Konzentration der kognitiven Ressourcen auf den vermeintlich schwierigeren Text herbeiführen. Tatsächlich wird von Lehrenden oftmals sehr früh in der Schullaufbahn bei Lernenden ein Bewusstsein für die Herausforderungen beim Textverstehen geschaffen, während die »Bildsprache« lange Zeit zum Teil nur nebenbei und weniger als eigenständiger Lerninhalt betrachtet wurde (vgl. z. B. Larkin & Simon, 1987). Nichtsprachliche Teile im Schulbuch wurden lange nicht eigens thematisiert, obwohl Studien die Herausforderungen der Lernenden bei der Betrachtung von Text-Bild-Kombinationen unterstreichen (vgl. Oestermeier & Eitel 2014).

Spätestens seit der PISA-Studie schließlich gehört die Interpretation von Bildern zu einer zu erlernenden (Kern-)Kompetenz und wird als eigene Lesart verstanden, »a complex process in its own right« (Ainsworth, 2006, S.187). Dementsprechend müssen die Lehrenden sowie die Autorinnen und Autoren von Lernmaterialien Bildlesestrategien aktiv einbinden und die kognitiven Prozesse angemessen abbilden bzw. nutzbar machen. Dies wird oftmals im Unterrichtskontext vernachlässigt, sodass die Lernenden die Lernmöglichkeiten, die durch das bildliche Material gegeben sind, nicht nutzen. Schülerinnen und Schüler müssen oft selbst entscheiden, zu welchem Zeitpunkt sie welche Bilder lesen sollten in Kombination mit Textelementen und welche (visuellen) Informationen für welche Fragestellungen relevant sein könnten (vgl. Hannus & Hyönä, 1999). Lehrende sollten demnach explizit auf das Lesen von Bildern hinweisen und die visuellen Materialien mit einem spezifischen Arbeitsauftrag versehen (vgl. Peeck, 1993). Gerade Schülerinnen und Schüler, die Schwierigkeiten mit der Variation von sprachlichen Registern haben, scheinen überfordert von der Fülle an Lerngelegenheiten zu sein und konzentrieren sich nur auf ein Darstellungsmedium, da schon die Erschließung eines Fließtextes ohne Rückgriff auf die begleitenden Graphiken und Bilder eine Überforderung darstellen können. Generell lässt sich innerhalb der Forschung eine Warnung vor einer generellen Überforderung des Arbeitsgedächtnisses (»Extraneous Cognitive Load«) von Lernenden verzeichnen, dem sogenannten »cognitive overload« (vgl. u. a. Peeck, 1993, Cromley et. al., 2013, Sweller, 2005). Lernaufgaben beanspruchen das Arbeitsgedächtnis stark (»intrinsic load«), ebenso wie die Ausgestaltung des Lernmaterials (»extraneous load«) (Baadtke & Schnotz, 2012, S. 36). Bei einer reduzierten kognitiven Belastung durch die äußerliche Gestaltung des Lernmaterials und der Lernumgebung bleiben den Lernenden mehr Ressourcen für die intrinsische kognitive Belastung (»Intrinsic Cognitive Load«) und damit der Auseinandersetzung mit den fachlichen Inhalten des Lernmaterials (vgl. Sweller, 2005). Da der »intrinsic load« oft nur begrenzt durch die Optimierung einer Lernaufgabe reduziert werden kann, sollte der »extraneous load« möglichst gering gehalten werden (vgl. Baadtke & Schnotz, S. 36).

Gestaltung von Lernmaterialien mit Bild- und Textelementen

Eine häufige Frage von Lehrenden – ob Anwärterinnen und Anwärter oder mit jahrelanger Erfahrung – ist die Frage nach Prinzipien für die Gestaltung der Lernmaterialien, mit denen die Lerngruppe sich fachliche Inhalte erschließt, Kompetenzen ausbildet und (möglichst) individuelle Lernfortschritte erlangen kann: Wie muss ein gutes Arbeitsblatt aussehen? Welche bzw. wie viele Darstellungsmedien sollten ausgewählt werden? Gibt es Regeln für die Anordnung von Text-Bild-Kombinationen? Spielt die Anordnung der Aufgabenstellung im graphisch-visuellen Kontext eine Rolle?

Texte haben mehr inhaltliche Ausdrucksmöglichkeiten, ein Sachinhalt kann präziser ausgedrückt werden als in einem Bild (vgl. Oestermeier & Hesse 2000). Allerdings besteht die Möglichkeit einer Fehlinterpretation des Textes, wenn Inhalte nicht angemessen reflektiert und kontextualisiert werden (vgl. Oestermeier & Eitel 2014, S. 23). Dies gilt ebenso, wenn ein Bild alleine angeboten wird. Eine gemeinsame Nutzung von Texten und Bildern zu einem Fachinhalt kann die Eindrücke aus beiden Medien zu einem mentalen Modell verknüpfen (Schnotz, 2001, Oestermeier & Eitel 2014, Hegarty & Just 1993). In Kombination mit einem Bild können strukturelle Aspekte des Textes für die mentale Verarbeitung der Lernenden bereits als Hilfestellung angegeben werden. Dies ist besonders relevant, wenn Hilfestellungen über rein sprachliche Mittel nicht ausreichend erscheinen. Hier kann eine visuelle Unterstützung den Einstieg in die Auseinandersetzung mit dem Darstellungstext erleichtern.

Bilder wecken oft einen visuell-assoziativen Zugang zu Fachinhalten, der für Schülerinnen und Schüler oft einen unmittelbareren Zugang zum Thema eröffnen kann. Auch können abstrakte Inhalte zum Teil durch bildliche Veranschaulichung zugänglicher gemacht werden, besonders, wenn Beziehungsgefüge und inhaltliche Zusammenhänge vermittelt werden sollen (vgl. Ainsworth, 2006, Schnotz & Bannert, 2003).

Lernen nur mit Bildern oder Graphiken funktioniert allerdings nur sehr selten. Visuelle Darstellungen sollten immer durch Text und Sprache begleitet werden. Autorinnen und Autoren (und auch Lehrende) müssen sich die Frage stellen, bei welchen Inhalten und Thematiken ein Darstellungswechsel und vor allem welche Darstellungsform angemessen erscheint. Welche (Lern-) Funktion, welche kognitive Operation soll durch welche Darstellung angeregt werden? Danach muss die Entscheidung für die entsprechenden Formen getroffen werden.

Bilder in Geschichtsbüchern sind vielfältig und didaktisch oft unterbestimmt, ihre Spannbreite reicht von realistischen Fotografien, über historische Karten, Diagramme, Statistiken und logischen Schaubildern. Oestermeier und Eitel thematisieren die Frage, ob diese unterschiedlichen Darstellungsformen nicht auch unterschiedliche kognitive Prozesse bestimmen (vgl. Oestermeier & Eitel 2014, S.4). Sie gehen davon aus, dass realistische Bilder weit weniger Verständnisleistungen benötigen als abstrakte Graphiken, warnen aber davor, dieses »ökologische Bildverständnis« bei jedem Lernenden als bereits gegeben hinzunehmen (vgl. Oestermeier & Eitel 2014, S. 4).

Darstellende Bilder sollen Dinge veranschaulichen und erklären, z. B. bei Aufbauten und Zusammensetzungen, logisch Bilder wie z. B. Diagramme und Graphen bilden Inhalte ab, die nicht räumlich greifbar sind. Sie beschreiben quantitative und qualitative Relationen und Anordnungen und dienen meist dazu, rohe nummerische Daten in visuelle Abbildungen zu übertragen und verstehbar zu machen (vgl. Oestermeier & Eitel 2014, S. 5f.) Beide Varianten sind zum Ausbau von sprachlichen Kompetenzen grundsätzlich geeignet. Die veranschaulichenden Bilder können abstrakte Inhalte, die sprachlich schwer zu fassen sind, optisch sichtbar machen und so mögliche Sprachbarrieren umgehen. Allerdings benötigen die Lernenden, wenn sie die bildlichen Informationen ausformulieren sollen, Hilfestellungen und Unterstützungsmaßnahmen (vgl. z. B. Bernhardt, 2013). Beim Bildverstehen werden unterschiedliche Kompetenzen eingefordert, so kann eine Erschließung von logischen Bildern wie

z. B. Graphen oft nur mit Vorwissen im mathematisch-technischen Bereich erfolgen, dazu kommt eine hohe Lesefertigkeit, um die abstrakt-kompakten Darstellungen dechiffrieren zu können.

Neben einer Beachtung von Aufgabenstellung und Unterstützungsleistungen gilt es vermeintlich selbstverständliche Gestaltungsprinzipien bei der Anordnung von Text-Bild-Kombinationen zu beachten. Die oben angesprochene mögliche kognitive Überforderung des Arbeitsgedächtnisses von Lernenden kann durch eine strukturierte Anordnung reduziert werden. Direkte räumliche Nähe der kombinierten Darstellungsmedien erleichtert die Integration der Informationen aus Text und Bild (vgl. z. B. Holsnova, Holmberg & Holmquist 2009). Diese optische und räumliche Kontiguität kann bei Lernmaterialien zum Beispiel sichergestellt werden, indem Bilder an der entsprechenden Stelle im Fließtext integriert werden, an der sie inhaltlich relevant und hilfreich erscheinen. In Schulbüchern werden die bildhaften Materialien oftmals um den Darstellungstext herum gruppiert, ohne dass der Zusammenhang zwischen Textabsatz und Graphik optisch sichtbar wird. Dadurch entsteht für die Lernenden eine zusätzliche kognitive Belastung, die durch die Zuordnung der unterschiedlichen Materialien geleistet werden muss. Blickbewegungsstudien zeigen, dass die Texte häppchenweise gelesen werden und die Augen der Probanden ständig zwischen Text und Bild hin- und herspringen (vgl. z. B. Peeck, 1993, Hegarty & Just 1993). Diese Belastung kann durch eine gezieltere Anordnung reduziert werden und der inhaltliche Zusammenhang zwischen den verschiedenen Elementen zusätzlich durch Hinweise wie z. B. Pfeile, Verweise, Farbcodierungen u.ä. hergestellt werden (vgl. Mayer & Moreno, 2003). Sind Text und Bild zu weit voneinander entfernt, müssen die Informationen unnötig lange im Arbeitsgedächtnis zwischengespeichert werden (vgl. z. B. Bransford & Johnson 1972, Baadtke & Schnotz, S. 36). Bilder sollten also möglichst nah am entsprechenden Textabschnitt platziert werden, im Zweifelsfall eher vor als nach dem zugehörigen Text, da Informationen aus Bildern laut des integrativen Modells des Text- und Bildverstehens (vgl. z. B. Schnotz, 2005, Schnotz & Bannert 2003) einen direkteren Weg in das mentale inhaltliche Modell finden als textliche Informationen (vgl. Rapp & Quekaj, 2015, S. 12, Baatke & Schnotz, 2012, S. 37).

Farbliches »Signaling« erweist sich als besonders hilfreich, um die Aufmerksamkeit ohne sprachliche Mittel auf relevantes Bildmaterial zu lenken und die Text-Bild-Integration so frühzeitig anzuleiten (vgl. Oestermeier & Eitel 2014, Holsanova et. al. 2009). Möglich sind hilfreiche Strukturierungen wie die farbliche oder anderweitig optische Hervorhebung von Signalwörtern, strukturierenden Elementen (z. B. Aufzählungswörter), eine farbliche Kodierung von inhaltlichen Elementen in Text und Bild (»Color Coding«), Gliederung des Textes in Abschnitte und vieles mehr.

Neben dem optischen Zusammenhang muss selbstverständlich die inhaltliche Kohärenz zwischen Bild und Text gewährleistet werden (vgl. z. B. Schnotz, 2005). Dies bedeutet konkret, dass beispielsweise Fachbegriffe einheitlich im Darstellungstext und der Bildlegende verwendet werden müssen, um einen stringenten, inhaltlichen und sprachlichen Lernzuwachs zu gewährleisten. Um die Konzentration der Lernenden zu bündeln, sollte auf lernirrelevante Zusatzinformationen verzichtet werden. Dies gilt insbesondere für zusätzliches Bildmaterial (vgl. Mayer & Moreno, 2003).

Rein illustrativ-dekorative Bilder werden innerhalb der Kognitionsforschung nicht grundsätzlich abgelehnt, da eine ansprechende, einladende Gestaltung des Lernmaterials grundsätzlich die Motivation der Lernenden steigern und somit zu einem gelingenden Einstieg in Thema und Material beitragen kann (vgl. Baadte & Schnotz 2012, S. 37). Jedoch geht der ästhetische Gewinn oftmals mit dem Verlust von Konzentration und möglicherweise einer Überbeanspruchung des Arbeitsgedächtnisses einher, da die vorhandenen Kapazitäten durch zusätzliche Details und Informationen besetzt werden (vgl. Baadtke & Schnotz, 2014, S. 37, Harp & Mayer, 1998). Bilder im Schulbuch sollten daher keinen alleinigen illustrativen Charakter haben, sondern müssen in Aufgabenkontexte eingebettet und ihre Erschließung – wie oben beschrieben – angeleitet werden (vgl. Ostermeier & Eitel 2014, S. 1).

Weiterführende Aspekte zur Schulbuchgestaltung

Das in Schulbüchern übliche Glossar im Anhang bietet oft nur eine schlichte Wörterbuchfunktion ohne Verknüpfung mit Fachkonzepten. Als hilfreich erwiesen hat sich dagegen das Frayer-Modell (vgl. z. B. Frayer & Klausmeier, 1969), das neben einer reinen Worterläuterung eine Kontextualisierung des Begriffs vornimmt. So können die Lernenden das Wort stärker mit Fachinhalten und schon vorhandenen Präkonzepten verbinden. Im Mathematikunterricht und in den naturwissenschaftlichen Fächern ist diese Modell schon etabliert, während die Gesellschaftswissenschaften nur langsam und vermehrt im anglo-amerikanischen Raum begonnen haben das Konzept nutzbar zu machen (vgl. Krabbe, Platz, Schumacher & Thürmann, 2017, S. 67. Im ursprünglichen Modell von Frayer wird nur eine Einteilung in Definition, Beispiele, Gegenbeispiele und zugeschriebenen Eigenschaften vorgesehen (vgl. Abbildung 1), dabei bietet es sich im Geschichtsunterricht an, zusätzlich etablierte Satzstrukturen oder verknüpfte Verben darzustellen. So erfolgt gleichzeitig ein Ausbau der sprachlichen Kompetenz, da neben dem reinen Wortschatz auch weitere sprachliche Elemente z. B. durch die Angabe des spezifischen Verbs erlernt werden (z. B. ein Gesetz verabschieden) (vgl. Abbildung 2). Grundsätzlich mögliche wäre bei diesen »Wortkarten« eine Kombination aus unterschiedlichen strukturierenden Elementen, je nachdem welche Elemente für das erweiterte Verständnis des jeweiligen Fachbegriffs gewinnbringend erscheint.

Zum Teil immer noch vernachlässigt wird die Bedeutsamkeit von angeleiteter Kontextualisierung des Lernmaterials durch prägnante Überschriften. Überschriften rekurrieren auf Präkonzepte, rufen Vorinformationen ab, bereiten Schülerinnen und Schüler auf die folgenden Inhalte vor, ob im Bild oder im Text, und schaffen so den Ausgangspunkt für den Auf- und Ausbau eines Wissensnetzes (vgl. Bransford & Johnson 1972). Diese Bedeutung wird in Schulbüchern teilweise immer noch vernachlässigt. So bleiben manche Graphiken und Bilder teils ohne Bildüber- oder -unterschrift und manche Doppelseiten gar ohne Überschrift. Idealweiser wird jede Doppelseite durch eine Überschrift eröffnet, nicht nur durch eine Reihenüberschrift zu Beginn des Ka-

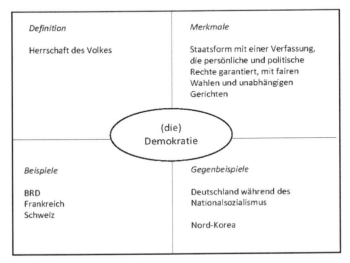

Abbildung 1: Frayer-Modell (»Wortkarte«), Bsp. Demokratie, (erweitert nach: Krabbe et. al. 2017, S. 67)

Abbildung 2: Frayer-Modell (»Wortkarte«), Bsp. Gesetz (erweitert und
verändert nach: Krabbe et. al. 2017, S. 67)

pitels. Zusätzlich sollte der Darstellungstext in Absätze gegliedert und durch
thematische Zwischenüberschriften als inhaltliche Orientierungshilfe gegliedert werden. Studien zeigen, dass Probanden, die eine Überschrift zum Text
erhalten, den Inhalt sehr viel besser verstehen und sich später an mehr als doppelt so viele Informationen erinnern können (vgl. Bransford & Johnson 1972).

Zusammenfassende Prinzipien der Schulbuchgestaltung

Schulbücher sollen selbstständige und individuelle Lernprozesse anregen und
diese steuernd unterstützen. Gerade für den Ausbau bildungs- und fachsprachlicher Kompetenzen hat sich eine flexible Kombination unterschiedlicher Lernmedien als gewinnbringend erwiesen.

Dies gelingt nur, wenn die Bearbeitung und Integration von inhaltlichen
und sprachlichen Informationen aus Text- und Bildelementen gezielt gefördert
wird und eine Optimierung der visuellen Gestaltung einer Überforderung des
Arbeitsgedächtnisses entgegenwirkt. Daher sollte sich die Gestaltung der Lern-

materialien an folgenden Prinzipien orientieren (erweitert nach Ballstaedt, 2007 und Böing, Grannemann & Lange-Weber 2017, S. 86 f.)

- Vermeidung eines unnötigen kognitiven Mehraufwandes durch eine räumliche und optische Kontiguität zwischen Text und Bild
- Übersichtlich strukturiertes Material mit funktional eingesetzten Illustrationen, angemessener Schriftgröße und Formatierung
- Semantischer Bezug zwischen Text und Bild (inhaltliche Kohärenz)
- Die Materialauswahl ist auf die zuvor definierten inhaltlichen und sprachlichen Lernziele und die gewünschten einhergehenden kognitiven Prozesse abgestimmt und angepasst an den Wissens- und Sprachstand der Lernenden
- Konkreter Arbeitsauftrag zur Arbeit mit dem Material, um Lernaktivität und Materialeinbindung gezielt zu steuern
- Materialauswahl und Zielsetzung sind für die Lernenden transparent

Ausblick: Multimediales Lernen mit digitalen Schulbüchern – erste Überlegungen zu Hörtexten und Animationen

Mit der zunehmenden Digitalisierung im Bildungsbereich halten elektronische Lernmedien Einzug in die Klassenzimmer und werden als vielversprechende Neuerungen erwartet. Viele Lehrende versprechen sich durch die neuen Möglichkeiten einen Lernzuwachs und die Möglichkeit, Lernprozesse mit wenig Aufwand (noch) individueller gestalten zu können. Gleichzeitig werden die didaktischen Ansprüche an die digitale Lernumgebung diskutiert, ebenso wie Ideen zur Nutzbarmachung für gezielt sprachsensiblen Unterricht.

Ausgehend von Mayers Theorie des Multimedialen Lernens (vgl. z. B. Mayer, 2003) besteht die Herausforderung bei der Bearbeitung von Text und Bild-Kombinationen in der doppelten kognitiven Belastung des visuellen Kanals. Beide Elemente werden im gleichen sensorischen Kanal verarbeitet (vgl. Rapp & Quekaj, 2015, S. 12). Wird der Text nun statt in gedruckter Form als Hörtext angeboten, könnte diese Belastung reduziert werden, da ein zweiter sensorischer Kanal, der auditive Kanal, genutzt werden könnte. Die Lernenden könnten so die visuelle Aufmerksamkeit dem Bild widmen (vgl. Baadtke & Schnotz, 2012, S. 37). Empfohlen wird diese Kombination vor allem bei einer zeitlichen Begrenztheit, da die Lernenden gleichzeitig eine Graphik betrachten und inhaltliche Informationen auditiv aufnehmen könnten (Modalitätsprinzip). Diese ökonomisch bestimmte Idealvorstellung geht allerdings von sehr eigenständigen Lernenden mit hoher Konzentrationsfähigkeit und medialer Kompetenz aus. Anders als bei Lesetexten können Schülerinnen und Schüler bei Hörtexten oft nicht schnell zu einer fordernden Stelle im Text zurückspringen, Markierungen vornehmen oder zeitgleich Fragen formulieren.

Gesprochene Texte bieten die Möglichkeit, Informationen durch Betonung, Sprechgeschwindigkeit und Sprachstil gezielter zu vermitteln und möglicherweise so für Schülerinnen und Schüler zugänglicher zu machen. Besonders da es durch gesprochene Texte möglich ist Emotionen zu vermitteln und Aufmerksamkeit gezielt zu lenken (vgl. Rapp & Quekaj, 2015, S. 19). Mag dies für Darstellungstexte vorteilhaft sein, birgt eine emotionale Komponente im Geschichtsunterricht spätestens bei der Bearbeitung von historischen Quellen Herausforderungen, mag aber im Sinne der Multiperspektivität, des Fremdverstehens und Alteritätserfahrungen auch neue Zugänge eröffnen.

Animationen in einem digitalen Fließtext können für Lernende mit Schwierigkeiten im Lese-und Textverstehen eine kompensatorische Funktion übernehmen, indem z. B. digitale Glossare durch sogenannte »Pop-up-Texte« erscheinen, wenn die Lernenden die entsprechende Stelle im Text anklicken (vgl. Rapp & Quekaj, 2015, S. 14). Die Übertragung des Erarbeiteten in anderen Medien, z. B. in Tabellen oder Graphiken kann digital möglicherweise strukturierter vorgenommen werden. Die digitale Variante beispielsweise einer Mind-Map ist die unendliche Erweiterung über Unterrichtsreihen hinweg und die unkomplizierte Weitergabe und Verknüpfung mit den Ergebnissen anderer Lernenden.

Multimediales Lernen muss ebenso gelernt und vorbereitet werden, wie ein grundsätzlicher flexibler Umgang mit verschiedenen Lernmedien und erfordert eine gute Ausbildung der Lernenden ebenso wie der Lehrenden, um die Potentiale einer digitalen Lernumgebung für die Vermittlung von Fachinhalten nutzbar zu machen.

Literatur

Ainsworth, S. (2006). DeFT: A conceptual framework for considering learning with multiple representations. *Leraning and Instruction, 16*, 183–198.

Baadte, C. & Schnotz, W. (2012). Das Verstehen von Texten mit Bildern. *Weiterbildung, 6*, 35–37.

Ballstaedt, S.-P. (2007). Unterrichtsmaterial lerneffektiv gestalten. *Pädagogik, 11*, 22–25.

Bernhardt, M. (Hrsg.). (2013). *Visual History* (Themenheft Zeitschrift für Geschichtsdidaktik, Bd. 12). Göttingen, Vandenhoeck & Ruprecht

Böing, M., Grannemann, K. & Lange-Weber, S. (2017). Cluster Gesellschaftswissenschaften. In S. Oleschko (Hrsg.), *Sprachsensibles Unterrichten fördern. Angebote für den Vorbereitungsdienst* (S. 68–103). Dortmund: Eigenverlag. Verfügbar unter: http://sprachsensibles-unterrichten.de/ [01.12.2017].

Bransford, J. D., & Johnson, M. K. (1972). Contextual prerequisites for understanding: Some investigations of comprehension and recall. *Journal of verbal learning and verbal behavior, 11* (6), 717–726.

Clark, R. & Mayer, R. E. (2011). *E-Learning and the Science of Instruction: Proven Guidelines for Consumers and Designers of Multimedia Learning* (2. Auflage). San Francisco: John Wiley & Sons.

Cromley, J. G., Fitzhugh, S. L., Newcombe, N. S., Perez, C., Wills, T. W. & Tanaka, J. (2013). Improving Students Diagram Comprehension with Classroom Instruction. *The Journal of Experimental Education, 81* (4), 511–537.

Duffy, S. A., Rayner, K., Rotello, C. M., Stewart, A. J. & Keir, J. (2001): Integrating text and pictorial information: Eye Movements when looking at print advertisements. *Journal of Experiemntal Psychology, 7* (3), 219–226.

Eitel, A. & Oestermeier, U (2014). *Lernen mit Text und Bild.* Verfügbar unter: https://www.e-teaching.org/etresources/media/pdf/langtext_2014_oestermeier-uwe_eitel-alexander_lernen-mit-text-und-bild.pdf [15.12.2017].

Folker, S., Ritter, H. & Sichelschmidt, L. (2005). Processing and integrating multimodal material: The influence of color-coding. In B. Bara, L. Barsalou & M. Bucciarello (Hrsg), *Proceedings of the 27th annual conference of the cognitive science society* (S. 690–695). Mahwah, NJ: Erlbaum.

Frayer, D. A. & Klausmeier, H. G. (1969). A schema for testing the level of concept mastery. *Technical Report, 16*, S. 1–32.

Frey, S. (1999). *Die Macht des Bildes: Der Einfluss der nonverbalen Kommunikation auf Kultur und Kommunikation.* Bern: Hans Huber.

Gautschi, P. (2010). Anforderungen an heutige und künftige Schulgeschichtsbücher. *Beiträge zur Lehrerbildung, 28* (1), 125–137.

Hannus, M. & Hyönä, J. (1999). Ultilization of illustrations during learning of science textbook passages among low- and high-ability children. *Contemporary Educational psychology, 24*, 95–123.

Harp, S. F., & Mayer, R. E. (1998). How seductive details do their damage: A theory of cognitive interest in science learning. *Journal of Educational Psychology, 90* (3), 414–434.

Hegarty, M. & Just, M. A. (1993). Constructing mental models of machines from text and diagrams. *Journal of Memory and Language, 32,* 717–742.

Hesse, F. W. & Oestermeier, U. (2000). Verbal and visual causal arguments. *Cognition, 75,* 65–104.

Holmberg, N., Holmqvist, K. & Holsanova, J. (2009). Reading information graphics: The role of spatial contiguity and dual attentional guidance. *Applied Cognitive Psychology, 23* (9), 1215–1226.

Krabbe, H., Platz, U., Schumacher, M. & Thürmann, E. (2017). *Sprachbildung als Aufgabe aller Fächer und Lernbereiche. Erfahrung mit Sprachberatung an Ganz-In-Gymnasien.* Münster: Waxmann.

Larkin, J. H. & Simon, H. A. (1987). Why a Diagram is (sometimes) worth ten thousand words. *Cognitive Science, 11,* 65–100.

Leisen, J. (2013). Darstellungs- und Symbolisierungsformen im Bilingualen Unterricht. In W. Hallet & F. G. Königs (Hrsg.), *Handbuch Bilingualer Unterricht. Content and Language Integrated Learning* (S. 152–160). Seelze: Klett-Kallmeyer.

Mayer, R. E. & Gallini, J. K. (1990). When is an illustration worth ten thousand words? *Journal of Educational Psychology, 82* (4), 715–726.

Mayer, R. E. & Moreno, R. (2003). Nine Ways to Reduce Cognitive Load in Multimedia Learning. *Educational Psychologist, 38* (1), 43–52.

Peeck, J. (1993). Increasing Picture effects in learning from illustrated text. *Learning and instruction 3* (3), 227–238.

Rapp, S. & Quekaj, A. (2015). Multimediales Lehren und Lernen mit ILIAS. Multimediales Lehren und Lernen mit ILIAS. Onlineszenarien, Tools und Gestaltungsmöglichkeiten. *Z|W working paper, 2,* 1–25.

Schmidt-Weigand, F., Kohnert, A. & Glowalla, U. (2010). A closer look at split visual attention in system-and self-paced instruction in multimedia learning. *Learning and Instruction, 20* (2), 100–110.

Schnotz, W. (2001). Wissenserwerb mit Multimedia. *Unterrichtswissenschaft, 29,* 292–318.

Schnotz, W. (2005). An integrated model of text an picture comprehension. In R. E. Mayer (Hrsg.), *The Cambridge handbook of multmedia learning* (S. 49–69). Cambridge: Cambridge University Press.

Schnotz, W. & Bannert, M. (2003). Construction and interference in learning from multiple representation. *Learning and Instruction, 12,* 141–156.

Stone, D. E. & Glock, M. D. (1981). How do young adults read directions with and without pictures. *Journal of educational psychology, 73* (3), 419–426.

Sweller, J. (2005). Implications of Cognitive Load Theory for Multimedia Learnung. In R. E. Mayer (Hrsg.), *The Cambridge handbook of multmedia learning* (S. 19–30). Cambridge: Cambridge University Press.

Weidenmann, B. (1988). *Psychische Prozesse beim Verstehen von Bildern.* Bern: Hans Huber.

Matthias Sieberkrob

Lernaufgaben für sprachbildenden Geschichtsunterricht

Theoretische Grundlagen und Hinweise für ihre Entwicklung

1. Einleitung

Beim historischen Denken werden Ausschnitte aus der Vergangenheit in der Form einer Narration in einen Sinnzusammenhang gebracht. Die Struktur der Narration wird dabei von der Historikerin oder dem Historiker angelegt, sie ist der Vergangenheit nicht inhärent (Barricelli, 2012, S. 257). Der wissenschaftstheoretische Begriff »Narrativität« kennzeichnet das Eigene und Besondere von Geschichte als Wissenschaft. »Historisches Wissen ist demnach immer narratives Wissen, d. h., es liegt stets in der Form einer Erzählung vor, also eines sprachlichen Gebildes, das auf bestimmte Weise zuvor zusammenhanglose Sachverhalte (›Ereignisse‹) bedeutungsvoll miteinander verbindet« (Barricelli, 2008, S. 7). Dies geschieht stets als »Sprachhandlung, durch die über Zeiterfahrung Sinn gebildet wird. Man könnte auch sagen: *Erzählen macht aus Zeit Sinn*« (Rüsen, 2012, S. 152).

Historisches Denken ist also auf sprachliches Handeln angewiesen. Somit hat Sprachbildung im Geschichtsunterricht einen Anknüpfungspunkt, der dem fachlichen Lernen bereits innewohnt. Denn auch Schülerinnen und Schüler müssen dazu befähigt werden, »Geschichte zu erzählen und erzählte Geschichte zu verstehen« (Pandel, 2010, S. 10). Sprachbildung im Geschichtsunterricht ist in dieser Perspektive also kein zusätzlicher Auftrag, sondern berührt den Kern historischen Lernens.

Folglich bedarf es einer integralen Betrachtung von sprachlicher und historischer Bildung (Handro, 2015, S. 7), in deren Folge Sprachbildung im Geschichtsunterricht facheigen verlaufen muss (Barricelli, 2015, S. 25). Jedoch fehlt es bislang weitgehend an überzeugenden Vorschlägen zur didaktischen Operationalisierung, die an geschichtsdidaktischen Prinzipien ausgerichtet sind. Hier setzt der folgende Beitrag an und verfolgt dabei die Prämisse, dass das fachliche Lernen (natürlich auch weiterhin) der Ausgangspunkt jeder Unterrichtsstunde sein muss. Sprachbildung trägt demnach einen Teil zum fachlichen Lernen bei. Damit dies gelingen kann, wird für sprachbildende Lernaufgaben plädiert und es werden Wege zu ihrer Gestaltung aufgezeigt. Der Einsatz von Lernaufgaben wird einerseits im Diskurs über Sprachbildung in allen Fächern gefordert (z. B. Vollmer & Thürmann, 2013, S. 46–49), andererseits sind sie in den letzten Jahren aber auch generell aus fachdidaktischer (z. B. Blumschein, 2014), so auch aus geschichtsdidaktischer Perspektive (z. B. Heuer, 2011; Thünemann, 2013), zunehmend in den Blick gerückt. Ziel dieses Beitrages ist es, Möglichkeiten aufzuzeigen, wie Aufgaben und Materialien zu sprachbildenden Lernaufgaben weiterentwickelt werden können. Grundlagen hierfür sind Betrachtungen zum Zusammenhang von Sprache und historischem Denken.

2. Sprache und historisches Denken

»Geschichte ist nicht Sprache, und doch existiert sie für uns nur, indem sie zur Sprache gebracht wird. […] Sprache verstellt uns Geschichte, wie jede Vermittlung, Übertragung und Übersetzung einen Verlust an Ursprünglichkeit darstellt. Aber Sprache erschließt uns auch Geschichte. […] Sie ist […] der Modus, in dem Geschichte uns entgegentritt« (Goertz, 1995, S. 148). Diese Bedeutung der Sprache war der Geschichtswissenschaft allein durch die Sprachlichkeit der (meisten) Quellen und der Historiografie stets bewusst, was sowohl für die Erkenntnis- als auch für die Darstellungs- und Diskursebene gilt (Günther-Arndt, 2010, S. 19). Was folgt daraus aber für das Verhältnis von Sprache und historischem Denken?

Zumindest das im schulischen Geschichtsunterricht geforderte produktive Sprachhandeln ist zumeist bildungssprachlich. Und auch eine Vielzahl der vorkommenden Quellen und sogenannten Darstellungen, beispielsweise im Schulbuch, bedienen sich des bildungssprachlichen Registers. Bildungssprache hat nach Morek und Heller (2012, S. 70–82) drei Funktionen, die in der Regel miteinander verwoben auftreten: Erstens dient sie als Medium von Wissenstransfer (kommunikative Funktion), zweitens als Werkzeug des Denkens (epistemische Funktion) und drittens als Eintritts- und Visitenkarte (sozial-symbolische Funktion). Während die erste Funktion einerseits im Zusammenhang mit einem Barriere-Effekt diskutiert wird, sollte andererseits hierbei auch der funktionale Aspekt von Bildungssprache bedacht werden. Die dritte Funktion lässt sich auf der einen Seite im Sinne kulturellen Kapitals verstehen, auf der anderen Seite auch »als sozialsymbolisches Mittel in der Kommunikation mit anderen« (ebd., S. 77). Die epistemische Funktion von Bildungssprache bedarf jedoch meines Erachtens einer näheren Betrachtung im Zusammenhang mit historischem Denken.

Im auf Rüsen und die narrative Geschichtstheorie Bezug nehmenden umfangreichen *Prozessmodell historischen Denkens* der FUER-Projektgruppe wird der Anspruch formuliert, »ein Kompetenzmodell ganz generell für das historische Denken zu entwickeln« (Schreiber et. al., 2007, S. 19). Daher eignet es sich hier zur näheren Betrachtung dessen, was unter historischem Denken verstanden wird. Es soll an dieser Stelle auf die sprachliche Seite in den Beschreibungen der Kompetenzen, die im FUER-Modell zum historischen Denken erforderlich sind, aufmerksam gemacht werden.

Das Modell beschreibt den Prozess historischen Denkens anhand dreier Kompetenzbereiche. Bei der Fragekompetenz (1) geht es »um das Formulieren und Stellen historischer Fragen [...], das Suchen und Finden von Antworten« sowie »um das Erschließen der Fragestellungen, die vorliegende historische Narrationen kennzeichnen« (ebd., S. 26). Mittels Methodenkompetenz (2) werden »Antworten auf historische Fragen [...] [erarbeitet]. [...] Es geht um die Frage, wie bei der Entwicklung der historischen Narration sach-, adressaten- und mediengerecht vorgegangen werden soll/wurde« (ebd., S. 27). Hierfür sind die sogenannten Basisoperationen De- und Rekonstruieren zentral, sie strukturieren die Methodenkompetenz. Rekonstruieren umfasst »die von einer Fragestellung geleitete Erschließung vergangener Phänomene, die letztlich mit Hilfe von Quellen erfolgt (Fokus Vergangenes). Von Bedeutung sind dabei sowohl Heuristik und Quellenkritik als auch das Herausarbeiten von ›Vergangenheitspartikeln‹, in der Regel durch den Vergleich verschiedener Quellenaussagen und der Erkenntnisse aus historischen Darstellungen (Quelleninterpretation)« (ebd., S. 28). Dekonstruieren wird beschrieben als ein analytischer Akt, in dem »historische Narrationen [...] erfasst« und »explizit sichtbare Strukturierungen (z. B. die für Beschreibungen oder Erklärungen gewählten Kontexte) [...] erhoben [werden]. Eine transparente Präsentation der Ergebnisse schließt den De-Konstruktionsprozess ab« (ebd.). Mit Orientierungskompetenz (3) ist schließlich gemeint, dass »Erkenntnisse und Einsichten, die [...] auf der Basis eigener oder fremder Fragestellungen [...] gewonnen wurden, auf die eigene Person und Lebenswelt bzw. die eigene Weltsicht« (ebd., S. 29) bezogen werden.

Weiterhin benennt das Modell noch die historische Sachkompetenz, die jedoch nicht den Prozess historischen Denkens beschreibt (ebd., S. 31), weshalb hier nicht näher auf sie eingegangen wird. Aber schon bei den ausgewiesenen Kompetenzen historischen Denkens zeigt sich eine enge Verknüpfung mit rezeptiven und produktiven sprachlichen Kompetenzen. Die epistemische Funktion von Sprache scheint also für das historische Denken eine entscheidende Rolle zu spielen. Dies gilt insbesondere für die Sprachhandlung des historischen Erzählens, denn hierin manifestiert sich das Geschichtsbewusstsein (Rüsen, 1997, S. 57). Umso deutlicher tritt die Notwendigkeit der eingangs angesprochenen integralen Betrachtung sprachlicher und historischer Bildung zum Vorschein. Historisches Denken ist auf umfangreiche sprachliche Kompetenzen angewiesen.

3. Historisches Erzählen und Sprachbildung im Geschichtsunterricht

Die Facheigenheit sprachlicher Bildung im Geschichtsunterricht zielt nach Barricelli (2015, S. 25) auf die narrative Kompetenz der Schülerinnen und Schüler. Sieberkrob und Lücke (2017) knüpfen hieran an und denken Varianten historischen Erzählens (Barricelli, 2008, S. 10) mit linguistischen Untersuchungen zur Sprache der Geschichte (Coffin, 2006, S. 44–94) zusammen. Hierbei werden Charakteristika, Funktionen und sprachliche Mittel von historischen Erzählvarianten soweit möglich zusammengestellt und an die Narrativitätstheorie anschlussfähig gemacht. Es zeigt sich, dass die Erzählvarianten Nacherzählen, Umerzählen, ursprüngliches Erzählen, narrative Dekonstruktion und identifizierendes Erzählen in der Regel chronologisch strukturiert sind, während exemplarische und genetische Erzählungen hingegen eher so strukturiert werden, dass Erklärungen oder Argumente zum Vergleich oder zur Legitimation von Situationen oder Zuständen an passenden Stellen eingebracht werden. Zur Verwendung kommen dabei z. B. Zahlen und Konnektoren, durch die eben nicht mehr in einer chronologischen Reihenfolge der Ereignisse, sondern in der ›text‹ time (Coffin, 2006, S. 75) erzählt wird. Bei kritischen und rezensierenden Erzählungen werden hingegen verstärkt diskursive sprachliche Mittel verwendet und es wird ein struktureller Aufbau von sich auf Zeitabläufe beziehenden historischen Argumenten (These – Argument – Gegenargument – …) gewählt. Auch lässt sich der Gebrauch von Strategien, z. B. bei der Gewichtung von historischen Argumenten vom schwächsten zum stärksten, festhalten (Sieberkrob & Lücke, 2017).

Nun kann es nicht Sinn von Geschichtsunterricht sein, Schritt für Schritt die sprachlichen Merkmale historischer Erzählungen einzuüben oder gar den

Lernerfolg der Schülerinnen und Schüler an einem entsprechenden Sprachgebrauch festzumachen. Der Sinn einer historischen Erzählung besteht ja vor allem in der eigensinnigen Auseinandersetzung mit Quellen und anderen historischen Erzählungen. Die Schülerinnen und Schüler rücken also als Rezipienten historischer Erzählungen in den Fokus, wobei ihre eigensinnige Auseinandersetzung gerahmt wird von ihrer jeweiligen Sprachkompetenz (Barricelli, 2015, S. 29). Es braucht also Lernarrangements, die geeignet sind, historische Erzählungen einzufordern, »die durch die Reflexion auf ihren Sinngehalt genuin historisch und damit zum Bestandteil wirklichen Geschichtslernens werden« (ebd., S. 30). Die Erkenntnisse über sprachliche Merkmale historischer Erzählvarianten können jedoch als Hilfestellungen fungieren und Orientierung geben, denn in verschiedenen Textformaten werden auf Geschichte bezogene Denkoperationen auch unterschiedlich verarbeitet oder geleistet (Hartung, 2015, S. 59). Es besteht also ein Zusammenhang zwischen historischem Lernen und formbezogener Performanz, weshalb es sich lohnt, auch die Formen historischer Erzählungen zum Gegenstand des Geschichtsunterrichts zu machen (ebd., S. 48).

Durch diese Überlegungen rückt das sogenannte generische Lernen in den Fokus, bei dem das Ziel verfolgt wird, »das dem jeweiligen Kontext und Interaktionszweck entsprechende Genre verstehen und selbst verwenden zu können und aufgrund der Kenntnis der Genremerkmale entsprechend strukturierte Texte und Äußerungen (in medialen Formen aller Art) selbst produzieren zu können« (Hallet, 2013, S. 61). Genres können dabei nach Martin und Rose (2008, S. 6) beschrieben werden als »staged, goal oriented and social processes. Staged, because it usually takes us more than one step to reach our goals; goal oriented because we feel frustrated if we don't accomplish the final steps […]; social because writers shape their texts for readers of particular kinds«.

Für die Umsetzung generischen Lernens plädiert Hallet (2013, S. 70) für Aufgabenstellungen, die stets eine generische Dimension aufweisen. Für Geschichtsunterricht könnte das heißen, nicht nur der Forderung Barricellis (2015, S. 29) nachzukommen und »erzählen« als *summus operator* zu verwenden, sondern auch anzugeben, wie erzählt werden sollte oder könnte (ursprünglich, kritisch, exemplarisch, …). Darüber hinausgehend bedarf es aber sicherlich eines Lernarrangements, das auf die historische Erzählung hinführt, sprich einzelne Schritte eines historischen Lernprozesses anregt und begleitet sowie entsprechendes Material zur Verfügung stellt. Wie könnte das aussehen?

4. Lernaufgaben für sprachbildenden Geschichtsunterricht

Lernaufgaben haben in den letzten Jahren von verschiedenen Seiten verstärkt Aufmerksamkeit erfahren (z. B. Blumschein, 2014; Ralle, Prediger, Hammann & Rothgangel, 2014; Kiper, Meints, Peters, Schlump & Schmit, 2010). Auch im Diskurs über Sprachbildung im Fachunterricht wird für den Einsatz von Lernaufgaben plädiert (z. B. Oleschko, Altun & Günther, 2015; Oleschko, 2014; Thürmann, 2011, S. 7). Sollen Lernaufgaben im sprachbildenden Geschichtsunterricht zum Einsatz kommen, müssen sie dabei nicht nur das sprachliche Lernen, sondern vor allem das historische Lernen fördern. Nachfolgend wird zunächst beschrieben, was mit dem Begriff »Lernaufgabe« gemeint ist, um anschließend auf geschichtsdidaktische und sprachbildende Perspektiven auf Lernaufgaben einzugehen.

4.1 Was sind Lernaufgaben?

In einem ersten Zugriff sind Lernaufgaben zu unterscheiden von anderen Aufgabentypen wie etwa Test-, Übungs-, Prüfungs- oder Evaluationsaufgaben. Schülerinnen und Schüler sollen mit Lernaufgaben etwas lernen, also eben nicht getestet oder geprüft werden. Auch sollen sie nicht etwas üben. Als Definition ist ein solches Kriterium aber sicherlich zu weit gefasst (Leisen, 2011, S. 1).

Kleinknecht (2010, S. 13) stellt Lernaufgaben einem lehrkraftzentrierten und fragend-entwickelnden Unterricht gegenüber und beschreibt sie als offene, problemorientierte und alltagsnahe Aufgabenformen, die die Eigenständigkeit der Schülerinnen und Schüler beim Arbeiten und Lernen fordern und fördern sollen. Etwas ausführlicher beschreibt Leisen (2011, S. 1) eine Lernaufgabe als »eine material gesteuerte Lernumgebung, die den individuellen Lernprozess durch eine Folge von gestuften Aufgabenstellungen mit entsprechenden Lernmaterialien steuert, so dass die Lerner möglichst eigentätig die Problemstellung entdecken, Vorstellungen entwickeln und Lernmaterialien bearbeiten. Dabei erstellen und diskutieren sie ein Lernprodukt, definieren und reflektieren den Lernzugewinn und üben sich im handelnden Umgang mit Wissen.«

Neben diesen Definitionen können Merkmale benannt werden, die Lernaufgaben ausmachen. Bei Blömeke, Risse, Müller, Eichler und Schulz (2006) sind beispielsweise folgende Merkmale zu finden: Lernaufgaben eignen sich, einen gesellschaftlich relevanten Bildungsinhalt exemplarisch zu erschließen. Sie sprechen ein Bedürfnis der Schülerinnen und Schüler an und sind für sie kognitiv herausfordernd. Auch gehen sie mit einem Neuigkeitswert einher bei gleichzeitiger Chance, die Aufgabe auch bewältigen zu können. Hieraus folgt weiterhin, dass sie zumindest das Potenzial zur Differenzierung beinhalten. Um einen Transfer der mit ihnen erworbenen Kompetenzen zu fördern, greifen sie weiterhin authentische Situationen auf. Und sie fördern Problemlösekompetenzen sowie soziale Interaktionen. Leisen (2011, S. 2) nennt als Merkmale von Lernaufgaben die Aktivierung von Schülerinnen und Schülern zum selbstständigen Lernen, das Anknüpfen an Vorwissen und die Wissensstruktur, einen gestuften Aufbau, die Einbettung in einen Kontext, die Vernetzung vielfältiger Aufgabentypen, das Schaffen einer Atmosphäre des Lernens, die Kompetenzorientierung, die Förderung des Bewusstseins für das eigene Können, das Aufzeigen des Lernzuwachses sowie die Verankerung des neu Gelernten im Wissensnetz.

Insgesamt wird deutlich, dass Lernaufgaben weit über eine einfache Aufgabenstellung hinausgehen. Sie dienen der Anregung eines Lernprozesses, der aus mehreren Schritten besteht, kognitiv anspruchsvoll ist und didaktisch begleitet wird. Dabei lösen Schülerinnen und Schüler weitgehend selbstständig Problemstellungen und werden didaktisch durch die Lernaufgabe und das in ihr enthaltene Material unterstützt. Lernaufgaben scheinen sich dadurch zu eignen, sowohl fachliches als auch sprachliches Lernen zu fördern beziehungsweise das fachliche Lernen gezielt sprachlich zu unterstützen.

Neben diesen hier ohne Anspruch auf Vollständigkeit benannten allgemeindidaktischen Merkmalen sind ferner natürlich auch fachdidaktische Merkmale zu beachten, worauf im Folgenden näher eingegangen wird.

4.2 Historisches Lernen und Lernaufgaben

»Entscheidend für gute Geschichtslektionen sind fachspezifisch bedeutsame Lernaufgaben, die einen Bezug zu den Lernenden anbieten und sie zu historischem Erzählen anregen« (Gautschi, 2011, S. 254). Jedoch belegen verschiedene Studien zum Einsatz von Aufgaben im Geschichtsunterricht einen häufigen Gebrauch von Aufgabenstellungen aus Geschichtsschulbüchern, die wiederum zu einem großen Teil lediglich Reproduktionsleistungen oder deklaratives Wissen fordern (Wild, 2012; Thünemann, 2010). Hodel und Waldis (2007) zeigen, dass für die selbstständige und vertiefende Bearbeitung von Aufgaben in der Regel zu wenig Zeit zur Verfügung gestellt wird, vielmehr der fragend-entwickelnde Geschichtsunterricht nach wie vor weit verbreitet ist.

In der Geschichtsdidaktik wurden bislang einige Vorschläge für Merkmale historischer Lernaufgaben gemacht, wenngleich kein Konsens über die Vollständigkeit eines Vorschlags besteht. So legt Wenzel (2012, S. 26) einen Kriterienkatalog für gute Aufgaben im Geschichtsunterricht vor, der nach Thünemann (2013, S. 144) jedoch kaum Fachspezifisches enthält. Heuer (2011, S. 447–453) fasst allgemeindidaktische Anforderungen an Lernaufgaben zusammen und überträgt sie auf historisches Lernen. Dabei kommt er zu einem Kreismodell mit sieben Gütekriterien für historische Lernaufgaben: *verständlich sein*, *Offenheit aufweisen*, *fordern*, *differenzieren*, *zur Kooperation anregen*, *Operatoren beinhalten* und *zum Erzählen anregen*. Auf den ersten Blick scheint dieses Modell, abgesehen von dem Kriterium *zum Erzählen anregen*, ebenfalls keine Fachspezifik zu enthalten. Jedoch wird in den Erläuterungen (ebd., S. 450) und mit Verweis auf Pandel (2010, S. 10) die narrative Form historischen Denkens unmissverständlich betont:

> »Nicht das deklarative Wissen steht beim kompetenzorientierten Geschichtsunterricht im Vordergrund, sondern vielmehr das prozedurale und metakognitive Wissen. Schülerinnen und Schüler sollen zeigen, dass sie Beziehungen herstellen, Zusammenhänge klarmachen und Analogien bilden können. Dies alles vollzieht sich im Fach Geschichte sprachlich im Modus des Erzählens. Erzählen meint hier das sinnbildende Verknüpfen zeitdifferenter Ereignisse zum Zwecke der Orientierung in Gegenwart und Zukunft: ›Geschichte *ist* Erzählung!‹«

Umso mehr verwundert es, dass historisches Erzählen in dem Modell keine zentrale Rolle spielt. Thünemann (2013, 2016; vgl. Abb. 1) erweitert das Modell, um es stärker fachspezifisch zu profilieren. Dabei erhält er die Kreisstruktur von Heuer (2011) und stellt drei darüber hinausgehende Kriterien historischer Lernaufgaben zur Diskussion: *historische Leitfragen*, *historische Werturteilsbildung* und *historische Reflexion*. Diese Kriterien wiederum sind in der aktuellen Version des Modells (Thünemann, 2016, S. 45) von dem Kriterium *historisches Erzählen* umgeben. Das Verhältnis zueinander bleibt dabei meines Erachtens jedoch offen. Barricelli (2015, S. 28) vermisst auch in diesem Modell eine fachspezifische Modellierung, bestehe diese hier doch lediglich darin, vor die Qualitätskriterien das Attribut *historisch* zu setzen, während nach wie vor nur das Kriterium *historisches Erzählen* auch tatsächlich eine Fachspezifik aufweise.

Abb. 1: Qualitätskriterien historischer Lernaufgaben nach Thünemann (2016, S. 45).

4.3 Sprachbildung und Lernaufgaben

Wie bereits angedeutet, wird auch im Diskurs zu Sprachbildung in allen Unterrichtsfächern über den Einsatz von Lernaufgaben nachgedacht. Unter anderem aufgrund von Forschungen in der Didaktik des Fremd- und Zweitsprachenunterrichts scheinen sie besonders geeignet zu sein. Das sogenannte *task-based language learning and teaching* hat seit den 1980er-Jahren verstärkte Aufmerksamkeit im Fremdsprachenunterricht erfahren (Long, 2014). Hier werden Aufgaben (*tasks*) von Übungen (*exercises*) unterschieden: Während Aufgaben den Schwerpunkt auf den Inhalt einer Äußerung, also auf den pragmatischen Sprachgebrauch setzen, steht in Übungen die sprachliche Form, also der formal korrekte Sprachgebrauch im Vordergrund. In anderer Perspektive lässt sich der Unterschied zwischen Aufgabe und Übung auch als ein Kontinuum zwischen unkommunikativem Lernen und authentischer Kommunikation betrachten, wenngleich zu bedenken ist, dass sich die sprachliche Form einer Äußerung und ihr Inhalt gegenseitig bedingen. Das sprachliche Lernen vollzieht sich in Aufgaben also eher beiläufig: Sprache wird hier gebraucht, um die Aufgabenstellung zu bewältigen. Ein weiterer Aspekt ist das persönliche *involvement* bei einer Aufgabe, das höher sein dürfte, wenn Selbstständigkeit und Mitdenken gefordert sind (Caspari, 2006, S. 35).

Aufgrund dieses beiläufigen, wenngleich natürlich didaktisch unterstützten Lernens von Sprache bei deren Gebrauch zur Lösung einer Aufgabenstellung scheint das *task-based language learning and teaching* auch für Sprachbildung im Fachunterricht geeignet zu sein. Dabei lässt sich in Lernaufgaben das Potenzial erkennen, Forderungen zum integrierten Fach- und Sprachlernen wie etwa Sprachaufmerksamkeit und Sprachbewusstheit, aktives Sprachhandeln und Interaktion oder eine Fokussierung auf Schriftsprachlichkeit und Texte (Schmölzer-Eibinger, 2013) zu erfüllen. Vollmer und Thürmann (2013, S. 46–49) legen ein Modell vor, in dem sie davon ausgehen, dass sich Lernaufgaben auf fünf Felder fachunterrichtlichen Sprachhandelns beziehen können: (1) Aushandeln von Arbeitswissen und Fachinhalten, (2) Informationsbeschaffung, -erschließung, -verarbeitung, (3) (Re-)Strukturierung und Erweiterung von Wissen, (4) Kommunikation und Präsentation von Lernergebnissen sowie (5) Reflexion und Evaluation von Lernwegen und -ergebnissen. Sie eröffnen mit ihrem Modell didaktische Anwendungsperspektiven bei der Beschreibung fachübergreifender Dimensionen und Komponenten bildungssprachlicher Kompetenzen, die fachdidaktisch verifiziert, modifiziert und konkretisiert werden können. Betont wird die Notwendigkeit eines Beschreibungssystems, »das mit den didaktischen Prinzipien der einzelnen Fächer kompatibel ist« (ebd., S. 45). Eine Prüfung hinsichtlich einer Übertragung in die Geschichtsdidaktik steht aber noch aus.

Den hier skizzierten Herausforderungen zum Trotz kann es sich lohnen, über Lernaufgaben für die Sprachbildung im Fachunterricht nachzudenken. Denn das bildungssprachliche Register wird durch die Produktion eigener Äußerungen erworben (Fürstenau & Lange, 2013, S. 196), was Schülerinnen und Schülern in Lernaufgaben in einem umfangreichen Maß ermöglicht werden kann. Auch lassen sich Möglichkeiten zum Erproben der Sprachhandlungen integrieren, wodurch der Unterschied von Alltags- und Bildungssprache erfahrbar gemacht werden kann (Oleschko, 2014, S. 86). Weiterhin ist denkbar, das im Sprachbildungsdiskurs weit verbreitete Scaffolding (Gibbons, 2015) in Lernaufgaben aufzugreifen sowie Binnendifferenzierung anzulegen. Für die Unterrichtspraxis stellt sich dabei die Frage, wie sprachbildende Lernaufgaben, hier im Fach Geschichte, entwickelt werden können.

5. Hinweise zur Entwicklung sprachbildender Lernaufgaben

Es gibt bislang recht wenige Aufgaben zum historischen Lernen, die explizit als Lernaufgaben bezeichnet werden. Es sind aber Beispiele bei Heuer (2011, S. 454–457) oder Flaving (2016) zu finden. Wenngleich die Qualität von Geschichtsaufgaben oftmals gering zu sein scheint (Wild, 2012; Thünemann, 2010), lassen sich dennoch vielleicht nicht alle, aber doch viele Geschichtsaufgaben einerseits durch Überarbeitung, oftmals auch durch zusätzliches Material, andererseits durch Analyse der sprachlichen Anforderungen zu sprachbildenden Lernaufgaben für Geschichtsunterricht weiterentwickeln. Hierbei gilt es, sowohl allgemeine als auch fachdidaktische Kriterien für Lernaufgaben umzusetzen sowie die Ursprungsaufgabe und das zu ihr gehörige Lernmaterial sprachlich zu analysieren und zu bearbeiten.

Im Projekt *Sprachen – Bilden – Chancen: Innovationen für das Berliner Lehramt* wurde hierfür das *Instrument zur sprachbildenden Analyse von Aufgaben im Fach* (ISAF) entwickelt, das die Analyse von Aufgaben gezielt und systematisch unterstützt (Caspari, Andreas, Schallenberg, Shure & Sieberkrob, 2017). Es richtet sich an die drei Phasen der Lehrkräftebildung (Studium, Vorbereitungsdienst, Fort- und Weiterbildung), fokussiert dabei aber die universitäre Ausbildung. Mit ihm sollen vor allem Studentinnen und Studenten befähigt werden, Aufgaben aus ihren Fächern mit Blick auf die fachlichen und sprachlichen Anforderungen zu analysieren, um sie auf dieser Grundlage zu sprachbildenden Lernaufgaben weiterzuentwickeln. Gleichzeitig kann das Instrument natürlich auch als eine Art Referenzrahmen zur selbstständigen Aufgabenentwicklung dienen.

Es wird ein Vorgehen in fünf Abschnitten vorgeschlagen, wobei in Abschnitt A mit der fachdidaktischen Analyse der Ursprungsaufgabe begonnen wird. Für jede Teilaufgabe wird nach Thema und Inhalt und den angezielten Kompetenzen gefragt sowie danach, welche fachlichen Anforderungen die Teilaufgabe stellt und was die Schülerinnen und Schüler im Einzelnen leisten müssen, um die Aufgabe zu bearbeiten. Diese fachdidaktische Analyse bildet die Grundlage für alle weiteren Analyseschritte und darauf aufbauende Entscheidungen bei der Weiterentwicklung. Gleichzeitig ist jedoch auch festzuhalten, dass die fachdidaktische Analyse hier fachübergreifend formuliert ist. Eine fachspezifische Weiterentwicklung ist möglich und wünschenswert.

In den nächsten drei Abschnitten wird die Aufgabe sprachlich analysiert: Abschnitt B fokussiert die in der Aufgabe verwendeten schriftlichen Texte und fragt dabei unter anderem nach der Textsorte (z. B. Zeitungsartikel, Diagramm, …), dem für das Textverständnis relevanten Wortschatz oder einem geeigneten Lesestil. In Abschnitt C wird nach den von den Schülerinnen und Schülern geforderten produktiven Aktivitäten beziehungsweise Produkten und die mit ihnen verbundenen sprachlichen Anforderungen gefragt. Auch wird hier analysiert, was die Schülerinnen und Schüler im Einzelnen sprachlich leisten müssen, um die geforderten Produkte zu erstellen. Der Abschnitt D fokussiert die Analyse der Aufgabenstellung (Verständlichkeit, Transparenz, Hilfestellungen, Raum für sprachliches Feedback und Überarbeitung der Produkte). Hierauf aufbauend ist schließlich in Abschnitt E Raum für die sprachbildende Bearbeitung der Aufgabe. Hierbei wird einerseits geguckt, welche Unterstützungsmaßnahmen es gegebenenfalls bereits gibt, andererseits wird nach der passenden Stelle für erforderliche sprachbildende Unterstützungsmaßnahmen in der Aufgabe gefragt, was sich aus dem Vergleich der fachlichen Ziele (Abschnitt A) mit der Analyse der sprachlichen Anforderungen (Abschnitt B bis D) ergibt. Kernanliegen des Instruments ist es also eine Hilfestellung zu geben, mit der gezielt überlegt werden kann, welche sprachlichen Aspekte beim Bearbeiten von Aufgaben im Hinblick auf das fachliche Lernen Schwierigkeiten bereiten könnten und wie hierfür angemessene Unterstützungsmaßnahmen gewählt werden können.

Im Zusammenspiel mit den allgemein- und den fachdidaktischen Kriterien für Lernaufgaben können die Analyseergebnisse zur (Weiter-)Entwicklung von Aufgaben zu sprachbildenden Lernaufgaben genutzt werden. Dabei geraten insbesondere die von Schülerinnen und Schülern geforderten fachrelevanten sprachlichen Produkte in den Blick. Sie können einerseits schrittweise vorbereitet werden, andererseits ist es möglich, den Schülerinnen und Schülern bei sprachlichen Herausforderungen, die für den historischen Lernprozess wichtig sind, gezielt Hilfestellungen zu geben (z. B. relevanter Fachwortschatz, zielführender Lesestil, Strukturierungs- und Formulierungshilfen beim Verfassen historischer Erzählungen etc.).

6. Ausblick

Lernaufgaben scheinen sich zu eignen, um Sprachbildung (nicht nur) im Geschichtsunterricht umzusetzen. Es fehlt zwar noch an geschichtsdidaktisch anerkannten Merkmalen für historische Lernaufgaben, aber das hindert meines Erachtens nicht grundsätzlich daran, Aufgaben in sprachbildender Hinsicht weiterzuentwickeln. Neben dem Analyseinstrument ISAF können beispielhafte Weiterentwicklungen von Aufgaben zu sprachbildenden Lernaufgaben aufschlussreich sein.[1] Weiterhin besteht sicherlich auch noch erhöhter Forschungsbedarf dazu, was die sprachlichen Handlungen im Geschichtsunterricht ausmachen. Dennoch wage ich an dieser Stelle einen weiterführenden Ausblick: Teilweise liegen Überlegungen zu geschichtsspezifischen Modellierungen einzelner Sprachhandlungen vor, so beispielsweise zum historischen Lesen (z. B. Hirsch, 2015) oder historischen Argumentieren (z. B. Mierwald & Brauch, 2015). Erkenntnisse aus derlei Überlegungen können in die Entwicklung sprachbildender Lernaufgaben integriert werden. Dass fachspezifische Modellierungen von einzelnen Sprachhandlungen deren Qualität steigern können, zeigen beispielsweise van Drie, Braaksma und van Boxtel (2015) bei historischen Argumentationen in Texten.

Heuer (2014, S. 231) fordert die Einbettung historischer Lernaufgaben in eine fachspezifische Aufgabenkultur. Dadurch würde sich ein Möglichkeitsraum entfalten, in dem sich im Klassenverband immer wieder neu eine Diskurs- und Erzählgemeinschaft konstruieren könnte (ebd., S. 239). Dies gilt umso mehr, wenn es durch Sprachbildung gelingen sollte, die narrative Kompetenz *aller* Schülerinnen und Schüler zu fördern. Hierdurch würde weiterhin im Sinne einer subjektorientierten Geschichtsdidaktik (Ammerer, Hellmuth & Kühberger, 2015) die Chance entstehen, dass auch ihre Geschichten erzählt werden.

Literatur

Ammerer, H., Hellmuth, T. & Kühberger, Ch. (Hrsg.). (2015). *Subjektorientierte Geschichtsdidaktik*. Schwalbach am Taunus: Wochenschau.

Barricelli, M. (2008). Historisches Wissen ist narratives Wissen. In M. Barricelli, Ch. Hamann, R. Mounajed & P. Stolz (Hrsg.), *Historisches Wissen ist narratives Wissen: Aufgabenformate für den Geschichtsunterricht in den Sekundarstufen I und II* (S. 7–12). Ludwigsfelde-Struveshof: LISUM.

Barricelli, M. (2012). Narrativität. In M. Barricelli & M. Lücke (Hrsg.), *Handbuch Praxis des Geschichtsunterrichts, Bd. 1* (S. 255–280). Schwalbach am Taunus: Wochenschau.

---

1 Die Lernaufgaben werden auf www.sprachen-bilden-chancen.de zugänglich sein.

Barricelli, M. (2015). Worte zur Zeit. Historische Sprache und narrative Sinnbildung im Geschichtsunterricht. *Zeitschrift für Geschichtsdidaktik, 14*, 25–46.

Blömeke, S., Risse, J., Müller, Ch., Eichler, D. & Schulz, W. (2006). Analyse der Qualität von Aufgaben aus didaktischer und fachlicher Sicht. Ein allgemeines Modell und seine exemplarische Umsetzung im Unterrichtsfach Mathematik. *Unterrichtswissenschaft: Zeitschrift für Lernforschung, 34* (4), 330–357.

Blumschein, P. (Hrsg.). (2014). *Lernaufgaben – Didaktische Forschungsperspektiven.* Bad Heilbrunn: Julius Klinkhardt.

Caspari, D. (2006). Aufgabenorientierung im Fremdsprachenunterricht. In K.-R. Bausch, E. Burwitz-Melzer, F. G. Königs & H.-J. Krumm (Hrsg.), *Aufgabenorientierung als Aufgabe. Arbeitspapiere der 26. Frühjahrskonferenz zur Erforschung des Fremdsprachenunterrichts* (S. 33–42). Tübingen: Gunter Narr.

Caspari, D., Andreas, T., Schallenberg, J., Shure, V. & Sieberkrob, M. (2017). *Instrument zur sprachbildenden Analyse von Fachaufgaben (isaf).* Verfügbar unter: http://www.sprachen-bilden-chancen.de/images/Files/Caspari-et-al.-2017---isaf_Instrument-zur-sprachbildenden-Analyse-von-Aufgaben-im-Fach.pdf [31.5.2017].

Coffin, C. (2006). *Historical Discourse. The Language of Time, Cause and Evaluation.* London, New York: Continuum.

Flaving, C. (2016). Der Ost-West-Konflikt 1945–1948. Kompetenzorientierte Lernaufgaben. *Geschichte lernen, 29* (174), 50–56.

Fürstenau, S. & Lange, I. (2013). Bildungssprachförderliches Lehrerhandeln. Einblicke in eine videobasierte Unterrichtsstunde. In I. Gogolin, I. Lange, U. Michel & H. H. Reich (Hrsg.), *Herausforderung Bildungssprache – und wie man sie meistert* (S. 188–219). Münster: Waxmann.

Gautschi, P. (2011). *Guter Geschichtsunterricht. Grundlagen, Erkenntnisse, Hinweise* (2. Aufl.). Schwalbach am Taunus: Wochenschau.

Gibbons, P. (2015). *Scaffolding Language. Scaffolding Learning. Teaching English Language Learners in the Mainstream Classroom* (2. Aufl.). Portsmouth/NH: Heinemann.

Goertz, H.-J. (1995). *Umgang mit Geschichte. Eine Einführung in die Geschichtstheorie.* Reinbek bei Hamburg: Rowohlt.

Günther-Arndt, H. (2010). Hinwendung zur Sprache in der Geschichtsdidaktik – Alte Fragen und neue Antworten. In S. Handro & B. Schönemann (Hrsg.), *Geschichte und Sprache* (S. 17–46). Berlin, Münster: Lit.

Hallet, W. (2013). Generisches Lernen im Fachunterricht. In M. Becker-Mrotzek, K. Schramm, E. Thürmann & H. J. Vollmer (Hrsg.), *Sprache im Fach. Sprachlichkeit und fachliches Lernen* (S. 59–75). Münster: Waxmann.

Handro, S. (2015). Sprache(n) und historisches Lernen. Zur Einführung. *Zeitschrift für Geschichtsdidaktik, 14*, 5–24.

Hartung, O. (2015). Generisches Geschichtslernen. Drei Aufgabentypen im Vergleich. *Zeitschrift für Geschichtsdidaktik, 14*, 47–62.

Heuer, Ch. (2011). Gütekriterien für kompetenzorientierte Lernaufgaben im Fach Geschichte. *Geschichte in Wissenschaft und Unterricht, 62* (7/8), 443–458.

Heuer, Ch. (2014). Geschichtsunterricht anders machen – Zur Aufgabenkultur als Möglichkeitsraum. In P. Blumschein (Hrsg.), *Lernaufgaben – Didaktische Forschungsperspektiven* (S. 231–241). Bad Heilbrunn: Julius Klinkhardt.

Hirsch, M. (2015). Geschichte (er-)lesen. Überlegungen zu domänenspezifischen Lesemodi und -prozessen. *Zeitschrift für Geschichtsdidaktik, 14*, 136–153.

Hodel, J. & Waldis, M. (2007). Sichtstrukturen im Geschichtsunterricht – die Ergebnisse der Videoanalyse. In P. Gautschi, D. V. Moser, K. Reusser & P. Wiher (Hrsg.), *Geschichtsunterricht heute. Eine empirische Analyse ausgewählter Aspekte* (S. 91–142). Bern: hep.

Kiper, H., Meints, W., Peters, S., Schlump, S. & Schmit, S. (Hrsg.). (2010). *Lernaufgaben und Lernmaterialien im kompetenzorientierten Unterricht.* Stuttgart: Kohlhammer.

Kleinknecht, M. (2010). Lernumgebung und Aufgabenkultur reflektieren und weiterentwickeln. Empirische Befunde und didaktische Konzepte zum Einsatz von Aufgaben und Lernmaterialien. In W. Knapp & H. Rösch (Hrsg.), *Sprachliche Lernumgebungen gestalten* (S. 13–23). Freiburg im Breisgau: Fillibach.

Leisen, J. (2011). *Mit Lernaufgaben lehren und lernen.* Verfügbar unter: http://aufgabenkultur.de/seiten/0%20Aufgabenkultur%20im%20Lehr-Lern-Modell/7%20Lernaufgaben%20im%20Lehr-Lern-Modell.pdf [17.12.2016].

Long, M. (2014). *Second Language Acquisition and Task-Based Language Teaching.* Oxford: Wiley-Blackwell.

Martin, J. R. & Rose, D. (2008). *Genre relations: mapping culture.* London, Oakville/CT: Equinox.

Mierwald, M. & Brauch, N. (2015). Historisches Argumentieren als Ausdruck historischen Denkens. Theoretische Fundierung und empirische Annäherung. *Zeitschrift für Geschichtsdidaktik, 14*, 104–120.

Morek, M. & Heller, V. (2012). Bildungssprache – Kommunikative, epistemische, soziale und interaktive Aspekte ihres Gebrauchs. *Zeitschrift für angewandte Linguistik, 57* (1), 67–101.

Oleschko, S. (2014). Lernaufgaben und Sprachfähigkeit bei heterarchischer Wissensstrukturierung. Zur Bedeutung der sprachlichen Merkmale von Lernaufgaben im gesellschaftswissenschaftlichen Lernprozess. In B. Ralle, S. Prediger, M. Hammann & M. Rothgangel (Hrsg.), *Lernaufgaben entwickeln, bearbeiten und überprüfen. Ergebnisse und Perspektiven fachdidaktischer Forschung* (S. 85–94). Münster: Waxmann.

Oleschko, S., Altun, T. & Günther, K. (2015). Lernaufgaben als zentrales Steuerungselement für sprachbildend-inklusive Lernprozesse im Gesellschaftslehreunterricht. *transfer Forschung ↔ Schule*, Heft 1, 13–23.

Pandel, H.-J. (2010). *Historisches Erzählen. Narrativität im Geschichtsunterricht.* Schwalbach am Taunus: Wochenschau.

Ralle, B., Prediger, S., Hammann, M. & Rothgangel, M. (Hrsg.). (2014). *Lernaufgaben entwickeln, bearbeiten und überprüfen. Ergebnisse und Perspektiven fachdidaktischer Forschung.* Münster: Waxmann.

Rüsen, J. (1997). Historisches Erzählen. In K. Bergmann, K. Fröhlich, A. Kuhn, J. Rüsen & G. Schneider (Hrsg.), *Handbuch der Geschichtsdidaktik* (5., überarb. Aufl.) (S. 57–63). Seelze-Velber: Kallmeyer'sche Verlagsbuchhandlung.

Rüsen, J. (2012). *Zeit und Sinn. Strategien historischen Denkens.* Frankfurt am Main: Humanities Online.

Schmölzer-Eibinger, S. (2013). Sprache als Medium des Lernens im Fach. In M. Becker-Mrotzek, K. Schramm, E. Thürmann & H. J. Vollmer (Hrsg.), *Sprache im Fach. Sprachlichkeit und fachliches Lernen* (S. 25–40). Münster: Waxmann.

Schreiber, W., Körber, A., von Borries, B., Krammer, R., Leutner-Ramme, S., Mebus, S., Schöner, A. & Ziegler, B. (2007). Historisches Denken. Ein Kompetenz-Strukturmodell (Basisbeitrag). In A. Körber, W. Schreiber & A. Schöner (Hrsg.), *Kompetenzen historischen Denkens. Ein Strukturmodell als Beitrag zur Kompetenzorientierung in der Geschichtsdidaktik* (S. 17–53). Neuried: ars una.

Sieberkrob, M. & Lücke, M. (2017). Narrativität und sprachlich bildender Geschichtsunterricht. Wege zum generischen Geschichtslernen. In B. Jostes, D. Caspari & B. Lütke (Hrsg.), *Sprachen – Bilden – Chancen: Sprachbildung in Didaktik und Lehrkräftebildung* (S. 217–229). Münster: Waxmann.

Thünemann, H. (2010). Geschichtsunterricht ohne Geschichte? Überlegungen und empirische Befunde zu historischen Fragen im Geschichtsunterricht und im Schulgeschichtsbuch. In S. Handro & B. Schönemann (Hrsg.), *Geschichte und Sprache* (S. 49–59). Berlin, Münster: Lit.

Thünemann, H. (2013). Historische Lernaufgaben. Theoretische Überlegungen, empirische Befunde und forschungspragmatische Perspektiven. *Zeitschrift für Geschichtsdidaktik, 12,* 141–155.

Thünemann, H. (2016). Probleme und Perspektiven der geschichtsdidaktischen Kompetenzdebatte. In S. Handro & B. Schönemann (Hrsg.), *Aus der Geschichte lernen? Weiße Flecken der Kompetenzdebatte* (S. 37–51). Berlin, Münster: Lit.

Thürmann, E. (2011). *Deutsch als Schulsprache in allen Fächern. Konzepte zur Förderung bildungssprachlicher Kompetenzen.* Verfügbar unter: http://www.schulent wicklung.nrw.de/materialdatenbank/nutzersicht/getFile.php?id=5179 [17.12.2016].

van Drie, J., Braaksma, M. & van Boxtel, C. (2015). Writing in History: Effects of writing instruction on historical reasoning and text quality. *Journal of Writing Research, 7* (1), 123–156.

Vollmer, H. J. & Thürmann, E. (2013). Sprachbildung und Bildungssprache als Aufgabe aller Fächer der Regelschule. In M. Becker-Mrotzek, K. Schramm, E. Thürmann & H. J. Vollmer (Hrsg.), *Sprache im Fach. Sprachlichkeit und fachliches Lernen* (S. 41–57). Münster: Waxmann.

Wenzel, B. (2012). Aufgaben(kultur) und neue Prüfungsformen. In M. Barricelli & M. Lücke (Hrsg.), *Handbuch Praxis des Geschichtsunterrichts, Bd. 2* (S. 23–36). Schwalbach am Taunus: Wochenschau.

Wild, V. (2012). *Aufgaben im Geschichtsschulbuch: Eine Schulbuchanalyse aus didaktischer Perspektive.* Masterarbeit, Universität Passau. Verfügbar unter: http://d-nb. info/1068501235/34 [17.12.2016].

Jutta Mägdefrau & Andreas Michler

Arbeitsaufträge im Geschichtsunterricht

Diskrepanz zwischen Lehrerintention und didaktischem Potenzial?[1]

1. Einführung

Wenn Lehrkräfte Arbeitsaufträge einsetzen, sollen diese dazu dienen, Denk- bzw. Lernprozesse auszulösen und zu unterstützen. Dabei verfolgen Lehrpersonen unterschiedliche didaktische Intentionen, welche die Denk- bzw. Lernprozesse und damit die Arbeitsaufträge an ein Lehrziel binden. Unter »Arbeitsaufträgen« sollen im Folgenden – und in synonymer Verwendung mit dem Begriff »Lernaufgabe« – in einem sehr umfassenden Sinne alle Formen von Aufgaben oder Fragen verstanden werden, die Lehrpersonen an Lernende richten und die Produkte bzw. Antworten herausfordern und dazu (Sprach-)Handlungen initiieren und Ressourcen aufseiten der Lernenden beanspruchen (vgl. Doyle, 1983). Zwar kritisieren verschiedene Autoren, dass bei Lernaufgaben-definitionen oft die kognitiven Prozesse nicht einbezogen werden (z. B. Ellis, 2003; Tesch, 2010), doch schon Prabhu (1987, S. 24) nimmt in seiner Definition von Arbeitsaufträgen explizit Bezug auf kognitive Prozesse der Lernenden: Eine Lernaufgabe ist »an activity which required learners to arrive at an outcome from given information through some process of thought, and which allowed teachers to control and regulate that process.« Aber auch Keller und Bender (2012, S. 8) betonen in ihrer Begriffsbestimmung die Bedeutung dieser Prozesse: »Aufgaben bestimmen das potenzielle Niveau der kognitiven Aktivierung der Lernenden sowie deren Verknüpfungstätigkeiten mit dem Vorwissen und neuen Wissensgebieten«.

Für den Lernerfolg scheint es also bedeutsam, was Lernende mit der Aufgabe tun, d. h., ob und in welchem Maße sie adäquate kognitive Operationen

---

[1] Wiederabdruck, Ersterscheinung: Mägdefrau, Jutta & Michler, Andreas: Arbeitsaufträge im Geschichtsunterricht – Diskrepanz zwischen Lehrerintention und didaktischem Potenzial? In: Bernd Ralle, Susanne Prediger, Marcus Hammann & Martin Rothgangel (Hrsg.), *Lernaufgaben entwickeln, bearbeiten und überprüfen. Ergebnisse und Perspektiven fachdidaktischer Forschung* (Fachdidaktische Forschungen, Bd. 6) (S. 105–119), Münster: Waxmann 2014.

ausführen, um die Aufgabe erfolgreich zu bearbeiten. Ein weiterer bedeutender Aspekt von Prabhus Definition von Lernaufgaben ist die Lehrerrolle. Lehrer können durch Lernaufgaben versuchen, Einfluss zu nehmen auf die kognitiven Prozesse der Lernenden. Vor diesem Hintergrund ist die Frage interessant, welche kognitiven Prozesse Lehrkräfte mit ihren Arbeitsaufträgen auslösen können und ob sich die potenziell induzierten Kognitionen mit den von ihnen selbst angegebenen Intentionen decken.

Die hier vorgestellte Studie untersucht daher, ob von Geschichtslehrkräften entwickelte Lernaufgaben das didaktische Potenzial besitzen, das ihnen die Konstrukteure der Arbeitsaufträge zuschreiben. »Didaktisches Potenzial« soll hier in eingrenzender Weise verstanden werden als die in einer Aufgabe oder einem Arbeitsauftrag implizit enthaltenen Möglichkeiten zur Aktivierung von Denkprozessen zur Erreichung fachlicher Ziele (z. B. Speicherung von Faktenwissen, historische Urteilsfähigkeit). Alle weiteren Potenziale, etwa motivationaler oder sozialer Art, die Arbeitsaufträge ebenso enthalten können, bleiben hier außer Acht.

Im Folgenden wird dazu zunächst knapp der Stand der Forschung zu diesem Themenfeld umrissen, bevor auf den theoretischen Hintergrund der hier berichteten Aufgabenanalyse eingegangen wird. Nachdem die Fragestellung der Untersuchung entfaltet wurde, wird auf das methodische Vorgehen eingegangen. Anschließend folgen Ergebnisdarstellung und Diskussion der Befunde.

2. Stand der Forschung

Für die Beantwortung der Frage nach dem didaktischen Potenzial von Aufgaben stellen die in Schulgeschichtsbüchern abgedruckten Arbeitsaufträge ein wichtiges, weil für die Steuerung des Unterrichts bedeutendes, aber auch umfangreiches und leicht zugängliches Untersuchungsmaterial dar. So verwundert es nicht, dass in der geschichtsdidaktischen empirischen Forschung bislang zumeist Schulbuchaufgaben kritischen Analysen unterzogen wurden. Dabei werden in neueren Untersuchungen trotz erkennbarer positiver Tendenzen – etwa hin zur Förderung der anspruchsvollen Denkoperation »historische Werturteilsbildung« (Thünemann, 2013, S. 152) – immer noch die Ergebnisse älterer geschichtsdidaktischer Erhebungen bestätigt, nämlich eine deutliche Konzentration der Schulbuchaufgaben auf Reproduktionsleistungen, während tiefenverarbeitende Lernstrategien, die für das historische Lernen in einem kompetenzorientierten Geschichtsunterricht unverzichtbar sind, kaum intendiert werden (vgl. dazu Thünemann, 2010, 2013; Brauch, Westphal & Sternheim, 2011; Wild, 2012).

Mit dieser erst in den letzten Jahren beginnenden Intensivierung empirischer geschichtsdidaktischer Forschung ging auch eine Ausweitung des Methodenrepertoires hinsichtlich der Erforschung von Lernaufgaben einher. Neue Erkenntnisse verdanken wir hier insbesondere den videogestützten Unterrichtsbeobachtungen etwa von Hodel und Waldis (2007) sowie von Gautschi (2011). So können die Erstgenannten durch ihre Videoanalysen der beobachteten Unterrichtsstunden nachweisen, dass dort für die selbstständige und vertiefte Bearbeitung eines Themas mithilfe von Arbeitsaufträgen im Durchschnitt viel zu wenig Arbeitszeit investiert wird (vgl. Hodel & Waldis, 2007, S. 136). Aus seinen Forschungsergebnissen über das nur unzureichend abgerufene didaktische Potenzial von Arbeitsaufträgen auf der Basis von Videomitschnitten und Fragebogenerhebungen folgert Peter Gautschi: »Entscheidend für gute Geschichtslektionen sind fachspezifisch bedeutsame Lernaufgaben, die einen Bezug zu den Lernenden anbieten und sie zu historischem Erzählen anregen« (Gautschi, 2011, S. 254).

Auf die defizitäre Lage von Fragestellungen in der empirisch geschichtsdidaktischen Forschung, die insbesondere das Handeln der Lehrkräfte betrifft, wurde in jüngerer Zeit vereinzelt hingewiesen (vgl. dazu Hasberg, 2010). Auch Untersuchungen zu von Lehrerinnen und Lehrern konstruierten Aufgaben stellen daher noch ein geschichtsdidaktisches Forschungsdesiderat dar, dem sich die hier vorgestellte Studie annimmt.

3. Die Taxonomie von Lernaufgaben nach Anderson & Krathwohl als Grundlage von Lernaufgabenanalysen

Zur Reflexion und Planung kognitiver Anforderungen in Lehr-Lernprozessen entwickelten Anderson et al. (2001) in Weiterentwicklung der Lernzieltaxonomie von Bloom, Krathwohl und Masia (1963) ein Modell kognitiver Leistungen mit der wesentlichen Erweiterung um vier unterschiedliche Typen und Niveaus von Wissen. Das Modell gilt als anwendbar auf alle kognitiven Aspekte von Lernprozessen unabhängig von der Wissensdomäne. Für zwei der im Rahmen der hier berichteten Studie vorgenommenen Inhaltsanalysen wurde die Taxonomie der zur Bearbeitung von Lernaufgaben erforderlichen kognitiven Operationen eingesetzt, in der die Autoren sechs unterschiedliche kognitive Prozesse unterscheiden. Nicht berücksichtigt wurden die von den Autoren unterschiedenen vier Wissensdimensionen (deklaratives, konzeptuelles, prozedurales, metakognitives Wissen). Für eine Analyse der Wissensdimensionen stellte das im Rahmen dieser Studie vorliegende Analysematerial die notwendigen Kontextinformationen nicht zur Verfügung, um reliable Schlüsse zuzulassen. Die kognitiven Operationen stellen vom Erkennen und Erinnern (1) über das Verstehen (2) und Anwenden (3) sowie das differenzierende Analysieren eines Gegenstands (4) bis hin zum Beurteilen (5) und Entwickeln, Planen oder Produzieren (6) einfache und komplexe geistige Anforderungen im Umgang mit einem Gegenstand dar. Von entscheidender Bedeutung zum Verständnis der Taxonomie ist, dass die Autoren zwar eine zunehmende Komplexität der kognitiven Operationen postulieren, damit jedoch nicht zwangsläufig auch eine steigende Schwierigkeit einhergehen sehen (vgl. Anderson et al., 2001, S. 215). Bloom und Kollegen (1963) waren noch der Ansicht, dass jede ranghöhere Kategorie die Fähigkeiten sämtlicher ihr untergeordneter Kategorien einschließt. Anderson et al. folgen ihnen hierin unter Berufung auf Forschungsbefunde nur für die »unteren« vier Dimensionen Erinnern, Verstehen, Anwenden und Analysieren, nicht jedoch für die beiden »höchsten« Formen Bewerten und Erschaffen (vgl. Krathwohl 2002, S. 215; Anderson et al., 2001, S. 79). Wenn also z. B. jemand im Rahmen einer bestimmten Aufgabe etwas interpretiert, hat er sich die Gegenstände auch ins Gedächtnis gerufen oder den Sachinhalt identifiziert.

Tabelle 1 zeigt die Taxonomie mit den Operatoren und Erläuterungen der Autorengruppe (nach Anderson et al., 2001, S. 66 f.).

Kategorie/kognitiver Prozess	Alternative Bezeichnung	Erläuterung Anderson et al., 2001, S. 63 ff.
Erinnern		
erkennen	identifizieren	Wissen im Langzeitgedächtnis ansprechen, das mit dem aktuellen Material in Beziehung steht
ins Gedächtnis zurückrufen	aus dem Gedächtnis abrufen	sich an Wissen erinnern, es abrufen
Verstehen		
interpretieren	klären, paraphrasieren, darstellen, übersetzen	von einer Form der Darstellung in eine andere umwandeln

durch ein Beispiel erläutern	illustrieren	ein spezifisches Beispiel für etwas finden
klassifizieren	kategorisieren, subsummieren	bestimmen, dass etwas in eine Kategorie gehört
zusammenfassen	abstrahieren, generalisieren	Kerngedanken erfassen und aufschreiben
rückschließen	schließen, extrapolieren, interpolieren, vorhersagen	von präsentierten Informationen eine logische Schlussfolgerung ziehen
vergleichen	kontrastieren, entschlüsseln	Gemeinsamkeiten oder Übereinstimmungen entdecken zwischen Ideen, Objekten
erklären	Modelle konstruieren	gedanklich ein Ursache-Wirkungs-Modell konstruieren
Anwenden		
ausführen		eine Prozedur anwenden auf ein bekanntes Problem, z. B. Brüche dividieren
umsetzen	gebrauchen	eine Prozedur auf ein unbekanntes Problem anwenden, z. B. wende das Newton'sche Gesetz an, wo es adäquat ist
Analysieren		
unterscheiden	auswählen, bündeln, trennen	wichtige von unwichtigen Teilen des präsentierten Materials unterscheiden
organisieren	Zusammenhänge finden, einbauen, einfügen, strukturieren, abgrenzen, gliedern	erkennen, wie Elemente passen innerhalb einer Struktur
attribuieren	zurückführen auf, dekonstruieren	einen Standpunkt erkennen, Verzerrungen, Bewertungen oder Absichten erkennen im präsentierten Material
Evaluieren		
prüfen	kontrollieren, entdecken, überwachen, testen	Inkonsistenzen oder Fehler entdecken, prüfen, ob etwas kohärent oder konsistent ist, die Effektivität einer Prozedur überwachen oder überprüfen

kritisieren	beurteilen	entdecken von Inkonsistenzen zwischen dem Material und externen Kriterien, überprüfen, ob eine Prozedur angemessen angewendet wurde, beurteilen, welche von zwei Prozeduren die sinnvollere ist
Gestalten		
erstellen	Annahmen entwickeln	alternative Hypothesen zu etwas entwickeln basierend auf Kriterien
planen	etwas gestalten, designen	entwerfen einer Prozedur, um eine Aufgabe zu lösen
erschaffen	etwas konstruieren	ein Produkt erschaffen

Tab. 1: Taxonomie der kognitiven Operatoren

Es wird erkennbar, dass für die Analyse von Arbeitsaufträgen mit der Übersicht des Autorenteams ein handliches Instrument geschaffen wurde, »a tool to help educators clarify and communicate what they intend students to learn as a result of instruction« (ebd., S. 23). In der Wissensanwendungsforschung wird aktuell unterschieden zwischen dem Wissenserwerb, der sich mehr oder weniger situiert, also wissensanwendungsnah vollziehen kann, und der eigentlichen Anwendungssituation, in der erworbenes Wissen zur Lösung von Problemen eingesetzt wird (Greeno, 1997; Greeno, Collins & Resnick, 1996). Im Falle der im Folgenden vorgestellten Aufgabenanalysen lagen Kontextinformationen dieser Art nicht vor, sodass im Sinne der Regeln der quantitativen Inhaltsanalyse (Merten, 1995) auf die manifesten Gehalte der von Lehrpersonen formulierten Arbeitsaufträge und die angegebenen didaktischen Intentionen fokussiert wurde.

4. Bestimmung des Kategoriensystems zur Analyse didaktischer Intentionen von Lehrkräften

Geschichtslehrkräfte setzen Arbeitsaufträge mit bestimmten Zielsetzungen ein. Zur Kategorisierung derartiger didaktischer Intentionen könnten die in der Geschichtsdidaktik aktuell kontrovers diskutierten Kompetenzmodelle dienen (vgl. etwa Gautschi, 2011; Körber, Schreiber & Schöner, 2007; Pandel,

2005). Aufgrund der bisher noch kaum erfolgten empirischen Überprüfung der Modelle sowie unterschiedlicher Nomenklatur für einzelne Kompetenzdimensionen liegt ein geschlossenes theoretisches System zur Analyse von Lehrerintentionen für den Bereich der Geschichtsdidaktik derzeit nicht vor. Hinzu kommt, dass Kompetenzen historischen Lernens im Lehrplan für die bayerische Realschule zur Zeit der Erhebung noch nicht implementiert und somit die befragten Lehrkräfte mit den diskutierten geschichtsdidaktischen Vorschlägen nicht vertraut waren. Die der Untersuchung zugrunde gelegten Analysekategorien sollten aber zu dem wahrscheinlichen geschichtsdidaktischen Kenntnisstand der Probanden eine möglichst hohe Kongruenz aufweisen. Daher wurden die vier Intentionsdimensionen, die als Analyseraster dienen, aus dem Fachprofil des aktuellen Geschichtslehrplans für die bayerischen Realschulen abgeleitet (vgl. Bayerisches Staatsministerium für Unterricht und Kultus, 2008/2009). Es handelt sich um die Kategorien (1) Erarbeitung und Speicherung von Faktenwissen, (2) Verstehen von Zusammenhängen, (3) Förderung der historischen Urteilsbildung und (4) Transfer, Gegenwartsbezug und Multiperspektivität. Die so festgelegten vier Intentionsdimensionen lassen sich verschiedenen Teilkompetenzen vorliegender geschichtsdidaktischer Kompetenzmodelle zuordnen (z. B. dem Kompetenzmodell von Körber et al., 2007) und sind daher auch im aktuellen geschichtsdidaktischen theoretischen Diskurs verankert.

5. Fragestellung

Aufgrund der oben dargestellten Überlegungen und Befunde geht die hier berichtete Studie den folgenden Fragen nach:

1. Welche didaktischen Intentionen geben Lehrkräfte für eine von ihnen entwickelte Lernaufgabe an?
2. Stimmen die angegebene Intention und das durch Aufgabenanalyse ermittelte Lernaufgabenpotenzial überein?
3. Passen die Intentionen zu den zur Aufgabenbearbeitung erforderlichen kognitiven Operationen?

6. Stichprobe

Die Datengrundlage der im Rahmen dieser Studie durchgeführten Aufgabenanalysen entstammt einer im Jahr 2010 durchgeführten schriftlichen Befragung
von Geschichtslehrkräften an Realschulen im Land Bayern. In der Studie ging
es um den Einsatz und die Einschätzung von Lehrwerken und deren Aufgaben
sowie um Eigenkonstruktionen von Lernaufgaben durch die Lehrkräfte (zu Befunden der Studie vgl. Mägdefrau & Michler, 2012). Der Rücklauf der Studie
betrug 56 Prozent; insgesamt beantworteten 612 Lehrkräfte den ausführlichen
Fragebogen. Die Lehrkräfte wurden darin u. a. gebeten, einen Arbeitsauftrag
zum Thema »Ausbruch und Verlauf des Ersten Weltkrieges« zu notieren, mit
dem sie im eigenen Unterricht gute Erfahrungen gemacht haben, und zusätzlich ihre didaktischen Intentionen (in einem offenen Antwortformat) anzugeben, mit denen sie diesen Arbeitsauftrag versehen. 380 Personen füllten diese
offene Frage aus. Ihre Antworten bilden die Datengrundlage der hier vorgestellten Untersuchung.

7. Vorgehensweise

Es wurden drei zeitlich unabhängig voneinander liegende quantitative Inhaltsanalysen (Merten, 1995) durchgeführt. In der ersten wurden die von den
Lehrkräften angegebenen didaktischen Intentionen codiert, in der zweiten die
Arbeitsaufträge selbst im Hinblick auf die implizit enthaltenen didaktischen Intentionen, also das didaktische Potenzial der Aufgaben und die kognitiven Operationen, und in der dritten die zur Lösung der Aufgaben erforderlichen Denkvorgänge mit der Taxonomie von Anderson et al. (2001). Im Unterschied zu den
zur Bearbeitung einer Aufgabe potenziell erforderlichen kognitiven Operationen
der Schüler benennen didaktische Intentionen fachliche und überfachliche Ziele
der Lehrpersonen, die sie mit ihren Arbeitsaufträgen anstreben. Die Erreichung
bestimmter Ziele erfordert zwangsläufig bestimmte kognitive Operationen, es
muss also eine Passung zwischen beiden Dimensionen bestehen.

Bei dem zu codierenden Material handelt es sich zum Teil um vollstän-
dige Satzkonstruktionen, zum Teil aber auch nur um stichwortartige Angaben
des jeweiligen Arbeitsauftrags und der Intentionen. Waren die Stichworte sehr
verkürzt, führte das oft zum Ausschluss der jeweiligen Antwort aus dem Co-
dierkorpus (s. u.), weil keine reliable Codierung möglich war.

Inhaltsanalyse 1: Die von den Lehrkräften (N = 380) angegebenen didaktischen Intentionen (Mehrfachantworten) wurden alle von zwei unabhängigen Codierern mithilfe eines Codebuchs codiert, das auf der Grundlage des dem Geschichtslehrplan für die bayerische Realschule vorgeschalteten Fachprofils konzipiert worden war. Es enthielt die didaktischen Intentionsdimensionen (1) Erarbeitung oder Speicherung von Faktenwissen, (2) Verstehen von Zusammenhängen, (3) Förderung der historischen Urteilsfähigkeit sowie die zusammenfassende Kategorie (4) »Multiperspektivität, Gegenwartsbezug oder Transfer«, die zentrale Prinzipien des Geschichtsunterrichts umfasste. Die Codierung erbrachte eine hohe Interrater-Übereinstimmung von κ = .92. Codiert wurde die Interraterreliabilität bei zwei Ratern nach Brennan und Prediger (1981).

Inhaltsanalyse 2: Anschließend wurden die Arbeitsaufträge einer Analyse aus einer Außenperspektive unterzogen. Dabei wurde untersucht, welche Zielstellungen aus Forschersicht die Arbeitsaufträge intendierten. Zeitlich distant wurde dann ausgewertet, welche kognitiven Operationen zur Bearbeitung des Arbeitsauftrags erforderlich sind. Die Codierung der Arbeitsaufträge der Lehrkräfte mithilfe des gleichen Codebuchs wie in Inhaltsanalyse 1 gestaltete sich als schwierig. In einem mehrschrittigen Verfahren wurden diejenigen Arbeitsaufträge exkludiert, die sich nicht eindeutig einer Kategorie zuweisen ließen. Dabei wurde wie folgt vorgegangen: Zunächst wurden alle 380 Arbeitsaufträge vom Autorenteam unabhängig voneinander codiert. Anschließend wurden alle Fälle, die nicht übereinstimmend codiert worden waren, besprochen und das Codebuch wurde präzisiert. Dieses Codebuch wurde drei weiteren Codierern erläutert, die daraufhin ebenfalls unabhängig voneinander alle 380 Aufgaben codierten. Diejenigen Arbeitsaufträge, die mit den Ratings der externen Codierer übereinstimmten, wurden unmittelbar inkludiert. Diejenigen, bei denen sich die unabhängigen Rater einig waren, die sie aber abweichend vom Autorenteam codiert hatten, wurden erneut diskutiert und entweder im Sinne der externen Rater geändert oder in der Autorenfassung beibehalten. Alle Arbeitsaufträge, bei denen keine Einigung zwischen Autorenteam und den unabhängigen Codierern herrschte, wurden exkludiert. Grund für die Exklusion war in der Regel, dass diese Arbeitsaufträge der Befragten lediglich stichwortartig niedergeschrieben worden waren und deshalb eine eindeutige Zuordnung zu hohen Interpretationsspielraum erforderte. Die Befragten waren um wörtliche Wiedergabe ihres Arbeitsauftrags gebeten worden, aber viele sind dieser Aufforderung nicht nachgekommen. Ferner wurden Arbeitsaufträge exkludiert, die eine andere Thematik als den Ersten Weltkrieg behandelten. Am Ende konnten 270 Arbeitsaufträge für diesen Teil der Auswertung inkludiert werden. Die Arbeitsaufträge wurden sodann mithilfe der Taxonomie von Anderson und Krathwohl einer Analyse zur Erfassung der zur Bearbeitung erforderlichen kognitiven Operationen unterzogen.

Inhaltsanalyse 3: Zur Analyse der Übereinstimmung der Lehrerintentionen mit den zur Bearbeitung erforderlichen kognitiven Operationen wurde ein Codebuch analog zur Übersicht der kognitiven Operationen in Tabelle 1 entwickelt und mit Ankerbeispielen und Erläuterungen versehen. Anschließend wurden die 270 inkludierten Arbeitsaufträge von zwei unabhängigen Ratern codiert, wobei sich ein Übereinstimmungskoeffizient von κ = .93 (vgl. Brennan & Prediger, 1981) ergab.

8. Ergebnisse

Abbildung 1 zeigt den Vergleich der Häufigkeiten (Angaben in Prozent), mit denen die vier Kategorien didaktischer Intentionen von den Lehrpersonen und vom Forscherteam aufgrund der Analyse der zugeordneten Aufgaben codiert wurden.

Die Kategorien »Erarbeitung und Speicherung von Faktenwissen« und »Förderung historischer Urteilsbildung« wurden von den Lehrkräften weni-

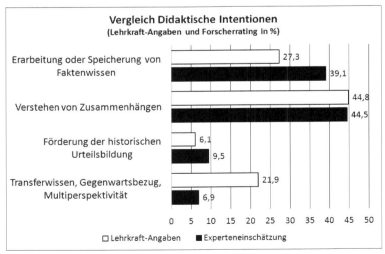

Abb. 1: Codierungen didaktischer Intentionen im Vergleich von Lehrkraft und Forschergruppe

ger häufig vergeben als von Personen, die in der fachdidaktischen Forschung tätig sind. Aufgaben werden von beiden Personengruppen ähnlich häufig der Kategorie »Verstehen von Zusammenhängen« zugeordnet. Die größten Unterschiede bestehen hinsichtlich der Kategorie »Transfer, Gegenwartsbezug, Multiperspektivität«. Diese wird von den Lehrkräften deutlich öfter angegeben als von den Forschern.

Das Verstehen historischer Zusammenhänge wurde von den Lehrpersonen am häufigsten genannt, und auch das Forscherteam erkannte in 44,5 Prozent der Arbeitsaufträge Potenzial für dieses Ziel. Der reine Vergleich der Häufigkeiten gibt jedoch keinen Aufschluss darüber, ob denn ein und derselbe Arbeitsauftrag auch ein und derselben Kategorie zugeordnet wurde, ob also die Einschätzung des didaktischen Potenzials pro Arbeitsauftrag übereinstimmte zwischen Lehrperson und Forscherteam.

Mithilfe des Übereinstimmungskoeffizienten Kappa können auch Mehrfachantworten analysiert werden (analog zu einer Korrelationsberechnung). Es wurde so vorgegangen, dass eine Übereinstimmung gezählt wurde, wenn mindestens eine der von den Lehrpersonen angegebenen didaktischen Intentionen mit der Forschereinschätzung übereinstimmte.

Lässt man die Kategorien unberücksichtigt, ergibt sich eine Übereinstimmung von 58 Prozent, d. h., bei etwa jedem zweiten Arbeitsauftrag waren sich Lehrpersonen und Forscher in ihrer Einschätzung des didaktischen Potenzials einig. Diese Einigkeit lässt sich aber auf zwei der vier Kategorien zurückführen, wie Tabelle 2 zeigt:

Didaktische Intention	κ
Erarbeitung oder Speicherung von Faktenwissen	.36
Verstehen von Zusammenhängen	.44
Förderung der historischen Urteilsbildung	.02
Transferwissen, Gegenwartsbezug, Multiperspektivität	.05

Tab. 2: Interraterübereinstimmung bei den didaktischen Intentionen

Der κ-Wert ist bei den beiden ersten Kategorien mit .36 und .44 schon nicht exorbitant hoch, bei den anspruchsvolleren didaktischen Zielen ist er jedoch verschwindend gering. Das bedeutet, dass bei denjenigen Aufgaben, die zum Beispiel laut Lehrereinschätzung die didaktische Intention »Förderung des historischen Urteils« anstreben sollten oder die die Fähigkeit zur Multiperspektivität fördern sollen, nur in ganz seltenen Fällen auch das Forscherteam der Aufgabe das entsprechende Potenzial zuordnete. An einem Beispiel soll dies verdeutlicht werden. Der Arbeitsauftrag einer Lehrperson lautete: »Stellt in drei Gruppen die drei Phasen des ersten Weltkrieges heraus!« Die Lehrperson gab an, damit die Intentionen Verstehen von Zusammenhängen und TGM zu verfolgen. Das Forscherteam hingegen codierte »Erarbeitung oder Speicherung von Faktenwissen«, da es der Arbeitsauftragsformulierung (unabhängig davon, ob dies in Gruppenarbeit erfolgt) eher das Potenzial zubilligte, sich lediglich eine zeitliche Strukturierung des Kriegsverlaufs unter Verwendung der Fachbegriffe »Bewegungskrieg« (Sommer/Winter 1914), »Stellungskrieg« (1915–1917) und die dritte Phase ab dem Entscheidungsjahr 1917 merken zu können.

Sollen anspruchsvolle Zielsetzungen des Geschichtsunterrichts erreicht werden, sind Denkvorgänge erforderlich, die diesen Zielen zuarbeiten. Dieses Denken muss über die Arbeitsaufträge gesteuert werden. Man kann zwar mit einer bestimmten didaktischen Intention einen Arbeitsauftrag formulieren, es kann aber sein, dass er dennoch nicht die zur Erreichung der Ziele notwendigen Denkoperationen anstößt. Daher sind in einem dritten Analyseschritt die kognitiven Operationen, die zur Bearbeitung der Arbeitsaufträge nötig sind, inhaltsanalytisch ausgewertet worden. Dabei wurde zunächst geprüft, welche kognitiven Operationen die Arbeitsaufträge ganz allgemein anstoßen (Häufigkeiten), und anschließend wurde untersucht, ob die Arbeitsaufträge, denen die Intention »Förderung historischer Urteilsfähigkeit« zugewiesen wurde, denn auch tatsächlich entsprechende kognitive Operationen erfordern.

Abbildung 2 zeigt die Zuordnung der 270 Arbeitsaufträge zu den zur Bearbeitung erforderlichen kognitiven Operationen. Danach erfordern fast drei Viertel aller Arbeitsaufträge geistige Operationen des Verstehens (Erklären, Vergleichen, Rückschließen etc.; vgl. Übersicht in Abschnitt 2). Das Anwenden im Sinne Anderson et al. (2001) kommt gar nicht vor; die anspruchsvollen geistigen Tätigkeiten wie Analysieren, Evaluieren, Attribuieren, Prüfen, Kritisieren (Kategorien 4 und 5) machen etwa ein Fünftel der Aufgaben aus; die Operationen der Kategorie 6 – Gestalten, Erstellen, Planen, erschaffen – werden nur höchst selten notwendig.

Nur 7,6 Prozent aller Aufgaben erfordern die geistige Operation des Erinnerns an Gelerntes oder des Identifizierens von vorher Gehörtem im Material. Diese Operationen, die sich vor allem beim Wiederholen oder beim Sichern von Wissen finden, kamen in den von den Lehrkräften angegebenen Arbeitsaufträgen nur selten vor. Wahrscheinlich ist dieser Befund der Befragungssituation geschuldet: Aufgefordert, einen Arbeitsauftrag einzutragen, mit dem sie gute Erfahrungen gemacht haben, wollten die Befragten möglicherweise eher einen anspruchsvolleren Arbeitsauftrag angeben als einen, der auf Wie-

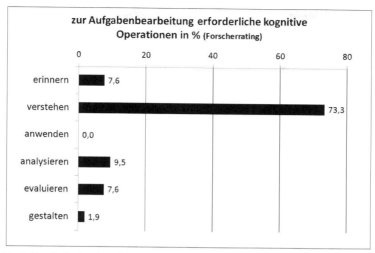

Abb. 2: Zur Aufgabenbearbeitung erforderliche kognitive Operationen (Forscherrating)

derholen oder Speichern von Wissen setzt. Auch die im Geschichtsunterricht immer noch weit verbreitete Konvention der mündlichen Abfrage zur Wiederholung und gleichzeitigen Leistungsüberprüfung spiegelt sich möglicherweise in diesem Befund. Hinzu kommt, dass die kognitive Ebene des Verstehens die des Erinnerns impliziert (Anderson et al., 2001, S. 79). Danach müssten alle sich explizit auf das Verstehen von Zusammenhängen richtenden Aufgaben zugleich das Erinnern mit enthalten.

Interessant ist aber die Frage, ob in denjenigen Fällen, in denen als didaktische Intention die Förderung historischer Urteilsfähigkeit angegeben wurde, der entsprechende Arbeitsauftrag auch tatsächlich die adäquaten kognitiven Operationen des Prüfens und Evaluierens erfordern, ob also mit anderen Worten eine Passung zwischen Anspruch und Potenzial des Arbeitsauftrags vorliegt.

Die Ergebnisse der dritten Inhaltsanalyse (Codierung der kognitiven Operationen) korrelieren mit den von den Lehrpersonen angegebenen didaktischen Intentionen (Inhaltsanalyse 1) mit r = .23. Das bedeutet, dass bei einem kleinen Teil der Aufgaben diese Passung vorlag, bei einem weitaus größeren Teil aber nicht. Das heißt, wenn die Lehrkräfte die Förderung historischer Urteilsfähigkeit mit ihren Arbeitsaufträgen intendieren – was ohnehin nur vergleichsweise selten angegeben wurde –, dann haben diese nur in wenigen Fällen tatsächlich auch das Potenzial, entsprechende kognitive Operationen anzustoßen.

Die Vergleichsanalyse zwischen den vom Forscherteam kodierten didaktischen Intentionen und den kognitiven Operationen ergab einen Kappa-Wert von $\kappa = .68$. Hier war also die Übereinstimmung deutlich höher. Tatsächlich hatte sich (vgl. Abb. 1) ja gezeigt, dass die Lehrkräfte nur in 6,1 % aller Fälle ihrem Arbeitsauftrag das Potenzial historische Urteilsfähigkeit zu fördern zuschrieben, während die Forschergruppe dies in 9,5 % der Fälle tat, die Lehrpersonen hier das Potenzial also eher unterschätzten, bzw. entsprechenden Arbeitsaufträgen eher Potenzial im Hinblick auf Multiperspektivität zuordneten.

Bei der Multiperspektivität als Prinzip historischen Lernens geht es um die Fähigkeit, einen historischen Sachverhalt aus unterschiedlichen Perspektiven einordnen und analysieren zu können, Kausalzusammenhänge zwischen politischen Interessen, Intentionen und Handlungen herzustellen sowie zunehmend egozentrische Standpunkte zugunsten von relativierenden, reflektierend-abwägenden Positionen aufzugeben. Insofern erfordert ein Arbeitsauftrag wie »War der Krieg noch vermeidbar?« natürlich das Zusammenstellen der unterschiedlichen Sichtweisen, ökonomischen Interessen, politischen Bundsysteme oder Sachzwänge und das Verstehen der Gründe, aus denen sich z. B. Regierungen zum Eintritt in den Krieg entschieden haben. Aber die Aufgabe geht über das bloße Gegenüberstellen unterschiedlicher Perspektiven hinaus und verlangt ein historisches Sach- und Werturteil auf Basis von Wissen um all diese Gründe. Anders formuliert: Es braucht die Fähigkeit zum multiperspektivischen Denken, um überhaupt reflektiert urteilen zu können (vgl. dazu etwa Lücke, 2012, S. 285). Offensichtlich trauen die Lehrkräfte ihren Schülerinnen und Schülern eher die Wahrnehmung von Multiperspektivität zu als die Fähigkeit, historisch zu urteilen und verkennen dabei, dass dieses geschichtsdidaktisches Prinzip historischen Lernens »das Ausbilden eines reflektierten Urteilsvermögens« (ebd.) integriert.

9. Zusammenfassung und Diskussion

Die Inhaltsanalysen der von den Lehrkräften angegebenen Arbeitsaufträge und didaktischen Intentionen zeigten eine Übereinstimmung zwischen Forschereinschätzung und Lehrkraftangaben im Bereich der auf das Verstehen historischer Zusammenhänge gerichteten Zielsetzungen. Die Lehrkräfte schrieben seltener als die Forscher ihren Arbeitsaufträgen das Potenzial zum Erwerb von Faktenwissen zu, was aber auch der Tatsache geschuldet sein kann, dass das Verstehen von Zusammenhängen die kognitive Verfügbarkeit deklarativen Wissens impliziert. Deutlich häufiger als die Forschergruppe sahen die Lehrpersonen Potenzial zur Förderung von Multiperspektivität, Transfer oder Lebensweltbezügen. Die Forschergruppe wiederum entdeckte häufiger als die Lehrpersonen Raum für die Förderung historischer Urteilsfähigkeit in den angegebenen Arbeitsaufträgen.

Im Unterschied zu diesen Befunden konnte in Geschichtsbuchanalysen eine hohe Zahl von Aufgaben, die auf Reproduktionsleistungen oder deklaratives Wissen zielen, gezeigt werden (vgl. etwa Thünemann, 2010; Wild, 2012). Da das Schulbuch von der Mehrzahl der Lehrkräfte regelmäßig als Lieferant von Arbeitsaufträgen genutzt wird (vgl. Mägdefrau & Michler, 2012), ist davon auszugehen, dass die Schülerinnen und Schüler tatsächlich viel Lernzeit mit dem Erwerb und der Speicherung von Fakten verbringen. Die niedrige Zahl von eingereichten Arbeitsaufträgen mit den Zielen »Urteilsfähigkeit« oder »TGM« weist in die gleiche Richtung. Andererseits muss Faktenwissen die Grundlage für die anderen Ziele sein. So lässt sich die hohe Lernzeit dafür damit rechtfertigen, dass für die anspruchsvollen kognitiven Operationen erst die Grundlagen gelegt werden müssen. Von entscheidender Bedeutung ist dabei möglicherweise, in welcher Weise bei den wenigen anspruchsvollen Arbeitsaufträgen für die »höheren Ziele« des Geschichtsunterrichts mit dem erworbenen Wissen weiter umgegangen wird oder ob im Unterricht bei den »niedrigeren« Operationen aufgehört wird.

Die Nichtübereinstimmung der didaktischen Intentionen zwischen Lehrkräften und Forschergruppe kann prinzipiell der Erhebungssituation geschuldet sein: die Lehrkräfte gaben die Arbeitsaufträge zum Teil in stichwortartiger Darstellung an, zudem wurde in einigen Fällen das verwendete Material zur Bearbeitung des Arbeitsauftrags nicht deutlich angegeben. Wenn dies dazu führte, dass die didaktische Intention nicht übereinstimmend codiert werden konnte, wurde der entsprechende Arbeitsauftrag aus den Analysen ausgeschlossen, sodass sich die hier vorgestellten Ergebnisse ausschließlich auf reliabel codierbare Arbeitsaufträge bezogen. Was aber heißt das für die Einschätzung der Reichweite der Befunde? Da sich alle Auswertungen nur auf Arbeitsaufträge stützen, für die eine übereinstimmende Codierung vorgenommen werden konnte, ist unseres Erachtens das Ergebnis der unterschiedlichen Einschätzung des didaktischen Potenzials von Arbeitsaufträgen belastbar. In jedem Fall ist die Einhaltung der empirischen Gütekriterien bei der Durchführung derartiger Inhaltsanalysen unerlässlich und sollte Routine werden, z. B. auch bei Schulbuchanalysen in den Fachdidaktiken.

Bezieht man darüber hinaus die Befunde zur Analyse des den Arbeitsaufträgen inhärenten kognitiven Potenzials in die Überlegungen ein, zeigen sich
deutliche Diskrepanzen zwischen dem, was Lehrkräfte mit ihren Arbeitsaufträgen intendieren, und dem, was die Arbeitsaufträge potenziell an Denkvorgän-
gen initiieren können. Es konnte gezeigt werden, dass insbesondere bei denjenigen Arbeitsaufträgen, die der Förderung der historischen Urteilsfähigkeit
dienen sollten, die entsprechenden kognitiven Operationen mit hoher Wahr-
scheinlichkeit gar nicht ausgelöst werden konnten. Diese Diskrepanz könnte
ursächlich dafür sein, dass der Geschichtsunterricht seine anspruchsvollen Ziele
nicht erreicht und man kritisch von einer »dates and facts« Kultur im deutschen Geschichtsunterricht spricht (kritisch hinsichtlich der Zielerreichung des
Geschichtsunterrichts Angvik & Borries, 1997; Levstik & Barton 2008). Das
Verstehen historischer Zusammenhänge ist die bei den Lehrkräften am häufigsten genannte didaktische Intention überhaupt. Fast jeder zweite angegebene
Arbeitsauftrag wurde mit der Intention verknüpft, historisches Verstehen zu erzeugen. Deutlich seltener wurde Faktenwissen angegeben. Wir schreiben dies
dem Wunsch der Befragten zu, einen möglichst anspruchsvollen Arbeitsauftrag anzugeben. Aber selbstverständlich ist Faktenwissen die Grundlage, um
triftige historische Urteile fällen zu können, um sich historisch orientieren zu
können und einen Transfer in die Gegenwart ziehen zu können. Das Problem
des Geschichtsunterrichts ist wohl eher, dass bei den Fakten und der Einsicht
in ihre Zusammenhänge (und hierzu gehört im Sinne kognitiver Operationen
dann auch alles das, was im Bereich anspruchsvollen Verstehens verortet werden kann: erklären, rückschließen, vergleichen ...) stehen geblieben wird und
der nächste Schritt oft nicht gegangen wird: das Wissen einzusetzen, um zu versuchen, eigene Einschätzungen und Urteile bilden zu können, bzw. durch den
Unterricht das Bilden solcher Urteile anzubahnen. Die Fachtagung der GFD zu
Lernaufgaben, die die Beiträge in diesem Band spiegelt, zeigte, dass es viele Gemeinsamkeiten hinsichtlich der erforderlichen Denkoperationen zwischen den
unterschiedlichen Fachdidaktiken gibt: das historische Urteil ist kognitiv gesehen nichts wesentlich anderes als das politische Urteil des Politikunterrichts
oder das literarische Urteil des Deutschunterrichts oder Urteilsdenkvorgänge in
Musik oder Kunst. Das abwägende, Fakten einbeziehende und von unterschiedlichen Seiten beleuchtende Denken ist eine Kompetenz, die Schülerinnen und
Schüler auch im Geschichtsunterricht erwerben können. Über seine Arbeitsaufträge kann er seinen Beitrag dazu leisten.

Zur Unterstützung von Lehrpersonen entsteht für die praktisch orientierte
Geschichtsdidaktik der Auftrag, Lernaufgaben zu konstruieren, mit denen die-

jenigen kognitiven Denkvorgänge hervorgerufen werden können, welche für historisches Urteilen oder für die Auseinandersetzung mit multiplen Perspektiven erforderlich sind. Darüber hinaus ist bereits im Lehramtsstudium die Konstruktion von Arbeitsaufträgen zu thematisieren und vor allem zu problematisieren und systematisch mit Wissen über Lehren und Lernen aus Sicht von Erziehungswissenschaft und pädagogischer Psychologie zu verbinden. Einmal mehr liegt der Gedanke nahe, dass gemeinsame Lehrveranstaltungen von Erziehungswissenschaft / Psychologie, Fachdidaktik und Unterrichtsfachwissenschaft ein Weg sein könnten, um frühzeitig das Denken in fachsystematischen Zusammenhängen mit dem Lehren des Faches und dem (Schüler-)Lernen im Fach zu verknüpfen. Arbeitsaufträge stehen eben gerade nicht nur als Stellvertreter für ein dahinter stehendes Fachwissen, das zu erwerben ist, sondern sie sind auch Ausdruck einer Vorstellung darüber, wie sich Lernen vollzieht und wie es optimal zu unterstützen ist. Insofern entsteht in der interdisziplinären Zusammenarbeit auch die Herausforderung für die Geschichtsdidaktik, ihre meist noch in geisteswissenschaftlicher Tradition entstandenen Theorien im Hinblick auf das in den Partnerwissenschaften erarbeitete Wissen über Lehr-Lernvorgänge kritisch zu hinterfragen, empirisch zu überprüfen und die Theorien gegebenenfalls weiterzuentwickeln.

Die fehlende Übereinstimmung zwischen Forschenden und Lehrenden zeigt, dass Arbeitsaufträge unterschiedlich interpretiert werden können. In Forschungsprozessen wie dem hier dargestellten dient das Auffinden von Gemeinsamkeiten und Unterschieden dazu, Arbeitsaufträge hinsichtlich ihres prinzipiellen Potenzials zur Ermöglichung von Lernen zu reflektieren. Kommen die Schülerinnen und Schüler aber in den Blick, so wird ihre subjektive Konstruktion der Erfordernisse eines Arbeitsauftrags einer Lehrkraft zur direkten Voraussetzung ihrer Lernprozesse. Dies begründet sich theoretisch daraus, dass die subjektive Wahrnehmung der Anforderungen eines Arbeitsauftrags maßgeblich für den Lernstrategieeinsatz ist, mit dem sich Lernende dem Auftrag und dem Material nähern (vgl. Wild, 2000). Die Forschergruppe arbeitet aktuell an einer Studie, in der die Wahrnehmungen der Arbeitsaufträge aus Schülersicht und die Folgen dieser Wahrnehmungen für ihren Lernstrategieeinsatz untersucht werden.

Literatur

Anderson, L. W., Krathwohl, D. R., Airasian, P. W., Cruikshank, K. A., Mayer, R. E., Pintrich, P. R., Raths, J. & Wittrock, M. C. (2001). *A Taxonomy for Learning, Teaching, and Assessing: A Revision of Bloom's Taxonomy of Educational Objectives*. New York: Longman.

Angvik, M. & Borries, B. von (1997). *Youth and History. A Comparative European Survey on Historical Consciousness*. Hamburg: Körber Stiftung.

Bayerisches Staatsministerium für Unterricht und Kultus (Hrsg.). (2008/2009). *Lehrplan für die sechsstufige Realschule in Bayern (Fachprofil Geschichte)*. Verfügbar unter: https://www.isb.bayern.de/download/8800/g.pdf [18.12.2016].

Bloom, B. S., Krathwohl, D. R. & Masia, B. B. (1963). *Taxonomy of educational objectives. The classification of educational goals*. New York: McKay.

Brauch, N., Westphal, H. & Sternheim, J. (2011). Fostering Competencies of Historical Reasoning Based on Cognitive Activating Tasks in Schoolbooks? Considerations towards a Conceptual Change from Text to Task Books in History Learning Environments. In E. Matthes & S. Schütze (Hrsg.), *Aufgaben im Schulbuch* (S. 237–249). Bad Heilbrunn: Julius Klinkhardt.

Brennan, R. L. & Prediger, D. J. (1981). Coefficient κ: Some uses, misuses, and alternatives. *Educational and Psychological Measurement, 41*, 687–699.

Doyle, W. (1983). Academic work. *Review of Educational Research, 53* (2), 159–199.

Ellis, R. (2003). *Task-based language learning and teaching* (Oxford applied linguistics). Oxford/UK, New York: Oxford University Press.

Gautschi, P. (2011). *Guter Geschichtsunterricht. Grundlagen, Erkenntnisse, Hinweise*. Schwalbach am Taunus: Wochenschau.

Greeno, J. G. (1997). On claims that answer the wrong questions. *Educational Researcher, 26* (1), 5–17.

Greeno, J. G., Collins, A. M. & Resnick, L. B. (1996). Cognition and learning. In D. Berliner & R. Calfee (Hrsg.), *Handbook of educational psychology* (S. 15–46). New York: Macmillan.

Hasberg, W. (2010). Historiker oder Pädagoge? Geschichtslehrer im Kreuzfeuer der Kompetenzdebatte. *Zeitschrift für Geschichtsdidaktik, 9*, 159–179.

Hodel, J. & Waldis, M. (2007). Sichtstrukturen im Geschichtsunterricht – die Ergebnisse der Videoanalyse. In P. Gautschi, D. V. Moser, K. Reusser & P. Wiher (Hrsg.), *Geschichtsunterricht heute. Eine empirische Analyse ausgewählter Aspekte* (S. 91–142). Bern: h.e.p.

Keller, S. & Bender, U. (Hrsg.). (2012). *Aufgabenkulturen. Fachliche Lernprozesse herausfordern, begleiten, reflektieren*. Seelze: Kallmeyer.

Körber, A., Schreiber, W. & Schöner, A. (Hrsg.). (2007). *Kompetenzen historischen Denkens. Ein Strukturmodell als Beitrag zur Kompetenzorientierung in der Geschichtsdidaktik*. Neuried: ars una.

Krathwohl, D. R. (2002). A Revision of Bloom's Taxonomy: An Overview. *Theory into Practice, 41* (4), 212–218.

Mägdefrau, J. & Michler, A. (2012). Individualisierende Lernaufgaben im Geschichtsunterricht – Eine empirische Untersuchung zur Rolle von Schulbuchaufgaben und Eigenkonstruktionen der Lehrkräfte. *Zeitschrift für Geschichtsdidaktik, 11,* 208–232.

Merten, K. (1995). *Inhaltsanalyse. Einführung in Theorie, Methode und Praxis.* Opladen: Westdeutscher Verlag.

Levstik, L. S. & Barton, K. C. (Hrsg.). (2008). *Researching History Education. Theory, Method, and Context.* New York: Routledge.

Lücke, M. (2012). Multiperspektivität, Kontroversität, Pluralität. In M. Barricelli & M. Lücke (Hrsg.), *Handbuch Praxis des Geschichtsunterrichts, Bd. 1* (S. 281–288.). Schwalbach am Taunus: Wochenschau.

Pandel, H.-J. (2005). *Geschichtsunterricht nach PISA. Kompetenzen, Bildungsstandards und Kerncurricula.* Schwalbach am Taunus: Wochenschau.

Prabhu, N. S. (1987). *Second Language Pedagogy.* Oxford/UK, New York: Oxford University Press.

Tesch, B. (2010). *Kompetenzorientierte Lernaufgaben im Fremdsprachenunterricht* (Kolloquium Fremdsprachenunterricht, 38). Frankfurt am Main, Berlin: Lang.

Thünemann, H. (2010). Geschichtsunterricht ohne Geschichte? Überlegungen und empirische Befunde zu historischen Fragen im Geschichtsunterricht und im Schulgeschichtsbuch. In S. Handro & B. Schönemann (Hrsg.), *Geschichte und Sprache* (S. 49–59). Berlin: Lit.

Thünemann, H. (2013). Historische Lernaufgaben – Theoretische Überlegungen, empirische Befunde und forschungspragmatische Perspektiven. *Zeitschrift für Geschichtsdidaktik, 12,* 141–155.

Wild, K.-P. (2000). *Lernstrategien im Studium. Strukturen und Bedingungen.* Münster: Waxmann.

Wild, V. (2012). *Aufgaben im Geschichtsunterricht: Eine Schulbuchanalyse aus didaktischer Perspektive.* Unveröffentlichte Masterarbeit, Universität Passau.

Tülay Altun & Katrin Günther

Begründen als Arbeitsauftrag im Geschichtsunterricht

»*Begründe, warum der NS-Staat so viele KZ einrichtete*« (Derichs et al., 2012, S. 98).

Diese Schulbuchaufgabe ist einem Lehrwerk für die Sekundarstufe I entnommen. Die Konstellation »Begründe, warum« kann, wie nachfolgend gezeigt wird, so oder ähnlich in allen Lehrwerken des Geschichtsunterrichts vorkommen. Mit dem handlungsinitiierenden Verb *begründen* stellt sie Lernende bei der Lösung der Aufgabe vor inhaltliche und sprachliche Herausforderungen. Daraus ergeben sich Fragen, denen im Rahmen dieses Beitrags nachgegangen werden soll: Was müssen Lernende beim Lösen einer Begründe-Aufgabe leisten? Welche Schwierigkeiten können beim Lösen einer Begründe-Aufgabe auftreten?

1. Sprache macht Geschichte

Um eine Aufgabe wie die oben genannte lösen zu können, müssen Lernende die Funktionalität der sprachlichen Formen des historischen Begründens kennen. Diese Überlegungen beruhen auf der Grundannahme, dass Sprache grundsätzlich eine kognitive und eine kommunikative Funktion hat (vgl. Hoffmann, 2013, S. 25 ff.). Für das historische Begründen bedeutet dies, dass zwischen Sprecher oder Schreiber und Hörer oder Leser ein Konsens über die Funktion des Begründens im Geschichtsunterricht bestehen muss. Lernende müssen also wissen, durch welche sprachlichen Formen die spezifischen kognitiven Tätigkeiten des historischen Begründens realisiert werden können. Um im Geschichtsunterricht diesem kommunikativen Ziel gerecht werden können, bedarf es einer systematischen Betrachtung von sprachlichen und kognitiven Handlungen, insbesondere ihres Verhältnisses zueinander.[1] Der vorliegende Beitrag stellt einen ersten Versuch der Systematisierung des Zusammenhangs

---

1 Im Folgenden wird der Ausdruck »kommunikatives Ziel« verwendet. Dadurch soll gekennzeichnet werden, dass das Ziel eine Handlung initiiert, im obigen Fall also dazu führt, historisch zu begründen. In Abgrenzung dazu verstehen wir den Zweck (im Sinne eines kommunikativen Zwecks) als Beweggrund für eine zielgerichtete Tätigkeit. Nach unse-

von sprachlichen Handlungen und kognitiven Tätigkeiten für das historische Begründen dar.

Das Begründen im Geschichtsunterricht spielt für das historische Lernen eine wesentliche Rolle, über das Begründen kann die Urteilsbildung (Sach-, aber auch Werturteil[2]) angebahnt werden. Um dieses Ziel zu erreichen, muss die Antwort versprachlicht werden. Dabei sind Sprache und historisches Lernen eng miteinander verknüpft. Mehr noch ist als wesentliche Kompetenz, die es im Geschichtsunterricht zu erwerben gilt, die narrative Kompetenz zu nennen, denn: »Historisches Erzählen ist Sinnbildung über Zeiterfahrung« (Barricelli, 2005, S. 10); hierüber grenzt es sich als Fachkonzept von anderen Formen des Erzählens ab.[3]

Wollen Schülerinnen und Schüler eine narrative Darstellung hinterfragen oder zu einer eigenen Narration gelangen, müssen sie Sprache entsprechend dem Fachkonzept reflektieren; sie müssen mit Sprache kritisch umgehen und das nötige sprachliche Werkzeug besitzen. Denn Geschichte ist immer auch eine gedankliche / kognitive Konstruktion, die über Sprache hergestellt wird:

> »Geschichtswissen ist ›[…] stets ein textuelles Gebilde, in dem auf vereinzelte Sachverhalte verweisende Aussagen bedeutungsvoll miteinander verwoben‹ sind, wie es das Wort Text ursprünglich auch meint. Um historischen Sinn zu materialisieren, bedarf es narrativer Texte; oder anders gesagt: Jede historische Darstellung erfährt erst im konkreten kommunikativen Akt des Narrativierens Sinnhaftigkeit […]« (Hartung, 2013, S. 337).

---

rem Verständnis fokussiert der Begriff »Ziel« im Rahmen des Unterrichts die inhaltliche Operation der zu leistenden Handlung. Eine ausführliche Diskussion der Begriffe kann an dieser Stelle nicht geleistet werden, jedoch soll der Begriff des kommunikativen Ziels das Fachkonzept in den Mittelpunkt rücken. Wir verstehen den Begriff des kommunikativen Ziels nicht in Abgrenzung zum kommunikativen Zweck im funktionalpragmatischen Sinne, sondern als besondere Fokussierung im Hinblick auf das zu realisierende Fachkonzept.

2 Die Darstellung orientiert sich am Kompetenzmodell »Guter Geschichtsunterricht« nach Gautschi (2011).

3 Im Sinne von Barricelli meint das Narrativieren im Rahmen des Beitrags die erkenntnislogische, formale und funktionale Dimension historischer Narration: »Da es weiterhin unentbehrlich bleibt, dass Fachunterricht etwas von der ›structure of the discipline‹ abbilden soll, muss sich also Geschichtsunterricht bewusst und ausdrücklich zum Problem der Narrativität der historischen Erkenntnis verhalten – und zwar in allen Dimensionen des Begriffs, der erkenntnislogischen (historisches Wissen als *way of knowing*), der formalen (narrative Struktur aller historischen Repräsentationen) und der funktionalen (Sinnbildung durch Erzählen)« (Barricelli, 2005, S. 7).

Arbeitsaufträge, wie das historische Begründen, schaffen didaktisierte Settings, um narrative Kompetenz zu fördern. Solche Aufgaben übernehmen für den Geschichtsunterricht eine wesentliche Funktion beim Aufbau von historischen Kompetenzen:

> »Das Rückgrat des kompetenzorientierten Unterrichts sind Aufgaben – verstanden als schriftlich abgefasste inhaltsbezogene Arbeitsanleitungen mit Materialien: Die Lernenden sollen sich selbstständig mit Vergangenheit und Geschichte auseinandersetzen und auf diese Weise Möglichkeiten erhalten, um ihre Selbstwirksamkeit zu erfahren« (Barricelli, Gautschi & Körber, 2012, S. 231).

2. Was heißt Begründen im Geschichtsunterricht?

In den neueren Geschichtslehrwerken[4] werden Arbeitsaufträge in der Regel mithilfe von Operatoren ausgedrückt. Manchmal gibt es Kombinationen aus Operator und W-Frage. Formulierungen ausschließlich durch eine W-Frage gibt es fast nur noch in älteren Lehrwerken (siehe Altun & Günther, 2015). Arbeitsaufträge werden zwar von der aktuellen Forschung in den Blick genommen (u. a. bei Mägdefrau & Michler, 2014; Oleschko, 2014), allerdings wird kaum expliziert, welche sprachlichen Operationen sich hinter den Operatoren verbergen bzw. welche sprachlichen Werkzeuge die Lernenden benutzen können, um solche Aufgaben zu lösen. Zudem ist für Lernende nicht immer klar, welches kommunikative Ziel sich hinter ihnen verbirgt.

Die *Einheitlichen Prüfungsanforderungen in der Abiturprüfung* (*Beschlüsse der Kultusministerkonferenz: Einheitliche Prüfungsanforderungen in der Abiturprüfung Geschichte* i.d.F. vom 10.02.2005, im Folgenden kurz *EPA* genannt) geben eine inhaltliche Ausrichtung vor, welche Anforderungen der Operator »Begründen« stellt. Innerhalb der *EPA* ist das Begründen dem Anforderungsbereich II zugeordnet. Dies bedeutet, dass Lernende kognitive Tätigkeiten zur Reorganisation und zum Transfer von Wissen leisten müssen. Die Lernenden sollen entsprechend der Definition »Aussagen (z. B. Urteil, These, Wertung) durch Argumente stützen, die auf historischen Beispielen und anderen Belegen gründen« (*Beschlüsse der Kultusministerkonferenz: Einheitliche Prüfungsanforderungen in der Abiturprüfung Geschichte*, 2005). Hinsichtlich der sprach-

---

4   Gemeint sind insbesondere zugelassene kompetenzorientierte Lehrwerke, wie sie beispielsweise der Kernlehrplan für NRW vorschreibt.

lichen Anforderungen bieten die *EPA* allerdings kaum bis keine Hinweise an, obwohl die Bestimmung verdeutlicht, dass die Lernenden ein festgelegtes kommunikatives Ziel verfolgen, wenn sie historisch begründen. Will man die *EPA*-Bestimmung näher erläutern, müsste festgehalten werden, dass der Sprecher oder Schreiber den Hörer oder Leser unter Nutzung von historischen Werkzeugen durch das Begründen von einer Position, einem Gegenstand o. Ä. überzeugen will. Um das kommunikative Ziel exakter bestimmen zu können, wird an dieser Stelle auf den linguistischen Forschungsansatz der Funktionalen Pragmatik nach Ehlich und Rehbein (u. a. Ehlich & Rehbein, 1972, 1986; Rehbein & Kameyama, 2006) zurückgegriffen. Dieser geht von der kommunikativen Funktion der Sprache aus. Aus funktional-pragmatischer Perspektive ist Sprache ein »Medium des Wissens, der Verständigung und des inneren Dialogs. Sie ist bestimmt durch menschliche Zwecke und eingebunden in menschliche Kultur und Praxis« (Hoffmann, 2014, S. 13). Im Analysefokus dieser Sprachtheorie steht die gesellschaftlich fundierte Zweckhaftigkeit sprachlicher Mittel. Im Kontext der Funktionalen Pragmatik beschreibt Redder das kommunikative Ziel des Begründens als »Lieferung eines Verstehenselements gemäß hörerseitiger Π-Struktur (Π^H) zwecks Beseitigung hörerseitiger Verstehenslücke und kooperativer Handlungsfortführung« (Redder, 2012, S. 2).[5]

Um dies zu realisieren, müssen die Rollen von Sprecher und Hörer in Bezug auf das Begründen bedacht werden. Das heißt konkret, dass der Sprecher beim Begründen auf einen möglichen Einverständnismangel beim Hörer reagiert. Im Hinblick auf den Schreibprozess muss der Sprecher (hier: Schreiber) einen Einverständnismangel des Hörers (hier: Leser) voraussetzen und entsprechend realisieren. Graefen und Moll sprechen in diesem Zusammenhang von der Bearbeitung eines »Prä-Einverständnismangels« (vgl. Graefen & Moll,

---

5   Zur Erklärung des ›Π-Bereichs‹: Dieser geht zurück auf die Arbeiten von Ehlich und Rehbein. Als Begründer der Funktionalen Pragmatik als Sprachtheorie analysieren Ehlich und Rehbein in *Muster und Institutionen* u. a. das Begründen im institutionellen Kontext. Hierbei stellen sie auch die Bedeutung der Π-Struktur für das institutionelle Sprechen heraus:
»Der ›Π-Bereich‹ ist vielfältig und repräsentiert die komplexe Menge psychischer Strukturen, die die Widerspiegelung der Wirklichkeit ebenso leisten wie die Kombination von Wissenselementen zu neuen Erkenntnissen, die dann selber als Wissen abgelagert werden, wie aber auch die komplexen Bewertungsprozesse anhand von deontischen und anderen Hierarchien und Systemen usw. [...]
Ist die Differenz zwischen dem relevanten Ausschnitt des Π-Bereichs von S und H dagegen zu groß, so gelingt die Begründung überhaupt nicht.
Für Sprecher und Hörer, die Mitglieder <u>einer</u> Gesellschaft sind, ergibt sich ein relativ großer Bereich von identischen (oder nahezu identischen) Elementen von Π aufgrund ihrer gemeinsamen Mitgliedschaft« (Ehlich & Rehbein, 1986, S. 97).

2007, S. 493) und präzisieren die Funktion des Begründens wie folgt: »In beiden Fällen, also im Text wie in der mündlichen Gesprächssituation, ist das Ziel des Sprechers beim Begründen, eine Beurteilung oder Einstellung des Hörers mit Hilfe eines geeigneten Wissenselements mit dem eigenen Denken zu ›synchronisieren‹« (Graefen & Moll, 2007, S. 493). Hinsichtlich des Einverständnismangels geht es also darum, ein Nichtverstehen in ein Verstehen zu überführen. Das Begründen ist dem Erklären zunächst ähnlich, unterscheidet sich jedoch in einem wesentlichen Punkt: Beim Erklären versucht der Sprecher Wissenslücken des Hörers zu schließen bzw. neues Wissen zu transferieren. Dagegen bearbeitet das Begründen eine Kritik oder nimmt beim schriftlichen Begründen eine Kritik voraus. Es geht also nicht in erster Linie um das Füllen einer Wissenslücke, sondern um die Bearbeitung oder Vorwegnahme eines möglichen Einwandes. Es handelt sich somit um eine argumentative sprachliche Struktur. Somit sind die sprachlichen Operationen, die für das Begründen notwendig sind, zu unterscheiden von denen, die das Erklären benötigt.

Ehlich und Rehbein (1986) differenzieren aus funktional-pragmatischer Sicht verschiedene Formen des Begründens im Hinblick auf das kommunikative Ziel. Hierbei wird die Assertion als tragendes Element für eine bestimmte Form des Begründens ausgemacht:

> »Ein weiterer Typ des Begründens liegt dann vor, wenn die Handlung C von S in einer Assertion besteht. Für diesen Typ ist es charakteristisch, dass die Handlungssequenz des Begründens ihren Zweck in sich selbst hat, nicht in einer Anschlusshandlung. Vielmehr soll H hier lediglich den propositionalen Gehalt der Assertion des Sprechers S verstehen. Das bedeutet: das gemeinsame Handlungssystem ist hier das einer kognitiven Übereinstimmung. Wenn H die Assertion von S nicht verstehen kann, so ist das eine Infragestellung der gemeinsamen kognitiven Basis von S und H, als die sich das gemeinsame Handlungssystem von S und H hier darstellt« (Ehlich & Rehbein, 1986, S. 112).

Gerade im Hinblick auf den Konstruktionscharakter von Geschichte muss der Sprecher oder Schreiber mit der Überprüfung seiner Erzählung rechnen. Er muss deshalb jederzeit die Logik seiner Narration belegen und begründen. Rüsen spricht in diesem Zusammenhang von der Triftigkeit der historischen Erzählung (siehe Rüsen, 1983).

Wenn Lernende im (Geschichts-)Unterricht mündlich begründen sollen, dann müssen sie eine mögliche Kritik oder einen möglichen Einwand des Lesers oder Hörers bearbeiten. Im Gespräch bedeutet dies, dass der Sprecher auf mögliche Einwände des Hörers reagieren muss, während er sich beim Schreiben vorher bewusst machen muss, welche möglichen Einwände des Lesers auftreten könnten. Auf diese muss er reagieren, indem er über eine bewusste Wahl sprachlicher Mittel diese Einwände vorab bearbeitet und so dem kommunikativen Ziel des Begründens gerecht wird.

Begründen im Geschichtsunterricht ist, so die *EPA*, dadurch gekennzeichnet, dass die argumentative Struktur, die der Operator einfordert, explizit durch historische Beispiele und weitere historische Belege untermauert wird. Was dies bedeutet, kann am folgenden Beispiel gezeigt werden: »Begründe, welche Theorie dich mehr überzeugt (M2)« (aus: Bühler, Mayer & Onken, 2012, S. 65). Diese Schulbuchaufgabe ist eingebettet in eine Doppelbuchseite zum Thema »Die Pyramiden – Weltwunder am Nil«. Die Aufgabe rekurriert auf unterschiedliche Theorien zum Bau der Pyramiden, die der Aufgabe unter der Überschrift »Wissenschaftler rekonstruieren« vorgeschaltet werden. Die Aufgabe ist auf eine eigene Urteilsbildung angelegt, dies wird für den Lernenden über eine besondere Markierung auch optisch kenntlich gemacht. Sie verlangt von den Lernenden, die Aufgabe ausgehend von der Annahme, dass ihre entsprechende Theorieauswahl möglicherweise Kritik hervorrufen könnte, zu lösen. Ihre Wahl müssen die Lernenden mithilfe des angebotenen Materials auf der Doppelbuchseite untermauern. Im Vergleich zum Erklären geht es nicht in erster Linie um einen Wissenstransfer im Sinne einer historischen Sachanalyse, sondern um die Begründung eines historischen Sachurteils (vgl. das Kompetenzmodell nach Gautschi).

Die oben angeführten authentischen Schulbuchaufgaben zeigen, dass Begründe-Aufgaben unterschiedlich formuliert werden können. Aus diesem Grund erscheint es zunächst notwendig, die Konstellationen der Begründe-Aufgaben in ausgewählten Geschichtslehrwerken zu systematisieren, dafür exemplarisch ausgewählte Schulbücher heranzuziehen und diese im ersten Zugriff einer Frequenzanalyse zu unterziehen.

3. In welchen Konstellationen kommen Begründe-Aufgaben in Geschichtslehrwerken vor?

Die Lehrwerke bedienen sich unterschiedlicher Kombinationen, mit denen Lernende im Geschichtsunterricht begründen sollen. Die Analyse dieser Konstellationen soll zeigen, welche möglichen Kombinationen bei dem Operator in ausgewählten Schulbüchern auftreten können. Nachfolgend kann so gezeigt werden, welche Funktionen das Begründen in Aufgaben des Geschichtsunterrichts übernehmen kann. Wenn unterschiedliche Konstellationen zu unterschiedlichen Funktionen führen, erscheint eine solche Analyse im Hinblick auf das kommunikative Ziel als Voraussetzung für den Umgang mit dem Operator Begründen im Geschichtsunterricht. Für die vorliegende Untersuchung wurden zehn gängige Lehrwerke der Sekundarstufe I und II aus sechs verschiedenen Verlagen ausgewählt, in denen unterschiedliche Aufgabenkonstellationen vorkommen. Es handelt sich dabei um eine zunächst exemplarische Auszählung. Der Schwerpunkt der Frequenzanalyse liegt auf Lehrwerken der Sekundarstufe I; dabei wurden insbesondere die Schulbücher untersucht, die den Übergang zur Sekundarstufe II gestalten. Weiterhin wurden drei Schulbücher der Sekundarstufe II analysiert, um so erste Annahmen treffen zu können, ob die Ergebnisse vergleichbar sind. Da die Möglichkeit besteht, dass die Lehrwerke, die auf die Sekundarstufe II vorbereiten, andere Schwerpunkte setzen als die Bände davor, wurde exemplarisch außerdem ein Lehrwerk der Klassenstufen 5/6 hinzugezogen. Eine umfassende Auswertung steht aus; die Beschränkung resultiert aus der Entscheidung, dass im Rahmen dieses Aufsatzes zunächst eine erste Kategorisierung von Begründe-Aufgaben im Geschichtsunterricht geleistet werden soll. Aus der Auszählung lassen sich folgende Hauptkategorien erschließen:

Grundsätzlich taucht der Operator Begründen als handlungsinitiierendes Verb bzw. als Handlungsaufforderung in den ausgewerteten Schulbüchern ausschließlich im Hauptsatz auf.

Dort kann der Operator als eigenständiger Satz oder mit vorgeschalteter Information bzw. Aufgabe erscheinen. Außerdem kann er in einen Nebensatz einleiten (»Begründe, inwiefern ...«).

Leitet der Operator als Aufforderung in ein Haupt-/Nebensatzgefüge ein (»Begründe, ...«), so können verschiedene Konjunktionen in den anschließenden Nebensatz einführen. Nach dem Operator im Hauptsatz können weitere Informationen ergänzt werden (»Begründe *unter Verwendung von*...«, ...), bevor der Nebensatz eingeleitet wird. Der Operator kann außerdem im Hauptsatz als Nominalisierung verwendet werden (»Finde eine Begründung«).

Dem Operator können weiterhin sowohl Informationen als auch Aufgaben (sowohl durch andere Operatoren als auch durch Fragen formuliert) vorangestellt sein, z. B.: »Stell dir vor ... und begründe dies« (vorangestellte Information), oder: »Nenne das historische Ereignis, das für den Ausbruch der Revolution von Bedeutung war, und begründe dies« (vorangestellte Aufgabe). Beide können sowohl als aneinandergereihte Hauptsätze als auch als Hauptsatz-/Nebensatzkonstruktion vorkommen.

Eine selten vorzufindende Form der Begründe-Aufgabe stellt die eigenständige Lernaufgabe dar, die durch einen erweiterten Infinitiv mit *zu* formuliert wird. Die Übersicht im Anhang des Beitrags zeigt die vielfältigen Möglichkeiten, wie Begründe-Aufgaben in Lehrwerken formuliert werden.

Schülerinnen und Schüler werden bei der Lösung von Begründe-Aufgaben, wie die Analyse zeigt, mit vielfältigen Aufgabenkonstellationen konfrontiert. Die folgende Frequenzanalyse gibt Aufschluss über die Verwendungshäufigkeit der in der Übersicht angeführten Konstellationen.

Es fällt auf, dass vor allem Formulierungen der Konstellation b, also die Begründe-Aufgaben, die durch eine Konjunktion im Nebensatz fortgeführt werden, besonders häufig vorkommen. Auffällig ist, dass besonders die Konstellation »Begründe, warum …« am häufigsten auftritt. Dagegen wird die Konstellation e, in der der Operator im Hauptsatz in eine Konstruktion durch den erweiterten Infinitiv mit *zu* eingebettet wird, in nur sehr geringem Maße verwendet.

Die Konstellation d ist diejenige, die am zweithäufigsten auftritt; hier ist der eigentlichen Begründe-Aufgabe eine andere Aufgabe vorgeschaltet. Es ist zu vermuten, dass diese Konstellation durch die Kombination von verschiedenen Handlungsaufforderungen in der Lösung komplexer ist als Aufgaben mit nur einer Aufforderung.

Konstellation c taucht an dritter Stelle der Rangliste auf, hier ist dem Begründen eine (oder mehrere) Information(en) vorgeschaltet. Ähnlich wie bei Konstellation d ist zu vermuten, dass die Lösung der Aufgabe ebenfalls komplex ist, da hier der Lernende über die Information die Aufgabe in den spezifi-

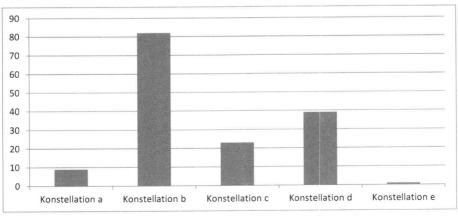

Abb. 1: Übersicht über die Verwendungshäufigkeit der Begründe-Konstellationen

		Konstellation a	Konstellation b	Konstellation c	Konstellation d	Konstellation e
Sek I Band 1	Geschichte entdecken 1	0	13	5	1	0
Sek I Band 3	Zeitreise 3	0	29	3	8	0
	mitmischen 3	3	2	6	5	1
	Geschichte entdecken 3	0	9	7	7	0
	denkmal Geschichte 3	4	23	2	1	0
	Geschichte und Gegenwart 3	1	0	0	0	0
	Entdecken und Verstehen 3	1	1	0	4	0
Sek II	Geschichte und Geschehen_QP	0	1	0	5	0
	Horizonte Geschichte_QP	0	2	0	5	0
	Zeiten und Menschen_QP	0	2	0	3	0
	Summe	9	82	23	39	1

Tab. 1: Verwendungshäufigkeit der Begründe-Konstellationen in den untersuchten Lehrwerken

schen historischen Kontext einbetten und möglicherweise Weltwissen aktivieren muss.

Die Konstellation a taucht überraschend selten auf. Da sie durch die Formulierung »Begründe …«, also durch ihren Hauptsatzstil, direkt zur Handlung auffordert, ohne dass die Lernenden Bezüge zu einem Nebensatz, zu vorangestellten Informationen oder anderen Aufgaben herstellen müssen, erscheint sie als Aufgabenformulierung am prägnantesten zu sein.

Die Gesamtübersicht lässt noch keine Rückschlüsse zu, wie sich die Verwendung der einzelnen Konstellationen innerhalb der Schulbücher verhält. Daher erscheint an dieser Stelle eine genauere Aufschlüsselung sinnvoll:

Tabelle 1 zeigt, dass in den meisten Sekundarstufe-I-Bänden die Konstellation b besonders häufig auftritt. Allerdings ist festzuhalten, dass ein Schulbuch diese Konstellation gar nicht verwendet. Daraus leitet sich ein individueller Schulbuchstil ab. Da auch der erste Band der Sekundarstufe-I-Lehrwerke die Konstellation b am häufigsten verwendet, ist zu vermuten, dass die Konstellation »Begründe« + Konjunktion innerhalb der Sekundarstufe I eine häufig verwendete Formulierung ist. Für die untersuchten Sekundarstufe-II-Lehrwerke ist festzustellen, dass die Anzahl der Bergründe-Aufgaben im Vergleich zu den Lehrwerken der Sekundarstufe I sehr gering ist, insbesondere wenn man berücksichtigt, dass die Lehrwerke der Qualifikationsphase im Durchschnitt ca. 500 Seiten umfassen und damit deutlich umfangreicher als die Lehrwerke der Sekundarstufe I sind. Die Begründe-Aufgaben tauchen im Durchschnitt fünfmal auf. Dabei sind insbesondere die Konstellationen b mit »Begründe, warum …« und die Konstellation d mit vorangestellter Aufgabe (im Folgenden mit vA abgekürzt) und »Begründe« + Konjunktionen vorherrschend, wie Tabelle 2 zeigt.

Tabelle 2 zeigt außerdem, dass die Konstellation b insbesondere mit der »Begründe, warum …«-Formulierung in der Sekundarstufe I häufig genutzt wird. Alle anderen Formulierungen der Begründe-Aufgaben sind vermutlich einem individuellen Schulbuchstil zuzuschreiben.

Da die Formulierung »Begründe, warum …« der Konstellation b wie auch in der Konstellation d insbesondere in den untersuchten Sekundarstufe-I-Lehrwerken häufig vorkommen, sollen sie im Folgenden näher betrachtet werden, um mögliche Rückschlüsse auf ihre inhaltliche Funktion ziehen zu können.

| | | Sek I Band 1 | Sek I Band 3 | | | | | | Sek II | | |
		Geschichte entdecken 1	Zeitreise 3	mitmischen 3	Geschichte entdecken 3	denkmal Geschichte 3	Geschichte und Gegenwart 3	Entdecken und Verstehen 3	Geschichte und Geschehen_QP	Horizonte Geschichte_QP	Zeiten und Menschen_QP
Konstellation b	Begründe, warum …	12	22	2	14	16	0	1	1	1	1
	Begründe, welche(s)…	1	0	0	0	2	0	0	0	0	0
	Begründe, inwiefern …	0	1	0	0	2	0	0	0	2	0
	Begründe, ob …	0	0	0	0	1	0	0	0	0	0
	Begründe, weshalb …	0	0	0	0	1	0	0	0	0	1
	Begründe, wo …	0	0	0	1	0	0	0	0	0	0
	Begründe, inwieweit …	0	0	0	0	0	0	0	0	0	0
Konstellation d	vA + Begründe, warum …	0	1	0	4	2	0	1	0	0	0
	vA + Begründe, welche(s)…	1	0	0	0	0	0	0	0	0	0
	vA + Begründe, inwiefern …	0	1	0	0	0	0	0	0	1	1
	vA + Begründe, ob …	0	0	0	0	0	0	0	1	0	0
	vA + Begründe, weshalb …	0	0	0	0	0	0	0	0	0	0
	vA + Begründe, wo …	0	0	0	0	0	0	0	0	0	0
	vA + Begründe, inwieweit…	0	0	0	0	0	0	0	0	0	0

Tab. 2: Verwendungshäufigkeit der einzelnen Varianten innerhalb der Konstellationen

4. Authentisches Beispiel einer Begründe-Aufgabe im Geschichtsunterricht der Sekundarstufe I

Die einleitend genannte Aufgabe »Begründe, warum der NS-Staat so viele KZ einrichtete« (Derichs et al., 2012, S. 98) zeigt eine authentische »Begründe, warum …«-Kombination. Sie entstammt einem Sekundarstufe-I-Lehrwerk der Klassenstufen 9/10, das je nach Schulform auch auf den Übergang in die gymnasiale Oberstufe vorbereitet. Um feststellen zu können, ob es sich tatsächlich um ein Setting für ein historisches Begründen handelt, ist es nötig, das Umfeld der Aufgabe einzubeziehen. Dazu gehören etwa die angebotenen bzw. zugrunde gelegten Materialien sowie die zuvor behandelten Themen und anderes mehr. Eine solche Analyse ist notwendig, um die sprachliche Handlung des Begründens von anderen sprachlichen Handlungen wie etwa dem Erklären abgrenzen zu können.

4.1 Rahmenbedingungen der Begründe-Aufgabe

Die Aufgabe wird im Rahmen des Kapitels »Die NS-Diktatur in Deutschland« zum Thema »Zerstörung des Rechtsstaates« nach dem Doppelseitenprinzip behandelt. Für die Lösung der Aufgaben werden drei Darstellungstexte (»Verhaftung politischer Gegner«, »Das System der Konzentrationslager«, »Flucht aus Deutschland«) und diverse Quellen abgebildet. Als Quellen kommen historische Fotografien und ein historischer Zeitungsausschnitt vor. Als weiteres Material werden den Lernenden Worterklärungen und eine »Starthilfe« für die Lösung der Begründe-Aufgabe angeboten. Thematisch wird die Doppelbuchseite durch das Thema »Die Gleichschaltung der Gesellschaft« in den historischen Kontext eingebettet und durch das Thema »Die nationalsozialistische Weltanschauung« weitergeführt.

4.2 Was leistet die »Begründe, warum …«-Aufgabe?

Bei der Begründe-Aufgabe wird, wie bei den übrigen Aufgaben auf der Doppelseite, nicht expliziert, ob die Lernenden diese mündlich oder schriftlich lösen sollen. Ebenfalls ist in der Aufgabe nicht genannt, ob bzw. auf welches Material bei der Lösung der Begründe-Aufgabe Bezug genommen werden soll.

Lediglich die »Starthilfe« soll durch die Formulierung »Denke dabei auch an die Wirkung auf die Menschen, die nicht verfolgt wurden« einen Perspektivierungshinweis beim historischen Begründen bieten. Im Folgenden soll nun exemplarisch nachvollzogen werden, ob die »Begründe, warum …«-Aufgabe die oben genannte Funktion des Begründens sprachlich und inhaltlich erfüllt.

Zunächst muss gefragt werden, ob die Vorgaben der *EPA* mit dieser Formulierung der Begründe-Aufgabe erfüllt werden. Außerdem muss geprüft werden, ob ein Prä-Einverständnismangel mit dieser Begründe-Aufgabe bearbeitet werden kann. Dazu gehört im Weiteren auch der Blick auf die sprachlichen Mittel, die bei der Realisierung einer Begründe-Aufgabe benötigt werden. Dazu ist es notwendig, explizit die Kombination »Begründe + warum« in Bezug auf die vorliegende Aufgabe zu fokussieren.

Was bewirkt nun die Kombination »Begründe, warum …« in dieser Aufgabe? Die Lernenden sollen eine vorgegebene Aussage begründen. Es handelt sich demnach um die Voranstellung einer Assertion, also der Feststellung, dass »der NS-Staat so viele KZ einrichtete«. Werden die Ausführungen von Ehlich und Rehbein (1986) auf diese Schulbuchaufgabe übertragen, so fällt auf, dass ein Einverständnis gar nicht infrage gestellt, sondern im Sinne der sozialen Erwünschtheit geradezu eingefordert wird. Dies ist am besten zu zeigen, wenn man die originäre Aufgabe umformuliert. Dabei müsste dieser Aufgabe zunächst ein eigenständiges Urteil vorausgehen. So könnte die Aufgabe auch folgendermaßen lauten: »Beurteile das Vorgehen des Staates. Begründe dein Urteil.« Im Hinblick auf die sprachliche Operation des historischen Begründens wäre es möglich, dass der Leser oder Hörer der Annahme widersprechen möchte, also eben nicht einverstanden ist (auch wenn diese Aufgabe in diesem Fall thematisch dazu nicht auffordert). Diesen Einverständnismangel können der Sprecher oder der Schreiber bearbeiten, indem sie entsprechend den *EPA* »Aussagen (z. B. Urteil, These, Wertung) durch Argumente stützen, die auf historischen Beispielen und anderen Belegen gründen.« Sie liefern damit im Sinne von Ehlich und Rehbein (1986, S. 114) eine kognitive Begründung, um die gemeinsame kognitive Basis herzustellen. Im Falle des Schreibens wird sie vorweggenommen.

Bei der authentischen Schulbuchaufgabe lautet die Formulierung hingegen: »Begründe, warum der NS-Staat so viele KZ einrichtete.« Hier wird also kein Einverständnismangel bearbeitet oder vorweggenommen, da die Konjunktion *warum* ein Einverständnis und damit das von Ehlich und Rehbein genannte gemeinsame Handlungssystem voraussetzt. Daraus folgt, dass es sich bei der vorliegenden Aufgabe eigentlich um eine Erkläre-Aufgabe handeln muss. Durch die Konjunktion *warum* wird somit ein Auffüllen von Wissensstrukturen, also ein Wissenstransfer, eingefordert, nicht aber die Herstellung eines fehlenden Einverständnisses.

Wie es sich mit den anderen Konjunktionen der »Begründe + Konjunktion«-Formulierungen verhält, kann an dieser Stelle nicht ausgeführt werden, müsste allerdings für die Funktion von Begründe-Aufgaben überprüft werden.

4.3 Die Bedeutung des Kontextes für die Begründe-Aufgabe

Die authentische Schulbuchaufgabe ist, wie es häufig vorkommt, eingebettet in einen textuellen Kontext. Das bedeutet, dass der Lernende für die Lösung der Aufgabe in diesem Fall auf konkretes Material der Doppelseite zurückgreifen muss, um die Aufgabe zu lösen. Oft ist auch – dies kann ebenfalls für diese Aufgabe gelten – die eigene Recherche möglich. Da eine eigene Recherche hier allerdings nicht explizit angeregt wird, kann diese Lösungsvariante hier vernachlässigt werden.

Die vorgegebene Aufgabe regt durch die Materialauswahl und die Konstellation Hauptsatz + Nebensatz (durch Konjunktion »warum«) eine eigenständige Begründung nicht an. Denn das Material, im Konkreten die Darstellungstexte »Verhaftung politischer Gegner«, »Das System der Konzentrationslager« und »Flucht aus Deutschland«, bezieht sich hauptsächlich durch den Text »Das System der Konzentrationslager« auf die Begründe-Aufgabe. Allerdings wird in diesem Darstellungstext bereits eine Teilbegründung und somit eine Perspektivierung bzw. Wertung vorgegeben: »Nach 1934 wuchs der Kreis der Verfolgten weiter. Neben den politisch Andersdenkenden wurden auch oppositionelle Geistliche, Zeugen Jehovas, Homosexuelle und sogenannte ›Arbeitsverweigerer‹ oder ›rassisch Minderwertige‹ in Konzentrationslager eingeliefert« (Derichs et al., 2012, S. 98). Der Schüler erhält, wenn er sich an die Textgrundlage hält, mit dieser Textstelle eine weitgehend monoperspektivische Begründungsgrundlage, die kaum eigene Begründungsalternativen zulässt. Somit wird eine eigenständige Übertragung (Transfer) erschwert. Würde die Materialauswahl demgegenüber eine Reorganisation unter multiperspektivischen Sichtweisen ermöglichen (etwa durch die Verwendung unterschiedlicher historischer Textgattungen), könnte die Aufgabe eine eigenständige Narration anregen. Da dem nicht so ist, besteht die Gefahr einer Übernahme der Aussagen des Darstellungstextes.

Das Setting, in das die Aufgabe eingebettet ist, erscheint für die Realisierung des historischen Begründens bedeutsam. Resümierend kann festgehalten werden, dass die Realisierung des historischen Begründens im Falle der vorliegenden Aufgabe von zwei Aspekten abhängt: Zum einen erscheint die Aufgabenformulierung hinsichtlich der Frage, ob sie ein Erklären oder ein Begründen anregt, zum anderem das Aufgabensetting, also die Materialauswahl, für die Berücksichtigung historischer Unterrichtsprinzipien wie Multiperspektivität bedeutsam.

5. Mögliche Gelingensbedingungen für den Einsatz von historischen Begründe-Aufgaben

Ausgehend von den oben formulierten Ergebnissen sollen übergreifende Gelingensbedingungen für den Umgang mit Begründe-Aufgaben im Geschichtsunterricht abgeleitet werden. Hierbei sollen insbesondere Merkmale im Hinblick auf textuelle Strukturen für die Lösung von schriftlichen Begründe-Aufgaben berücksichtigt werden. Somit stellt sich an dieser Stelle die Frage, was Lernende zum Lösen einer Begründe-Aufgabe benötigen. Dazu muss es sich jedoch zunächst einmal wie vorher dargestellt um eine echte Begründe-Aufgabe handeln. Für das eingangs genannte Beispiel »Begründe, warum der NS-Staat so viele KZ einrichtete« würde das bedeuten, dass diese Aufgabe umformuliert werden müsste. Ein möglicher Vorschlag für eine Umformulierung auf der Grundlage der vorgegebenen Materialien könnte wie folgt lauten: *Konnte die Einrichtung der vielen KZ eine Machtstütze für den NS-Staat sein? Begründe deine Aussage mithilfe der Materialien.*[6] Der Umformulierungsvorschlag der Begründe-Aufgabe basiert auf der Entscheidung, mit dem zugrunde liegenden Textmaterial (Schulbuch) weiterzuarbeiten. Diese Entscheidung erfolgt im Hinblick auf didaktische Effizienz, die im Schulalltag häufig gefordert ist. Im Sinne der Kompetenzorientierung wäre sicherlich auch eine Veränderung des vorliegenden Materials wünschenswert. Dadurch würden sich weitere Konstellationen für historische Begründe-Aufgaben ergeben, die dem Anspruch einer »echten Aufgabe« näher kämen, als dies auf der gegebenen Materialgrundlage

---

6 In Anlehnung an die Ursprungsaufgabe und an den Text wird darauf hingewiesen, dass für die Didaktisierung die Personalisierung historischer Akteure empfehlenswert wäre. Da das vorgegebene Material dies nicht zulässt, wird im Folgenden darauf verzichtet.

möglich ist. Diese Überlegungen können jedoch im Rahmen des vorliegenden Beitrags nicht weiter ausgeführt werden.

Für die Lösung der umformulierten Aufgabe *Konnte die Einrichtung der vielen KZ eine Machtstütze für den NS-Staat sein? Begründe deine Aussage mithilfe der Materialien* werden die Lernenden aufgefordert, zuerst die Frage, ob die Einrichtung der vielen KZ eine Machtstütze für den NS-Staat sein konnte, zu beantworten, um anschließend ihre Einschätzung zu begründen. Im Vergleich zu der originären Aufgabe sind die Lernenden bei der umformulierten Aufgabe gefordert, eine eigene Aussage zu dem Verhältnis ›Einrichtung von vielen KZ‹ und ›Machtstütze für den NS-Staat‹ zu treffen, um anschließend die geforderte Begründung zu realisieren. Dazu müssen Schülerinnen und Schüler entsprechend dem Fachkonzept des historischen Begründens inhaltliches und sprachliches Wissen aktivieren, um zum einen dem historischen Kontext und zum anderen dem kommunikativen Ziel des historischen Begründens gerecht zu werden. Im Folgenden sollen deshalb beide Ebenen des Begründens – inhaltlich und sprachlich – operationalisiert werden.

Bei der Realisierung des historischen Begründens wird auf inhaltlicher Ebene zunächst die Verortung des Themas erforderlich. Dies geschieht durch eine ›Texteröffnung‹ im Sinne einer Einleitung. Für den Geschichtsunterricht bedeutet dies, dass ein Bezug auf originär geschichtliche Dimensionen, nämlich Zeit und Raum, hergestellt werden muss. Innerhalb der Texteröffnung ist es in der Regel nötig, auf die für den historischen Kontext relevanten Fachkonzepte Bezug zu nehmen. Ein Beispiel für eine Texteröffnung könnte lauten: *Der NS-Staat begann 1933 das System der Konzentrationslager (KZ) an vielen Orten Deutschlands zu errichten, welches ihm als Machtstütze diente* (NS-Staat: Raumbezug; 1933: Zeitbezug; System der Konzentrationslager: Fachkonzept). Die Einleitung fokussiert also nicht nur die Einschätzung des Sprechers oder Schreibers. Durch diese Hinführung kann die Begründe-Aufgabe außerdem in einen historischen Kontext eingebettet werden und ermöglicht die Fokussierung des Lesers auf den zu behandelnden historischen Gegenstand. Der Lernende beginnt im Anschluss daran das historische Thema zu entfalten. Dabei greift er auf Argumente und Belege zurück, um so die historische Begründung vorzubereiten. In diesem Prozess befindet sich der Lernende in der historischen Sachanalyse, auf der eine historische Sachurteilsbildung basiert. Das historische Begründen wird mit einem Fazit bzw. dem Sachurteil abgeschlossen, wie folgendes Beispiel zeigt: *Abschließend kann man festhalten, dass der NS-Staat durch die KZ versuchte, sich politisch Andersdenkender und anderer Gruppen wie oppositioneller Geistliche, Zeugen Jehovas, Homo-*

sexueller und Arbeitsverweigerer oder ›rassisch Minderwertiger‹ [Aufzählung im Darstellungstext] zu entledigen. Das schwächte die Gegner des NS-Staates.[7]

Die dargestellte inhaltliche Ebene des Begründens lässt Rückschlüsse auf die sprachlichen Werkzeuge zu, die die Lernenden bei der Lösung der Begründe-Aufgabe benötigen. Im Folgenden sollen beispielhaft benötigte sprachliche Werkzeuge vorgestellt werden. Grundsätzlich werden dabei texteröffnende und texterschließende sprachliche Handlungen im Sinne von Einleitung und Schluss berücksichtigt, weil diese als wesentlich für die Textqualität erachtet werden (vgl. Knopp et al., 2014).

Textstrukturelemente	Sprachliche Aktivität
Texteröffnende sprachliche Handlung	– Verbalisierung der Einschätzung unter Berücksichtigung der Aspekte ›Einrichtung von vielen KZ‹ und ›Machtstütze für den NS-Staat‹ kausalstrukturierend: ›NS-Staat‹ und ›KZ-System‹, lokalstrukturierend: »Viele Orte in Deutschland« (vgl. Vorgabe Darstellungstext) und temporalstrukturierend: 1933 (Ausrichtung auf den Hauptteil)
Themenentfaltung	– Argumentation zur Stärkung der Aussage – Teilhandlungen: Argumente aufstellen oder übernehmen, um die Aussage zu stützen – sprachliche Handlungen für das Formulieren oder Übernehmen eines Arguments (Notwendigkeit: Rezeption und Produktion argumentativer Strukturen) – kausale Hauptsatz-Nebensatz-Konstruktionen für die Argumentation z. B.: »…, *da* …«, »…, *weil* …« usw.
Textschließende sprachliche Handlung **(Ausrichtung Hauptteil)**	– sprachliche Teilhandlungen: zusammenfassen und einordnen – Zweck: Argumentationsabschluss und mögliche Urteilsbildung – sprachliche Mittel (beispielhaft): Einleitung des Abschlusses bspw. über »*Abschließend …*« Distanzierungsmittel für das Fazit bspw. über »*kann man festhalten*« (Modalisierung)

Tab. 3: Beispiele für sprachliche Aktivitäten

Die Ausführungen der sprachlichen und inhaltlichen Ebene zeigen, wie eng sprachliche und fachliche Aktivitäten zur Lösung von Aufgaben, hier einer Begründe-Aufgabe, zusammenhängen. Durch das Explizieren solcher Strukturen

---

7 Die Vorschläge für die texteröffnende und textschließende sprachliche Handlung schließen an das vorgegebene Textmaterial an und haben exemplarischen Charakter.

können die Lernenden beim erfolgreichen Bearbeiten unterstützt werden. Für das Lösen von Aufgaben im Geschichtsunterricht erscheint es deshalb hilfreich, den Schülerinnen und Schülern metakognitives Wissen zu vermitteln, sodass sie in die Lage versetzt werden, sich das Fachkonzept zu erschließen und Fachinhalte abstrahiert sprachlich zu realisieren. Beim Lösen von historischen Begründe-Aufgaben sollte selbstständig auf die notwendigen Strukturen zurückgegriffen werden können.

6. Fazit und Ausblick

Welche Konsequenzen ergeben sich aus den Überlegungen zum Operator *Begründe* im Geschichtsunterricht? Zunächst erscheint es wichtig, dass die Aufgabenformulierung zu einem echten Begründen anregt. Weiterhin erfordert die Aufgabe eine Einbettung in ein echtes Begründe-Setting. Sind beide Voraussetzungen gegeben, so benötigen Schülerinnen und Schüler explizites Wissen für die sprachliche und inhaltliche Realisierung des Operators. Diese abstrakten Anforderungen müssen für die Lernenden operationalisiert und transparent gemacht werden, um sie in die Lage zu versetzen, die notwendigen metakognitiven Strukturen aufzubauen und diese dann auch auf andere historische Begründe-Aufgaben zu übertragen.

Der Aufsatz sollte einen Beitrag zur Klärung der Anforderungen leisten, die durch historische Begründe-Aufgaben an Lernende gestellt werden. Weiterhin hat er den engen Zusammenhang zwischen Sprache und Fach aufgezeigt. Auf der Grundlage dieses Wissens wird der Bedarf an konkreten Unterstützungsmaßnahmen deutlich, die zu einer historischen Sinnbildung beim Lösen von Arbeitsaufträgen beitragen.

Literatur

Altun, T. & Günther, K. (2015). *Operatoren am Übergang von der Sekundarstufe I zur Sekundarstufe II als Vorbereitung auf wissenschaftspropädeutisches Arbeiten in der Sekundarstufe II? Eine Auszählung von Aufgabenstellungen in 10 Schulbüchern der Sekundarstufen I und II.* Verfügbar unter: https://www.uni-due.de/imperia/md/content/prodaz/altun_g%C3%BCnther_operatoren.pdf [18.12.2016].

Altun, T., Günther, K. & Oleschko, S. (2015). Bildungspolitische Voraussetzungen für sprachbildenden Unterricht in den Fächern des Fächerverbundes Gesellschafts-lehre / Gesellschaftswissenschaften. In C. Benholz, M. Frank & E. Gürsoy (Hrsg.), *Deutsch als Zweitsprache in allen Fächern. Konzepte für Lehrerbildung und Unter-richt. Beiträge zu Sprachbildung und Mehrsprachigkeit aus dem Modellprojekt Pro-DaZ* (S. 105–122). Stuttgart: Fillibach bei Klett.

Barricelli, M. (2005). *Schüler erzählen Geschichte. Narrative Kompetenz im Geschichts-unterricht.* Schwalbach am Taunus: Wochenschau.

Barricelli, M., Gautschi, P. & Körber, A. (2012). Historische Kompetenzen und Kompe-tenzmodelle. In M. Barricelli & M. Lücke (Hrsg.), *Handbuch Praxis des Geschichts-unterrichts* (S. 207–235). Schwalbach am Taunus: Wochenschau.

Beschlüsse der Kultusministerkonferenz: Einheitliche Prüfungsanforderungen in der Abiturprüfung Geschichte (2005). Verfügbar unter: http://www.kmk.org/filead min / veroeffentlichungen _ beschluesse / 1989 / 1989 _ 12 _ 01 - EPA - Geschichte . pdf [18. 12. 2016].

Christoffer, S. (Hrsg.). (2009). *mitmischen 3.* Stuttgart: Ernst Klett.

Ehlich, K. & Rehbein, J. (1972). Zur Konstitution pragmatischer Einheiten in einer In-stitution: Das Speiserestaurant. In D. Wunderlich (Hrsg.), *Linguistische Pragmatik* (S. 209–254). Frankfurt am Main: Athenäum.

Ehlich, K. & Rehbein, J. (1986). *Muster und Institution. Untersuchungen zur schulischen Kommunikation.* Tübingen: Narr.

Gautschi, P. (2011). *Guter Geschichtsunterricht. Grundlagen, Erkenntnisse, Hinweise* (2. Aufl.). Schwalbach am Taunus: Wochenschau.

Graefen, G. & Moll, M. (2007). Das Handlungsmuster Begründen: Wege zum Unter-richt »Deutsch als fremde Wissenschaftssprache«. In A. Redder (Hrsg.), *Diskurse und Texte. (Konrad Ehlich zum 60. Geburtstag)* (S. 491–502). Tübingen: Stauffen-burg.

Hoffmann, L. (2014). *Deutsche Grammatik. Grundlagen für Lehrerausbildung, Schule, Deutsch als Zweitsprache und Deutsch als Fremdsprache* (2. Aufl.). Berlin: Erich Schmidt.

Knopp, M., Jost, J., Linnemann, M. & Becker-Mrotzek, M. (2014). Textprozeduren als Indikatoren von Schreibkompetenz – ein empirischer Zugriff. In T. Bachmann & H. Feilke (Hrsg.), *Werkzeuge des Schreibens. Beiträge zu einer Didaktik der Textproze-duren* (S. 111–128). Stuttgart: Fillibach bei Klett.

Mägdefrau, J., Michler, A. (2014). Lernaufgabenkonstruktionen von Geschichtslehr-kräften: Diskrepanz von didaktischen Intentionen und Aufgabenpotenzial? In: B. Ralle, S. Prediger, M. Hammann, M. Rothgangel (Hrsg.), *Lernaufgaben entwickeln, bearbeiten und überprüfen. Ergebnisse und Perspektiven der fachdidaktischen For-schung* (S. 105–119). Münster: Waxmann.

Oleschko, S. (2014). Lernaufgaben und Sprachfähigkeit bei heterarchischer Wissens-strukturierung: Zur Bedeutung der sprachlichen Merkmale von Lernaufgaben im gesellschaftswissenschaftlichen Lernprozess. In B. Ralle, S. Prediger, M. Hammann, M. Rothgangel (Hrsg.). *Lernaufgaben entwickeln, bearbeiten und überprüfen. Ergeb-nisse und Perspektiven der fachdidaktischen Forschung* (S. 85–94). Münster: Wax-mann.

Redder, A. (2012). Wissen, Erklären und Verstehen im Sachunterricht. In H. Roll & A. Schilling (Hrsg.), *Mehrsprachiges Handeln im Fokus von Linguistik und Didaktik. Wilhelm Grießhaber zum 65. Geburtstag* (S. 117–134). Duisburg: Universitätsverlag Rhein-Ruhr.

Rehbein, J. & Kameyama, S. (2006). Pragmatik / Pragmatics. In U. Ammon, N. Dittmar, K. J. Mattheier & P. Trudgil (Hrsg.), *Sociolinguistics / Soziolinguistik* (S. 556–588). Berlin, New York: De Gruyter.

Rüsen, J. (1983). *Historische Vernunft: Grundzüge der Historik I: Die Grundlagen der Geschichtswissenschaft.* Göttingen: Vandenhoeck & Ruprecht

Verwendete Lehrwerke

Bühler, A., Mayer, U. & Onken, B. (2012). *Geschichte entdecken 1. Von den frühen Kulturen bis zum Mittelalter* (Ausgabe Nordrhein-Westfalen). Bamberg: Buchner.

Derichs, J. et al. (2012). *denkmal Geschichte 3* (Nordrhein-Westfalen). Braunschweig: Schroedel.

Für die Frequenzanalyse genutzte Lehrwerke

Sekundarstufe I:

Christoffer, S. (Hrsg.). (2009). *mitmischen 3.* Stuttgart: Ernst Klett.

Christoffer, S. (Hrsg.). (2012). *zeitreise 3.* Stuttgart: Ernst Klett.

Derichs, J. et al. (2012). *denkmal Geschichte 3* (Nordrhein-Westfalen). Braunschweig: Schroedel.

Lendzian, H.-J. (Hrsg.). (2013). *Geschichte und Gegenwart 3.* Braunschweig: Schroedel.

Oomen, H.-G. (2012). *entdecken und verstehen 3. Von der Französischen Revolution bis zum Ersten Weltkrieg* (Geschichte Nordrhein Westfalen). Berlin: Cornelsen.

Sekundarstufe II:

Baumgärtner, U. et al. (Hrsg.). (2015). *Horizonte* (Geschichte Qualifikationsphase S II Nordrhein-Westfalen). Braunschweig: Westermann.

Droste, P. J. et al. (Hrsg.). (2015). *Geschichte und Geschehen* (Qualifikationsphase Oberstufe Nordrhein-Westfalen). Stuttgart: Ernst Klett.

Lendzian, H.-J. (Hrsg.). (2015). *Zeiten und Menschen* (Geschichte Qualifikationsphase Oberstufe Nordrhein-Westfalen). Braunschweig u. a.: Schöningh.

Anhang

Aufgabenkonstellationen	Beispiel
Konstellation a: Eigenständiger Arbeitsauftrag (LA) im Hauptsatz	*Begründe …*
Eigenständige LA im Hauptsatz in Form einer Nominalisierung	*Finde eine Begründung …*

Konstellation b:
Hauptsatz + Nebensatz (durch Konjunktion)
	Begründe, warum …
	    welche(s)…
	    inwiefern …
	    ob …
	    weshalb …
	    wo …
	    inwieweit …

Begründen + nachgeschaltete Information + weshalb	*Begründe + unter Verwendung von … +,* *weshalb*
Konstellation c: Vorgeschaltete Information (vI) + Hauptsatz	*vI + Begründe …* *vI + Begründe, warum …*
Vorgeschaltete Information (vI) + Hauptsatz + Nebensatz	*vI + Begründe dabei …*
Konstellation d: Vorgeschaltete Aufgabe (vA) + Begründe als Aspektierung (A) im Hauptsatz	*vA + Begründe …*

Vorgeschaltete Aufgabe (vA) + Begründe als Aspektierung
(A) im Nebensatz
	vA + Begründe, warum …
	    welche(s)…
	    inwiefern …
	    ob …
	    inwieweit …

Vorgeschaltete Aufgabe (vA) + und + begründe + Verweiswort	*vA + und + begründe + dies*
Vorgeschaltete Aufgabe (vA) + Begründe + Verweiswort + Nebensatz	*vA + Begründe + dabei + warum*
Konstellation e: Eigenständige LA als erweiterter Infinitiv mit zu	*Versuche … zu begründen.*

*Aufgaben werden auch im Plural und/oder in Anrede mit »Sie« formuliert.

Kristina Matschke

Gesprächsanalytische Perspektiven auf bildungssprachliche Normerwartungen im Geschichtsunterricht

1. Einführung

Trotz der in der Geschichtsdidaktik bereits seit Langem anerkannten sprachlichen Verfasstheit des eigenen Gegenstandsbereichs ist die empirische Untersuchung des Verhältnisses von sprachlichem und fachlichem Lernen im Rahmen des Geschichtsunterrichts nach wie vor ein zentrales Forschungsdesiderat (vgl. Handro, 2013). Dies gilt insbesondere für mündliche Kommunikation, obgleich diese im alltäglichen Unterrichtsgeschehen gegenüber schriftsprachlichen Praktiken deutlich dominiert.

Die für eine erfolgreiche Teilhabe am Unterrichtsgeschehen erforderlichen fachübergreifenden wie fachspezifischen sprachlichen Kompetenzen werden in der Regel unter dem Begriff »Bildungssprache« zusammengefasst. Bildungssprache wird zumeist als statisches sprachliches Register konzipiert, das sich durch spezifische Merkmale auf lexikalisch-semantischer, morphologisch-syntaktischer sowie diskursiver Ebene auszeichnet (für eine grundlegende Darstellung des Konzepts vgl. z. B. Gogolin & Lange, 2011). Eine solche sprachsystembezogene Modellierung von Bildungssprache ermöglicht keine Differenzierung zwischen mündlich und schriftlich realisierten bildungssprachlichen Praktiken. Diese ist mit Blick auf die besonderen Eigenschaften gesprochener Sprache allerdings dringend angeraten: Die für mündliche Kommunikation konstitutiven Charakteristika der Interaktivität und situativen Kontextualisiertheit lassen sich mit gängigen Modellierungen von Bildungssprache als ausnahmslos dekontextualisiert und konzeptionell schriftlich, unabhängig vom Modus ihrer jeweiligen Realisierung, nicht vereinbaren (vgl. Morek & Heller, 2012).

Unterricht als prototypischer Kontext von Bildungssprache existiert zudem aus ethnomethodologischer Perspektive nicht unabhängig von den jeweils beteiligten Akteuren, also der Lehrperson und den Schülerinnen und Schülern, sondern wird durch diese erst (sprachlich) handelnd produziert und reproduziert. Ein solch dynamisches Verständnis von Kontext hat auch Konsequenzen für die Betrachtung von Bildungssprache: Die Bestimmung von Bildungssprache als festem Inventar bestimmter sprachlicher Merkmale, die durch einen spezifischen statischen Kontext gefordert werden, erscheint vor diesem Hintergrund nicht gegenstandsadäquat. Stattdessen ist es erforderlich, Bildungssprache im Sinne bildungssprachlicher Praktiken zu fassen, die – ebenso wie der Kontext Unterricht selbst – situativ durch die beteiligten Akteure hergestellt werden. Diese bildungssprachlichen Praktiken werden den Schülerinnen und Schülern im Rahmen der Unterrichtskommunikation als (bildungs-)sprachliche Normerwartungen erfahrbar, die im Unterricht mehr oder weniger explizit durch die Lehrperson etabliert werden.

Im vorliegenden Beitrag werden der theoretische Hintergrund, das methodische Vorgehen sowie erste Ergebnisse eines gesprächsanalytischen Forschungsvorhabens zu Unterrichtskommunikation im Fach Geschichte vorgestellt. Aus einer Prozessperspektive wird die interaktive und dynamische Produktion bzw. Reproduktion mündlicher bildungssprachlicher Praktiken, verstanden als komplementäre Kehrseite situativ etablierter mündlicher (bildungs-)sprachlicher Normerwartungen, in den Blick genommen. Im Fokus stehen dabei entlang der Analyse eines ausgewählten Einzelfalls Erklärungen von Wortbedeutungen in der Unterrichtskommunikation. Zentral ist die Frage, wie diese Worterklärungen interaktiv von der Lehrperson und den Schülerinnen und Schülern hergestellt werden. Davon ausgehend wird untersucht, welche mündlichen (bildungs-)sprachlichen Normerwartungen die Lehrperson im Kontext dieser Worterklärungen etabliert und wie diese explizit oder implizit ausgehandelt werden. Zentrales Anliegen des Beitrags ist es, exemplarisch zu zeigen, inwiefern gesprächsanalytische Perspektiven für die Erforschung mündlich realisierter bildungssprachlicher Praktiken im Fach Geschichte von Nutzen sein können.

2. Das Konstrukt ›Bildungssprache‹ im Kontext mündlicher Unterrichtskommunikation

Die für eine erfolgreiche Teilhabe am Unterrichtsgeschehen erforderlichen rezeptiven und produktiven sprachlichen Kompetenzen werden in Abgrenzung von alltags- bzw. umgangssprachlichen Praktiken unter den derzeit allgegenwärtigen Begriffen »Bildungssprache« (Gogolin, Lange, Michel & Reich, 2013), »Schulsprache« (Feilke, 2012b), »language of schooling« (Schleppegrell, 2004) oder auch »academic language« (Cummins, 2000) subsumiert. Gemeint ist damit zumeist ein in Bildungskontexten erforderliches sprachliches *Register* (Ahrenholz, 2010; Gantefort, 2013; Gogolin, 2013), das sich – unabhängig davon, ob es medial mündlich oder schriftlich realisiert wird – als *Sprache der Distanz* durch konzeptionelle Schriftlichkeit auszeichne (Koch & Oesterreicher, 1985). Rhetorisch-stilistisch sei dieses Register durch Unabhängigkeit von der jeweiligen Kommunikationssituation, also durch Dekontextualisiertheit und Textautonomie, sowie durch ein hohes Maß an Explizitheit gekennzeichnet (Ortner, 2009). Diese distanzkommunikative Funktion von Bildungssprache werde durch einzelsprachspezifische lexikalisch-semantische sowie morphologisch-syntaktische Charakteristika wie eine Häufung von Fachbegriffen, abstrahierende Ausdrücke, Hypotaxen, unpersönliche Konstruktionen z. B. in Form von Passivsätzen usw. reflektiert (für eine Übersicht vgl. z. B. Gogolin & Lange, 2011). In letzter Zeit erfahren auch die diskursiven Merkmale des Registers zunehmend Aufmerksamkeit, also

> »[all jene] besonderen sprachlichen Formate und Prozeduren einer auf Texthandlungen wie *Beschreiben, Vergleichen, Erklären, Analysieren, Erörtern* etc. bezogenen Sprachkompetenz, wie man sie im schulischen und akademischen Bereich findet« (Feilke, 2012a, S. 5).

Bildungssprache fungiert dabei nicht nur kommunikativ als *Medium von Wissenstransfer*, sondern befähigt als *Werkzeug des Denkens* überhaupt erst zu den mit bildungssprachlichen Kompetenzen in Zusammenhang stehenden komplexen kognitiven Operationen. Zudem wirkt sie sozialsymbolisch: Als Mittel der Selbstpositionierung innerhalb bzw. außerhalb einer sprachlichen Gemeinschaft ist sie einerseits *Visitenkarte*, andererseits kommt ihr als *Eintrittskarte* zu Lerngelegenheiten und Bildungsabschlüssen innerhalb der Schule auch eine ungleichheitsreproduzierende Funktion zu (Morek & Heller, 2012).

Es ist augenfällig, dass sich die aktuellen Bemühungen um eine konsensfähige Inventarisierung bildungssprachlicher Merkmale trotz der mittlerweile verstärkt zu beobachtenden Hinwendung zu ihren diskursiven Merkmalen nach wie vor primär aus variationslinguistischer Perspektive auf satzbasierte Oberflächenphänomene beziehen. Eine solch sprachsystembezogene Modellierung bildungssprachlicher Kompetenzen wird jedoch weder ihrer epistemischen Funktion gerecht, noch erlaubt sie eine Differenzierung zwischen mündlich und schriftlich realisierten kommunikativen Praktiken. Diese ist jedoch dringend angeraten: An schriftsprachlichen Texten gewonnene bildungssprachliche Normen fungieren andernfalls implizit als Erwartungs- und Bewertungshorizont auch für gesprochene Sprache, die vor diesem Hintergrund als Normabweichung wahrgenommen und dementsprechend meist als defizitär bewertet wird (Günthner, 2012).

Selbst dann, wenn sich mündliche Interaktion in semantischer Hinsicht konzeptioneller Schriftlichkeit annähert, reden wir jedoch keineswegs so, wie wir schreiben (Quasthoff & Heller, 2015, S. 14): Während schriftliche Kommunikationsprozesse durch die raum-zeitliche Zerdehnung von Produktion und Rezeption gekennzeichnet sind (Ehlich, 1983/2007, S. 493), sind für mündliche Face-to-Face-Interaktionen gerade deren situative Kontextualisiertheit und Interaktivität konstitutiv. Gespräche finden immer zwischen mindestens zwei konkreten Personen zu einem spezifischen Zeitpunkt statt, oftmals sind die Interagierenden auch räumlich kopräsent. Das geteilte Hier und Jetzt fungiert aber nicht nur als Bedingung der Kommunikationssituation, sondern auch als deren Ressource. So ist beispielsweise referenzielle Eindeutigkeit in mündlicher Kommunikation keineswegs an lexikalische Explizitheit gebunden, sondern kann in vielen Fällen – ganz sprachökonomisch – durch Mimik, Gestik oder sprachliche Verweise auf den Kontext in Form von Deiktika wie »hier« oder »heute« hergestellt werden.

Auch syntaktisch unterscheidet sich gesprochene Sprache maßgeblich von schriftlicher Kommunikation. Mündliche Äußerungen werden sequenziell in stetig fortschreitender Zeit produziert und rezipiert. Kennzeichnend für sie sind Flüchtigkeit und Irreversibilität. Damit werden – im Gegensatz zu schriftlicher Kommunikation – auch Abbrüche, Wiederaufnahmen und Reformulierungen wahrnehmbar. Diese sind jedoch keine ›Fehler‹, sondern prototypische Merkmale mündlicher Äußerungsproduktion, die ›on-line‹ in Abstimmung mit den Interaktionspartnerinnen und -partnern erfolgt. Selbst bei scheinbar monologischen Gesprächsformen wie dem Lehrervortrag nehmen Schülerinnen und Schüler durch verbale wie nonverbale Rückmeldesignale wesentlich Einfluss auf die produzierten Äußerungen: Ihre Prozessierbarkeit und Verständlichkeit wird also je nach Bedarf der am Gespräch Beteiligten interaktiv hergestellt und ist somit Resultat eines gemeinsamen Aushandlungsprozesses (Quasthoff & Heller, 2015).

Mündliche Kommunikation unterscheidet sich zwar grundlegend von schriftlicher Kommunikation, ist deswegen aber keineswegs weniger geordnet oder systematisch. Betrachtet man vor diesem Hintergrund die oben skizzierten gängigen Bestimmungen des Registers ›Bildungssprache‹, wird deutlich, dass diese unter Berücksichtigung des jeweiligen Realisationsmodus einer weiteren Ausdifferenzierung bedürfen. Die Kontextgebundenheit mündlicher

Interaktion lässt sich mit der vermeintlich für jede bildungssprachliche Kommunikationssituation geltenden prototypischen Dekontextualisiertheit nicht vereinbaren. Aufgrund der »unhintergehbaren Eigenschaften und Bedingungen mündlicher Interaktion« (Quasthoff & Heller, 2015, S. 12–13) ist stattdessen davon auszugehen, dass sich mündlich realisierte bildungssprachliche Praktiken wesentlich von schriftlich realisierten Praktiken unterscheiden (Morek & Heller, 2012, S. 91) und eben gerade keine nur mündlich vorgetragenen schriftsprachlich konzipierten Mono- bzw. Dialoge sind.

Hinzu kommt, dass Unterrichtskommunikation als prototypischer Rahmen für bildungssprachliche Praktiken unter sehr spezifischen Bedingungen stattfindet. Mit Ehlich (2012) ist sie ein Paradebeispiel für institutionelle Kommunikation und unterscheidet sich damit wesentlich von Alltagskommunikation wie z. B. informellen Gesprächen im Freundeskreis. Die Institution Schule definiert sich u. a. über ihre Aufgabe der Prozessierung der ihr überantworteten gesellschaftlichen Zwecke. Lehrpersonen fungieren als ihre Agentinnen und Agenten, also als Handlungsträger der Institution als Institution, Schülerinnen und Schüler als sich im Handlungsraum der Institution befindliche Klientinnen und Klienten (Ehlich, 2012, S. 330–331). Die Asymmetrie zwischen beiden Akteursgruppen – sowohl im Hinblick auf die Personenanzahl der interagierenden Parteien (eine Lehrperson unterrichtet in der Regel eine Gruppe von mindestens 20 Schülerinnen und Schülern) als auch bezüglich ihrer jeweiligen Machtpotenziale und der damit korrespondierenden Handlungsräume – ist, ebenso wie die gesellschaftlichen Funktionen von Schule allgemein, konstitutiv für Unterricht und Unterrichtskommunikation: Sie prästrukturieren die Organisation der Redebeiträge, die Formen der Wissensvermittlung, die Entscheidung über die zu vermittelnden Wissensinhalte ebenso wie die für Schule typischen kommunikativen Ordnungen. Nach wie vor dominant sind in diesem Kontext lehrpersonzentrierte Verfahren wie der Lehrervortrag oder das fragend-entwickelnde Unterrichtsgespräch zwischen Lehrenden und Lernenden (Becker-Mrotzek & Vogt, 2009), oft realisiert als »Frage-Antwort-Bewertung«-Sequenzen (Initiation – Replay – Evaluation; vgl. Mehan, 1979). Diese kommunikativen Ordnungen werden aber nicht jedes Mal ad hoc neu von den am Gespräch Beteiligten ›erfunden‹. Stattdessen haben sie sich als sogenannte *kommunikative Praktiken*, verstanden als »sozial geregelte und verfestigte sprachlich-kommunikative Verfahren zur Lösung wiederkehrender kommunikativer Probleme« (Morek & Heller, 2012, S. 92), verstetigt und werden situativ von konkreten Akteuren interaktiv aktualisiert und gegebenenfalls modifiziert.

Unterricht als Kontext bringt also einerseits bestimmte sprachliche Verfahren hervor, andererseits ist Unterricht selbst wiederum sprachlich konstituiert (Gumperz, 1992). Zwar wird er in der Regel als selbstverständliche und vorab gegebene Tatsache wahrgenommen, aus ethnomethodologischer Perspektive existiert Unterricht bzw. ›Unterrichtlichkeit‹ jedoch nicht unabhängig von den jeweils beteiligten konkreten Akteuren. Unterricht wird stattdessen durch die Beteiligten erst interaktiv durch die (Re-)Produktion jeweils akzeptierter bzw. (dis-)präferierter sprachlich-kommunikativer Verfahren hergestellt (Quasthoff, 2012, S. 84). Der Kontext Unterricht ebenso wie dessen kommunikative Praktiken sind demnach Teil einer *Vollzugswirklichkeit* (Garfinkel, 1967/1984). Sie sind nicht statisch, sondern in höchstem Maß dynamisch, produzieren sich gegenseitig und sind somit reziprok abhängig von ihrer jeweils spezifischen Aktualisierung.

Wird Bildungssprache als Register konzipiert, das über spezifische sprachstrukturelle Merkmale verfügt und von einem unabhängig von konkreten Akteuren bereits vorab gegebenen Kontext gefordert wird, handelt es sich folglich um nicht mehr als ein bloß analytisches Konstrukt. Dieses Konstrukt ist den tatsächlich miteinander Interagierenden, also der Lehrperson und den Schülerinnen und Schülern, jedoch immer nur in konkreten Kommunikationssituationen als situierte Praktik in Form von Bewertungen situativ angemessenen bzw. unangemessenen Sprachgebrauchs erfahrbar (vgl. Morek & Heller, 2012, S. 86). Für den vorliegenden Beitrag wird daher mit Morek & Heller (2012) – in Abgrenzung von einem statisch konzipierten Register *Bildungssprache* – die Neubestimmung des Untersuchungsgegenstandes als *bildungssprachliche Praktiken* genutzt:

> »Unter *bildungssprachlichen Praktiken* verstehen wir somit die (vorzugsweise in Bildungsinstitutionen) situierten, mündlichen wie schriftlichen sprachlich-kommunikativen Verfahren der Wissenskonstruktion und -vermittlung, die stets auch epistemische Kraft entfalten (können) und zugleich bestimmte bildungsaffine Identitäten indizieren. Diese Verfahren erhalten den Status sozial etablierter Praktiken erst und gerade dadurch, dass sie von erfahrenen Agenten der Institution normativ sowohl implizit als auch explizit eingesetzt und aktualisiert werden« (Morek & Heller, 2012, S. 92).

Wie Lehrpersonen aber jene impliziten und expliziten (bildungs-)sprachlichen Normerwartungen im Rahmen der von den Akteuren interaktiv hervorgebrachten Kontexte etablieren und wie deren interaktive Bearbeitung erfolgt, ist bislang kaum systematisch untersucht worden (Kern, Lingnau & Paul, 2015, S. 208–209). Dies gilt insbesondere für mündliche kommunikative Verfahren, obwohl diese im Vergleich zu schriftsprachlicher Kommunikation innerhalb der Unterrichtskommunikation deutlich dominieren. Ein zentrales Forschungsdesiderat ist daher eine detailliertere Analyse mündlicher kommunikativer Praktiken im Unterricht hinsichtlich der interaktiven Herstellung bildungssprachlicher Normerwartungen. Dies gilt ausnahmslos für jedes Unterrichtsfach, betrifft aber insbesondere gesellschaftswissenschaftliche Fächer wie Geschichte. Im Gegensatz zu naturwissenschaftlichen Fächern ist hier die Reflexion des Verhältnisses von Sprache und fachlichem Lernen innerhalb der Fachdidaktik nicht neu (Handro, 2015). Die »sprachliche Verfasstheit des Untersuchungsgegenstandes« (Handro, 2013, S. 321) bzw. des Lerngegenstandes ist allgemein anerkannt. Handro kommt daher zu folgendem Schluss:

> »Mit Blick auf die Sprachlichkeit des Untersuchungsgegenstandes, die Sprachlichkeit historischer Darstellungen, des historischen Diskurses und die sprachanalytische Funktion der historischen Erkenntnisverfahren könnte man historisches Lernen per se als Reflexion über Deutung und Bedeutung von Sprache begreifen« (Handro, 2013, S. 322–323).

Trotz der besonderen Funktion, die Sprache für die historische Sinnbildung beigemessen wird, steht eine Systematisierung dieses Verhältnisses jedoch nach wie vor aus (Günther-Arndt, 2010). Dies gilt insbesondere für eine empirische Validierung jenseits der »Höhen theoretischer Modellierung« (Handro, 2013, S. 327).

3. Methodisches Vorgehen und Datengrundlage

Ziel des in diesem Beitrag in Auszügen vorgestellten Forschungsvorhabens ist es, die interaktive Herstellung mündlicher bildungssprachlicher Praktiken, verstanden als komplementäre Kehrseite situativ etablierter Normerwartungen in der Unterrichtskommunikation, im Fach Geschichte zu beschreiben und zu systematisieren. Die Gesprächsanalyse als rekonstruktives Verfahren hat sich bei vergleichbaren Fragestellungen zur Unterrichtskommunikation in den letzten Jahren als äußerst gewinnbringend erwiesen (z. B. Grundler, 2011; Harren, 2015; Heller, 2012; Morek, 2012; Spiegel, 2006): Zunächst werden hierbei die zu untersuchenden authentischen Gespräche audio- und/oder videografisch konserviert, um sie auch späteren Analysen zugänglich zu machen. Die relevanten Analysekategorien werden induktiv am jeweiligen Material entwickelt. Zudem ist es aufgrund des sequenziellen Vorgehens möglich, sprachliche Äußerungen in ihrer Prozesshaftigkeit in den Blick zu bekommen (zum gesprächsanalytischen Vorgehen vgl. z. B. Deppermann, 2008). Jede Äußerung verfügt über einen zweifachen Zeithorizont: Einerseits orientiert sie sich an vorangegangenen Äußerungen, andererseits fungiert sie als Kontext für die folgenden Äußerungen und etabliert somit sowohl Folgeerwartungen als auch Anschluss(un)möglichkeiten für die Gesprächspartnerinnen und -partner. Hierbei kann zwischen globalen und lokalen Zugzwängen unterschieden werden: Lokale Zugzwänge steuern die jeweils unmittelbar angrenzenden Äußerungen in Gesprächen, während globale Zugzwänge den Anschluss komplexer Gesprächseinheiten, also diskursiver Praktiken wie Erklären, Erzählen oder Argumentieren, fordern (Quasthoff, 2012, S. 86). Anstatt aus einer Außenperspektive zu beurteilen, wie und welche Inhalte und Praktiken im Gespräch etabliert werden, ist es das zentrale Anliegen der Gesprächsanalyse, die in der Interaktion erfolgenden und sich gegenseitig angezeigten Konstruktions- und Verstehensleistungen der Interagierenden zu *rekonstruieren*. Da die Gesprächsforschung nicht nur kontextinterpretierendes, sondern auch kontextschaffendes Interagieren untersucht, ermöglicht sie zudem, »den Blick nicht nur auf das kommunikative Handeln *im* Unterricht, sondern die interaktive – und damit dynamische – Konstitution *von* Unterricht zu richten« (Heller, 2015, S. 124).

Als Datengrundlage des hier vorgestellten Forschungsvorhabens fungieren audio- und videografisch aufgezeichnete Unterrichtsstunden der siebten bis neunten Jahrgangsstufe im Fach Geschichte (an Gymnasien, Realschulen und Gemeinschaftsschulen) sowie im Fächerverbund »Welt-Zeit-Gesellschaft« (WZG), der in Baden-Württemberg, das Fach Geschichte integrierend, an Haupt- und Werkrealschulen angeboten wird. Den Lehrpersonen werden keinerlei inhaltliche und/oder didaktische Vorgaben gemacht, von Interesse ist der reguläre, ›alltägliche‹ Fachunterricht in Regelklassen. Dem iterativen Forschungsprozess qualitativ-rekonstruktiver Forschung entsprechend findet ein beständiger Wechsel zwischen den Forschungsphasen Datenerhebung, Datenaufbereitung und Datenauswertung statt. Zum jetzigen Zeitpunkt liegen zwölf Unterrichtsstunden von insgesamt drei Fällen (Lehrpersonen/Klassen) aus drei unterschiedlichen Schulen vor, die nach der Aufzeichnung nach GAT 2 (Gesprächsanalytisches Transkriptionssystem 2; Selting et al., 2009) transkribiert wurden. Dabei wurden alle Personennamen anonymisiert. Anvisiert wird nach aktuellem Stand ein Korpus aus acht Einzelfällen, also insgesamt 32 Stunden Datenmaterial. Mit den Techniken der Gesprächsanalyse werden diejenigen Sequenzen analysiert, in denen Sprache als Lerngegenstand implizit oder explizit im Rahmen der Unterrichtskommunikation interaktiv relevant gesetzt wird. Diese Analysen stellen einerseits die Grundlage für die umfängliche Rekonstruktion der jeweils einzelnen Fälle dar, andererseits wird fallübergreifend nach spezifischen kommunikativen Mustern der interaktiven Herstellung bildungssprachlicher Praktiken gesucht.

Leitend sind sowohl fallspezifisch als auch fallübergreifend vor allem drei Fragen:

- Welche Aspekte von gesprochener Sprache werden in der Unterrichtskommunikation überhaupt thematisiert bzw. relevant gesetzt?
- Wie (explizit oder implizit) werden diese Aspekte als Lerngegenstände etabliert?
- Wie gestaltet sich konkret die interaktive Aushandlung dieser sprachlichen Lerngegenstände?

4. Etablieren bildungssprachlicher Normerwartungen im Unterrichtsgespräch

Im Folgenden werden exemplarisch entlang eines ausgewählten Einzelfalls das methodische Vorgehen sowie erste Ergebnisse des Forschungsvorhabens detaillierter vorgestellt. Die erhobenen Daten stammen aus dem Geschichtsunterricht einer achten Klasse an einer Realschule. Im Mittelpunkt dieses Beitrags steht die interaktive Ausgestaltung der Erklärungen von Wortbedeutungen in dieser Klasse. Worterklärungen lassen sich ausnahmslos für alle bisher im Rahmen des Forschungsvorhabens untersuchten Fälle beobachten, was darauf hindeutet, dass lexikalisch-semantische Aspekte in der Unterrichtskommunikation regelmäßig als sprachliche Lerngegenstände etabliert werden. Zentrale Frage dieses Beitrags ist es, wie Worterklärungen konkret in diesem Einzelfall von der Lehrperson gemeinsam mit den Schülerinnen und Schülern herstellt werden und welche bildungssprachlichen Normerwartungen im Rahmen dieser Erklärhandlungen etabliert werden.

Beispiel »ZUNFTordnungen«

Die folgende Sequenz stammt aus einer Unterrichtsstunde, die in der ersten Hälfte einer Unterrichtseinheit zur Industriellen Revolution liegt. Zentrales Thema dieser Stunde sind der Eisenbahnbau und dessen wirtschaftliche und soziale Folgen für die damalige Bevölkerung. Zur Vorbereitung der späteren

Gruppenarbeit liest eine Schülerin laut aus dem Lehrbuch den Text »Deutschland gibt es gar nicht« vor (Hatscher et al., 2005, S. 130), in dem unter der Leitfrage der Seite »Was behindert die Industrialisierung Deutschlands?« die wirtschaftliche Situation in Deutschland um 1800 vor Beginn der Industriellen Revolution erläutert wird. Die anderen Schülerinnen und Schüler lesen still mit. In der sich anschließenden Phase der Texterschließung werden, initiiert durch die Lehrperson, gemeinsam unbekannte Begriffe des Textes geklärt.

0014	LP	SONSCHT noch ein wort dass euch unklar isch; (2.49)
0015	Sw	((meldet sich))
0016	LP	bItte, (0.37)
0017	Sw	ZUNFTordnungen;
0018	LP	m_hm, (1.18)
0020	LP	ich geb den ball zurück; (.)
0021		((klappt seine Unterarme zur Klasse weisend auf))
0022		kann des jemand erklären; (2.42)
0023	LP	vielleicht sollten ma vorher uns überlegen was ne !ZUNFT! isch; (2.25)
0024	Cor	((meldet sich))
0025	LP	cornelia;
0026	Cor	ne gruppe (.) die irgendwie bestimmte REgeln hat sowas;
0027	LP	(.) m_hm,
0028	Kil	((meldet sich))
0029		[(1.03)]
0030	Kil	[n vere]
0031	LP	kilian;
0032	Kil	(.) n verein; (0.3)
0033	LP	okay; (.)
0034		tobi;
0035	Tob	(i wollts au mitm verein sagn)
0036	LP	BITte? ((beugt sich vor und fasst sich ans Ohr))
0037	Tob	i wollt des glEIche sagn wie der kilian;
0038	Den	((meldet sich))
0039	LP	m_mh ja veREI:N,
0040		vielleicht definiern wir das noch geNAUer, ((räuspern))
0041		((zeigt auf Den))
0042	Den	so:: HANDwerkerzunft;
0043		[gibts da]

0044	LP	[hm]
0045		(0.37)
0046	LP	genau;
0047	Den	+++
0048	LP	richtig also; (0.62)
0049	LP	sind wa jetze (.) möchte das noch jemand (.) vertiefen oder soll ICHS machn, (0.76)
0050	LP	also ne HANDwerkerzunft; ((deutet in Richtung Den))
0051		isch ne verEInigung;
0052		so ähnlich wie n verEIN; (.)((Blickkontakt mit Kil; deutet auf ihn))
0053		die (.) praktisch ALle:;
0054		die diesen beruf AUSüben; ((räuspern))
0055		miteinander verBINdet,
0056		und da gibts dann gewisse ORDnungen;
0057		die vorschreiben wer da geselle werden darf wer da meischter werden darf wer das auf !KEI!nen fall werden darf=
0058		und DES; (.)
0059		ist natürlich in einer gewissen zeit in der geschichte !HILF!reich gewesen (.) für die zünfte;
0060		aber durch die weiterentwicklung auch der maSCHInen;
0061		und auch der des der des beVÖLkerungswachstums wurde natürlich immer mehr klar;
0062		man muss mehr leute auch erLAUben;
0063		äh: handwerkberufe zu zu erLERnen;
0064		ja und DA:
0065		sind natürlich die teilweise RÜCKwärtsgewandten zünfte
0066		((streckt linken Arm waagerecht nach links aus))
0067		ham da manchmal SCHWIErigkeiten damit gehabt;
0068		und DESwegen ähm;
0069		war des in deutschland gar nicht so einfach des zu verÄNdern;
0070		ja, (1.1)
0071		kla KLA:rer (.) geworden (.) okay,
0072	S	ja;

Zu Beginn der Sequenz schafft die Lehrperson durch ihre Nachfrage explizit den Raum für das schülerseitige Etablieren von Klärungsbedarf im Bereich der Lexik/Semantik. Es handelt sich hierbei um ein in dieser Klasse regelmäßig nach jeder Textlektüre zu beobachtendes Verfahren, das durch die Schülerinnen und Schüler intensiv, so auch hier, genutzt wird. Das von einer Schülerin an dieser Stelle eingebrachte »Zunftordnungen« (Z. 17) wird durch Rückmeldesignal durch die Lehrperson formal ratifiziert, also als zur Kenntnis genommen markiert, jedoch ohne dass sie inhaltlich darauf eingeht. Stattdessen adressiert sie sowohl verbal metaphorisch als auch gestisch die gesamte Klasse (Z. 20–21) und gibt die Aufgabe an das Plenum weiter. Sie benennt explizit unter Verwendung des Operators »erklären« die nun von den Schülerinnen und Schülern erwartete nächste sprachliche Handlung (Z. 22). Die Lehrperson etabliert durch das Einfordern einer solchen komplexen Diskurspraktik gleichzeitig einen globalen Zugzwang, der an die Lernenden erheblich höhere Anforderungen stellt als die Bearbeitung lediglich lokaler Zugzwänge. Auf diese Weise schafft sie auf sprachlich produktiver Ebene zumindest potenziell eine Partizipationsmöglichkeit für die Schülerinnen und Schüler, die über das Füllen bloß kleiner Lücken deutlich hinausgeht.

In der sich anschließenden fast drei Sekunden dauernden Pause meldet sich allerdings niemand. Die Lehrperson schlägt in ihrem nun folgenden Redebeitrag implizit einen nächsten möglichen Teilschritt zur Lösung vor, nämlich die Segmentierung des unbekannten Kompositums in seine Bestandteile und die Klärung der Bedeutung des semantisch zentralen ersten Teils des Kompositums, »Zunft«. Cornelia signalisiert durch ihr Melden Bereitschaft zur Übernahme des nächsten Redebeitrags und bietet nach Aufforderung durch die Lehrperson eine erste Lösung im Sinne eines Definitionsversuches an (»ne gruppe die irgendwie bestimmte regeln hat sowas,« – Z. 28), begleitet durch zahlreiche Vagheitsmarkierungen (»irgendwie«; »sowas«).

Die Lehrperson ratifiziert Cornelias Äußerung formal, aber nicht inhaltlich, und gibt das Rederecht weiter an den sich meldenden Schüler Kilian. Gewissermaßen synonym zu Cornelias Antwort bietet dieser »Verein« (Z. 34) als Lösung an. Nach einer ebenfalls nur formalen Ratifizierung ruft die Lehrperson Tobi auf. Dessen erster Redebeitrag ist aufgrund der sehr geringen Sprechlautstärke akustisch kaum zu verstehen (Z. 35), was die Lehrperson gestisch und verbal rückmeldet und Tobi so indirekt zur Wiederholung seines Beitrags auffordert (Z. 36). Tobi signalisiert daraufhin, diesmal lauter, dass er inhaltlich nichts hinzuzufügen hat (Z. 37). In dieser Phase des Problemlösens (Ehlich & Rehbein, 1986) etabliert die Lehrperson den globalen Zugzwang erneut, konkretisiert aber ihre Erwartungen an die Schülerinnen und Schüler nochmals: Sie fragt nun explizit nach einer Definition (»vielleicht definieren wir das noch geNAUer,« – Z. 40) und verdeutlicht so, was sich normativ hinter dem zuvor von ihr eingeforderten »Erklären« einer Wortbedeutung verbirgt. Diese Fokussierung auf ein Mehr an Präzision wird redundant durch die Verwendung des Lexems »genauer« markiert, das zudem auch deutlich prosodisch hervorgehoben wird. Dennis macht einen nächsten Versuch. Anstatt ein weiteres Synonym zu liefern, kehrt er zum Ursprung der Frage zurück und bietet nun seinerseits ein Kompositum zur Erklärung des Begriffes »Zunft« an, indem er spezifiziert, wer hier zur Gruppe bzw. zum Verein gehört (»so:: HANDwerkerzunft;« – Z. 42).

Die Lehrperson ratifiziert Dennis' Redebeitrag nun als richtig. Anschließend fragt sie danach, ob noch jemand »vertiefen« möchte – hier wieder implizit die Forderung nach mehr Präzision – oder ob sie selbst übernehmen solle, lässt den Schülerinnen und Schülern de facto aber keine Zeit, an dieser Stelle tatsächlich weitere Erklärungsversuche anzubieten (Z. 49), und beendet auf diese Weise die Phase des Problemlösens bzw. Antwortgebens. Sie produziert unter Bezugnahme auf die vorherigen Schüleräußerungen im Folgenden selbst modellhaft eine Erklärung des Begriffs »Zunftordnungen« (Z. 50–71).

Hierzu bezieht sie sich zunächst auf die letzte, von ihr als richtig ratifizierte Schüleräußerung »Handwerkerzunft« (Z. 50) und bestimmt diese als Vereinigung, die alle, die diesen Beruf ausüben, miteinander verbindet (Z. 51–55). Hierbei integriert sie durch einen Einschub eine weitere vorherige Schüleräußerung, indem sie »Verein« aufgreift und gleichzeitig nonverbal auf Kilian verweist (Z. 52). Sie hebt die Ähnlichkeit zwischen »Verein« und »Vereinigung« hervor, markiert damit gleichzeitig aber auch implizit einen Bedeutungsunterschied. Auch hier wird indirekt das Kriterium der sprachlichen Präzision noch einmal aufgerufen. Gemäß des zuvor von ihr implizit vorgeschlagenen Verfahrens der De- und anschließenden Rekonstruktion des Kompositums wendet sie sich anschließend dem eigentlich zu klärenden »Zunftordnungen« zu (Z. 56). Eingebettet in eine Wiederaufnahme des ersten Teils ihrer Begriffsbestimmung (und da – Z. 56), gemeint ist »Zunft«, situiert sie »Ordnungen« und expliziert so lexikalisch den Zusammenhang zwischen beiden Bestandteilen. Es folgt eine Aufzählung, in der exemplarisch illustriert wird, was genau die Zunftordnung regelt, nämlich den Zugang zum Beruf bzw. zu Professionalisierungsmöglichkeiten innerhalb einer Berufsgruppe (»wer da geselle werden darf wer da meischter werden darf wer des auf !KEI!nen fall werden darf=« – Z. 57).

An dieser Stelle ist die eigentliche Erklärung des Wortes »Zunftordnungen« beendet. Die Lehrperson hat bis hierhin gewissermaßen einen mündlichen Lexikoneintrag produziert: Sie liefert zunächst eine Definition des Begriffs »Zunft«, situiert anschließend in diesem Kontext »Zunftordnungen« und bestimmt deren Funktion durch das Nennen von Beispielen. Sie verwendet durchgehend das Präsens, obgleich es sich um ein historisches Faktum handelt, und folgt – typisch für informative Texte wie den Lexikoneintrag – einem deskriptiven Themenentfaltungsmuster, wie es bei der Beschreibung von unbelebten Dingen, Vorgängen, Zuständen usw. üblich ist (Brinker, Cölfen & Pappert, 2014, S. 60–64).

Dennoch behält die Lehrperson das Rederecht und liefert im Nachgang der 18-sekündigen Worterklärung eine multiperspektivische historische Kontextualisierung der Zunftordnungen, die fast doppelt so viel Zeit beansprucht (Z. 58–69). Sie beginnt lexikalisch mit dem Rückbezug auf ihre gesamte vorangegangene Worterklärung und produziert gleichzeitig durch die prosodische Hervorhebung eine Zäsur (und DES; – Z. 58), die als (Aufmerksamkeits-)Marker den nun folgenden Teil einleitet. Dieser wird durch einen Tempuswechsel auch grammatikalisch markiert: In Abgrenzung von der durchgängig präsentisch formulierten Worterklärung oben wird nun im Perfekt und Präteritum formuliert. Damit wird eine zeitliche Dimension aufgerufen, anders als in dem Allgemeingültigkeit suggerierenden ›Lexikoneintrag‹ zum Begriff »Zunftordnungen«.

»In einer gewissen Zeit in der Geschichte« (Z. 59), erläutert die Lehrperson – eine präzise zeitliche Einordnung wird hier nicht relevant gesetzt – seien Zunftordnungen »hilfreich« gewesen. Es folgt eine nachgeschobene Einschränkung (»für die zünfte;« – Z. 59), die explizit den ersten Pol der nun folgenden diametralen Bewertung benennt. Das adversative »aber« eröffnet als lexikalische Markierung den Gegenpol. Es folgt die konkrete Nennung zweier historischer Entwicklungen, nämlich »Weiterentwicklung der Maschinen« und »Bevölkerungswachstum«, die als ursächlich für eine sich wandelnde Bewertung der Zunftordnungen etabliert werden. Dies stützt argumentativ die sich anschließende Schlussfolgerung, erweiterte Berufszugangsmöglichkeiten seien notwendig gewesen (Z. 62–63). Diese Schlussfolgerung wird im Gegensatz zu vorher keiner konkreten Gruppe zugeschrieben, sondern stattdessen mit generellem Gültigkeitsanspruch formuliert (man muss – Z. 62). Die Wahl des Verbes »erlauben« (Z. 62) stellt zudem lexikalisch noch einmal den Rückbezug zur Erläuterung der Funktion der Zunftordnungen und zu dem hier verwendeten Modalverb »dürfen« her (Z. 57).

Es folgt ein erneuter, auch prosodisch markierter Perspektivenwechsel (»ja und DA:« – Z. 64), zurück zu den Zünften und ihren »Schwierigkeiten« mit den historischen Veränderungen (Z. 67). Gleichzeitig liefert die Lehrperson eine Begründung dieser Schwierigkeiten durch die Attribuierung der Zünfte als »teilweise rückwärtsgewandt« (Z. 65), die zusätzlich gestisch untermalt wird (Z. 66). Zusammenfassend formuliert sie, lexikalisch gestützt durch das einleitende Kausaladverb »deswegen« (Z. 68), eine Schlussregel im Sinne einer Conclusio (»war des in deutschland gar nicht so einfach des zu verÄNdern;« – Z. 69). Die nachgeschobene historische Kontextualisierung, der ein argumentatives Themenentfaltungsmuster zugrunde liegt (vgl. Brinker et al., 2014, S. 73–80), endet hiermit. Der Redebeitrag schließt mit der interaktiv gestalteten Absicherung der Lehrperson, ob das Ziel der gesamten Sequenz, nämlich die Klärung des Begriffs »Zunftordnungen«, auch tatsächlich erreicht worden ist (Z. 70–72).

Der offensichtliche sprachliche Lerngegenstand dieser Sequenz, der Begriff »Zunftordnungen«, liegt auf semantisch-lexikalischer Ebene. Zeitgleich etabliert die Lehrperson jedoch auch auf diversen anderen sprachlichen Ebenen (bildungs-)sprachliche Lerngegenstände bzw. Normerwartungen. Sie schafft auf diese Weise eine Vielzahl zumindest potenzieller Lerngelegenheiten für die Schülerinnen und Schüler:

1. *Worterklärungen als Strategie der Texterschließung.* Die Lehrperson verdeutlicht durch ihre regelmäßigen und systematisch platzierten Nachfragen zur Bedeutung einzelner Wörter nach jeder Textlektüre implizit, dass es eine grundlegende Voraussetzung für die weiterführende Auseinandersetzung mit einem (Sach-)Text ist, dessen zentrale Begriffe zu kennen und zu verstehen. Auf diese Weise wird die Klärung etwaiger unbekannter Begriffe als erster Schritt der Texterschließung etabliert.

2. *(Wiederholtes) Etablieren globaler Zugzwänge.* Anstatt selbst zu erklären, was »Zunftordnungen« sind, übergibt die Lehrperson diese Aufgabe zunächst an die Schülerinnen und Schüler. Sie schafft damit sowohl die Möglichkeit zur generellen Teilhabe am Unterrichtsgeschehen als auch eine Gelegenheit zum mündlichen Einüben der Diskurspraktik Erklären. Auch dieses Delegieren von Worterklärungen ist ein systematisch zu beobachtendes, erprobtes Verfahren innerhalb der Klasse. Die Lehrperson macht den globalen Zugzwang zudem für alle Beteiligten transparent, da sie die erwartete Diskurspraktik explizit benennt. Nachdem die ersten Erklärungsversuche mit der Weitergabe des Rederechts durch die Lehrperson implizit als nicht ausreichend bewertet werden, etabliert sie den globalen Zugzwang explizit erneut und präzisiert zeitgleich ihre Normerwartungen: Gefordert wird eine Definition, d. h. eine allgemeingültige Begriffsbestimmung. Augenfällig ist, dass die nun folgende Schüleräußerung als richtig ratifiziert wird, obgleich sie substanzi-

ell nur wenig Neues enthält und es sich auch hierbei nicht um eine Worterklärung handelt. Die Lehrperson fordert an dieser Stelle dennoch keine weitere Elaboration ein und produziert stattdessen nun selbst eine (modellhafte) Worterklärung.

3. *De- und Rekonstruktion des Kompositums.* Die Lehrperson leitet die Schülerinnen und Schüler zu einem Verfahren im Umgang mit unbekannten Komposita an: Segmentierung des Kompositums in seine Bestandteile, Klärung der Bedeutung des unbekannten Bestandteils, anschließend Klärung der Gesamtbedeutung. Dieses von ihr vorgeschlagene Verfahren der De- und anschließenden Rekonstruktion des Kompositums setzt sie in der Ausgestaltung der später produzierten Worterklärung selbst um.

4. *Relevantsetzen prosodischer Aspekte.* Es erfolgt die Rückmeldung an einen Schüler, dass sein Redebeitrag akustisch nicht verständlich ist, und implizit die Aufforderung zur Wiederholung des Beitrags. Insofern wird hier, wenn auch nicht explizit, eine Norm hinsichtlich der im Klassenzimmer erforderlichen Sprechlautstärke der Schülerinnen und Schüler gesetzt. Die Lehrperson fordert somit auf prosodischer Ebene eine Adressatenorientierung der Schülerbeiträge ein.

5. *Lexikalische Explizitheit/Präzision.* An mehreren Stellen innerhalb der Sequenz wird die Wichtigkeit von lexikalischer Explizitheit und präzisen Formulierungen im Kontext von Worterklärungen durch die Lehrperson relevant gesetzt. Sie indiziert ihre Forderung einerseits explizit durch die Verwendung der Lexeme »Definition«, »genauer« und »vertiefen« in den Aufgabenstellungen, andererseits kontextualisiert sie die später von ihr selbst produzierte Worterklärung durch verbalen und nonverbalen Rückbezug auf vorherige Schülerbeiträge. Diese Nähe-/Distanzsetzung zu vorherigen Äußerungen ermöglicht es nicht nur Bedeutungsnuancen aufzuzeigen, sondern kann gleichzeitig als Feedbackangebot an die Schülerinnen und Schüler hinsichtlich der sprachlichen Ausgestaltung ihrer vorherigen Beiträge verstanden werden.

6. *Modellhafte Worterklärung.* Im Anschluss an die Erklärversuche der Schülerinnen und Schüler »übernimmt« die Lehrperson und »vertieft« selbst. Hierzu produziert sie modellhaft eine Worterklärung zu »Zunftordnungen« und reagiert auf diese Weise auf den vorher von ihr etablierten globalen Zugzwang. In ihrer Worterklärung reproduziert sie – allerdings ohne dies explizit kenntlich zu machen – für die Textsorte Lexikoneintrag typische formal-sprachliche Strukturen wie die Formulierung im generellen Präsens, das Abfassen einer Definition im Sinne einer allgemeinen Deskription sowie die

anschließende Erläuterung der Funktion durch die Nennung von Beispielen. Sie deklariert ihre Erklärung zwar nicht als Modell, schafft aber lexikalisch Kontinuität zu den vorherigen, ihres Erachtens offenbar nicht (vollständig) gelungenen Erklärversuchen der Schülerinnen und Schüler. Dies spricht dafür, dass der Worterklärung Modellcharakter zukommt – zumindest aus der Perspektive der Lehrperson.

7. *Historische Kontextualisierung zentraler Konzepte/Begriffe.* Gewissermaßen als ›Zusatztext‹ zur eigentlichen Worterklärung erfolgt die relativ zeitintensive historische Kontextualisierung des Begriffs »Zunftordnungen«. Die Lehrperson führt damit, ohne dies zu explizieren, zum Text, der zuvor vorgelesen wurde, zurück. Der Lehrbuchtext beginnt mit der Kernthese, dass Deutschland um 1800 kein industrialisiertes Land war, was argumentativ auf die Absenz von Kolonien, die Prägung des wirtschaftlichen Lebens durch Zölle und Zunftordnungen sowie die Zersplitterung in eine Vielzahl voneinander unabhängiger Gebiete zurückgeführt wird. Vor diesem Hintergrund wird der enorme Formulierungsaufwand der Lehrperson nachvollziehbar. Für das Verstehen der historischen Zusammenhänge ist nicht nur die Kenntnis der Bedeutung von »Zunftordnung« erforderlich, sondern vor allem ein Wissen um deren Bewertung. Auffällig ist hierbei die sowohl sprachliche als auch inhaltliche Gegenüberstellung zweier unterschiedlicher Positionen: Die historische Position der Zünfte wird mit einer ›neutralen‹, gewissermaßen ahistorischen ›Man‹-Perspektive, die mit dem vorausgegangenen präsentisch formulierten Lexikoneintrag korreliert, kontrastiert. Die Lehrperson führt auf diese Weise vor, wie sich multiperspektivische Sichtweisen auf historische Gegebenheiten mündlich kohärent vertexten lassen.

Nimmt man sämtliche Worterklärungen, die sich für diesen Einzelfall innerhalb der vier dokumentierten Unterrichtsstunden beobachten lassen, in den Blick, fällt eine weitere Besonderheit auf. Nicht alle Erklärungen werden wie die oben beschriebene interaktiv in mehreren Zügen der Schülerinnen und Schüler sowie der Lehrperson mit anschließender historischer Kontextualisierung gestaltet. Insgesamt lassen sich hinsichtlich der Herstellung von Worterklärungen formal-strukturell drei unterschiedliche Typen identifizieren: Neben den zeitintensiven Erklärungen des obigen Typs (z. B. für »Zunftordnungen« und »Schutzzoll«) gibt es als zweiten Typus Worterklärungen, die als knappe Definition mit maximal zwei Propositionen durch die Lehrperson allein realisiert werden, ohne dass zuvor Erklärbedarf etabliert wurde (z. B. bei »Quelle« oder »Katechismus«). Der dritte Typus von Worterklärungen wird nicht monologisch, sondern wie der erste Typ dialogisch hergestellt, gestaltet sich jedoch deutlich kürzer als dieser. Zunächst wird lehrer- oder schülerseitig Erklärbedarf etabliert. Danach wird die Worterklärung als einfache »Frage-Antwort-Bewertung«-Sequenz in drei Zügen (vgl. Mehan, 1979) realisiert, wobei die schülerseitige Antwort unabhängig von ihrer sprachlichen oder fachlichen Qualität durch die Lehrperson als richtig ratifiziert wird (z. B. bei »Patent« und »Investitionen«).

Wenn man betrachtet, welche Begriffe nach welchem formal-strukturellen Typus erklärt werden, deutet vieles auf eine kontext-sensitive Ausgestaltung der Worterklärungen innerhalb dieser Klasse hin: Je relevanter ein Begriff bzw. Konzept aus Sicht der Lehrperson für die Unterrichtseinheit ist, desto länger und interaktiver werden die Worterklärungen. Worterklärungen des ersten Typs, bestehend aus deskriptivem Lexikoneintrag und historischer, in der Regel multiperspektivischer und damit argumentativer Kontextualisierung, sind nur dann zu beobachten, wenn es sich um ›epochal gebundene‹ Begriffe handelt, die offenbar für ein tieferes Verständnis der spezifischen Inhalte der aktuellen Unterrichtseinheit für zentral erachtet werden. Als bereits bekannt vorauszusetzende Fachwörter wie »Quelle« oder fachfremde Fremdwörter wie »Katechismus« werden dagegen ohne große zeitliche Investition *en passant* von der Lehrperson allein erklärt. Durch die Ausgestaltung der jeweiligen Worterklärungen markiert die Lehrperson demnach auch auf formal-struktureller Ebene die situative Relevanz bzw. Irrelevanz bestimmter Begriffe und Konzepte und etabliert diese derart als sprachliche Lerngegenstände der aktuellen Unterrichtseinheit.

5. Zusammenfassung und Ausblick

In der in diesem Beitrag vorgestellten Einzelfallanalyse zeigt sich der Mehrwert gesprächsanalytischer Perspektiven für die Erforschung mündlicher bildungssprachlicher Praktiken. Neben dem offensichtlichen sprachlichen Lerngegenstand im Bereich der Lexik / Semantik wird deutlich, dass die Lehrperson zeitgleich auch auf verschiedenen anderen sprachlichen Ebenen potenzielle Lerngelegenheiten bzw. bildungssprachliche Normerwartungen etabliert, wenngleich diese nicht durchgängig expliziert und konsequent eingefordert werden. Diese Normerwartungen sind einerseits fachunspezifisch wie die Strategien zur Text- (1.) und Worterschließung (3.), das Einfordern einer Adressatenorientierung auf prosodischer Ebene (4.), die Notwendigkeit (lexikalischer) Explizitheit während des Erklärens (5.) sowie generell das Setzen (2.) und Erfüllen (6.) globaler Zugzwänge. Andererseits etabliert die Lehrperson auch sprachliche Normerwartungen, die in engem epistemischen Zusammenhang mit den konkreten Lerninhalten des Fachs stehen: Worterklärungen sind nicht gleich Worterklärungen. Stattdessen wird durch die formal-strukturelle Ausgestaltung der Erklärungen die Relevanz der jeweils erklärten Begriffe für die aktuelle Unterrichtseinheit markiert. Um zentrale Begriffe bzw. Konzepte angemessen, also den Normerwartungen entsprechend zu *erklären*, ist neben der eigentlichen Erklärung offenbar auch deren meist multiperspektivische historische Kontextualisierung (7.) erforderlich.

Bildungssprachliche Praktiken zeigen sich aus gesprächsanalytischer Perspektive als komplementäre Kehrseite der im Unterricht beobachtbaren sprachlichen Normerwartungen. Die vorliegenden Ergebnisse verweisen bereits zum jetzigen Zeitpunkt auf eine Vielfalt und Komplexität mündlicher bildungssprachlicher Praktiken im Fach Geschichte, die weit über gängige statische Modellierungen hinausreichen (z. B. beim Relevantsetzen prosodischer Aspekte oder bei der kontext-sensitiven Ausgestaltung von Worterklärungen). Für die Sammlung und Systematisierung dieser Praktiken bedarf es daher weiterer Forschungsanstrengungen zur Rekonstruktion eben jener in spezifischen unterrichtlichen Kommunikationssituationen etablierten sprachlichen Normerwartungen. Zu klären bleibt in einem zweiten Schritt, inwiefern diese Normerwartungen fachunspezifisch sind bzw. welchen dieser Normerwartungen aufgrund ihrer epistemischen Funktion eine wesentliche Bedeutung für das historische Lernen zukommt.

Transkriptionskonventionen nach GAT 2 (Selting et al., 2009)

[ ]	Überlappungen und Simultansprechen
(.)	Mikropause, geschätzt, bis ca. 0.2 Sek. Dauer
(1.4)	gemessene Pause
((meldet sich))	para- und außersprachliche Handlungen und Ereignisse
(verein)	vermuteter Wortlaut
+++	unverständlicher Wortlaut
=	schneller, unmittelbarer Anschluss des neuen Beitrags
äh:	Dehnung
akZENT	Fokusakzent
ak!ZENT!	extra starker Akzent

Tonhöhenbewegung am Ende von Intonationsphrasen

?	hoch steigend
,	mittel steigend
–	gleichbleibend
;	mittel fallend
.	tief fallend

Literatur

Ahrenholz, B. (2010). Bildungssprache im Sachunterricht der Grundschule. In B. Ahrenholz (Hrsg.), *Fachunterricht und Deutsch als Zweitsprache* (S. 15–35). Tübingen: Gunter Narr.

Becker-Mrotzek, M. & Vogt, R. (2009). *Unterrichtskommunikation. Linguistische Analysemethoden und Forschungsergebnisse* (2., bearb. und akt. Aufl.). Tübingen: Max Niemeyer.

Brinker, K., Cölfen, H. & Pappert, S. (2014). *Linguistische Textanalyse. Eine Einführung in Grundbegriffe und Methoden* (8., neu bearb. und erw. Aufl.). Berlin: Erich Schmidt.

Cummins, J. (2000). *Language, Power and Pedagogy. Bilingual Children in the Crossfire.* Clevedon: Multilingual Matters.

Deppermann, A. (2008). *Gespräche analysieren. Eine Einführung* (Qualitative Sozialforschung, Bd. 3) (4. Aufl.). Wiesbaden: VS Verlag für Sozialwissenschaften.

Ehlich, K. (1983/2007). Text und sprachliches Handeln. Die Entstehung von Texten aus dem Bedürfnis nach Überlieferung. In K. Ehlich (Hrsg.), *Sprache und sprachliches Handeln. Bd. 3: Diskurs – Narration – Schrift – Text* (S. 483–508). New York: De Gruyter.

Ehlich, K. (2012). Unterrichtskommunikation. In M. Becker-Mrotzek (Hrsg.), *Mündliche Kommunikation und Gesprächsdidaktik* (DTP, Bd. 3) (2. Aufl.) (S. 327–348). Baltmannsweiler: Schneider Hohengehren.

Ehlich, K. & Rehbein, J. (1986). *Muster und Institution. Untersuchungen zur schulischen Kommunikation.* Tübingen: Gunter Narr.

Feilke, H. (2012a). Bildungssprachliche Kompetenzen – fördern und entwickeln. *Praxis Deutsch, 39* (233), 4–13.

Feilke, H. (2012b). Schulsprache – Wie Schule Sprache macht. In S. Günthner, W. Imo, D. Meer & J. G. Schneider (Hrsg.), *Kommunikation und Öffentlichkeit. Sprachwissenschaftliche Potenziale zwischen Empirie und Norm* (S. 149–175). Berlin: De Gruyter.

Fend, H. (2009). *Neue Theorie der Schule* (2. Aufl.). Wiesbaden: VS Verlag für Sozialwissenschaften.

Gantefort, Ch. (2013). ›Bildungssprache‹ – Merkmale und Fähigkeiten im sprachtheoretischen Kontext. In I. Gogolin, I. Lange, U. Michel & H. H. Reich (Hrsg.),

Herausforderung Bildungssprache – und wie man sie meistert (S. 71–105). Münster: Waxmann.

Garfinkel, H. (1984). *Studies in Ethnomethodology*. Malden: Blackwell.

Gogolin, I. (2013). Mehrsprachigkeit und bildungssprachliche Fähigkeiten. Zur Einführung in das Buch ›Herausforderung Bildungssprache – und wie man sie meistert‹. In I. Gogolin, I. Lange, U. Michel & H. H. Reich (Hrsg.), *Herausforderung Bildungssprache – und wie man sie meistert* (S. 7–18). Münster: Waxmann.

Gogolin, I. & Lange, I. (2011). Bildungssprache und durchgängige Sprachbildung. In S. Fürstenau & M. Gomolla (Hrsg.), *Migration und schulischer Wandel. Mehrsprachigkeit* (S. 107–127). Wiesbaden: VS Verlag für Sozialwissenschaften.

Gogolin, I., Lange, I., Michel, U. & Reich, H. H. (Hrsg.). (2013). *Herausforderung Bildungssprache – und wie man sie meistert*. Münster: Waxmann.

Grundler, E. (2011). *Kompetent argumentieren. Ein gesprächsanalytisch fundiertes Modell*. Tübingen: Stauffenburg.

Günther-Arndt, H. (2010). Hinwendung zur Sprache in der Geschichtsdidaktik – Alte Fragen und neue Antworten. In S. Handro & B. Schönemann (Hrsg.), *Geschichte und Sprache* (S. 17–46). Münster: Lit.

Günthner, S. (2012). Die Schriftsprache als Leitvarietät – die gesprochene Sprache als Abweichung? In S. Günthner, W. Imo, D. Meer & J. G. Schneider (Hrsg.), *Kommunikation und Öffentlichkeit. Sprachwissenschaftliche Potenziale zwischen Empirie und Norm* (S. 61–84). Berlin: De Gruyter.

Gumperz, J. J. (1992). Contextualization and understanding. In A. Duranti & C. Goodwin (Hrsg.), *Rethinking Context. Language as an Interactive Phenomenon* (S. 229–252). Cambridge / MA: Cambridge University Press.

Handro, S. (2013). Sprache und historisches Lernen. Dimensionen eines Schlüsselproblems des Geschichtsunterrichts. In M. Becker-Mrotzek, K. Schramm, E. Thürmann & H. J. Vollmer (Hrsg.), *Sprache im Fach. Sprachlichkeit und fachliches Lernen* (Fachdidaktische Forschungen, Bd. 3) (S. 317–333). Münster: Waxmann.

Handro, S. (2015). Sprache(n) und historisches Lernen. Zur Einführung. *Zeitschrift für Geschichtsdidaktik, 14*, 5–24.

Harren, I. (2015). *Fachliche Inhalte sprachlich ausdrücken lernen. Sprachliche Hürden und interaktive Vermittlungsverfahren im naturwissenschaftlichen Unterrichtsgespräch in der Mittel- und Oberstufe*. Mannheim: Verlag für Gesprächsforschung.

Hatscher, Ch. et al. (2005). *Geschichte konkret 2. Ein Lern- und Arbeitsbuch für die Klassen 7/8*. Braunschweig: Schroedel.

Hausendorf, H. & Quasthoff, U. (2005). *Eine linguistische Studie zum Erwerb von Diskursfähigkeiten*. Mannheim: Verlag für Gesprächsforschung.

Heller, V. (2012). *Kommunikative Erfahrungen von Kindern in Familie und Unterricht: Passungen und Divergenzen*. Tübingen: Stauffenburg.

Heller, V. (2015). Gesprächsanalyse in der sprachwissenschaftlichen und sprachdidaktischen Unterrichtsforschung. In A. Neumann & I. Mahler (Hrsg.), *Empirische Methoden der Deutschdidaktik: audio- und videographische Unterrichtsforschung* (2. Aufl.) (S. 122–150). Baltmannsweiler: Schneider Hohengehren.

Kern, F., Lingnau, B. & Paul, I. (2015). The construction of ›academic language‹ in German classrooms: Communicative practices and linguistic norms in ›morning circles‹. *Linguistics and Education, 31*, 207–220.

Koch, P. & Oesterreicher, W. (1985). Sprache der Nähe – Sprache der Distanz. Mündlichkeit und Schriftlichkeit im Spannungsfeld von Sprachtheorie und Sprachgeschichte. *Romanistisches Jahrbuch, 36*, 15–43.

Mehan, H. (1979). *Learning Lessons: Social Organization in the Classroom.* Cambridge/MA: Harvard University Press.

Morek, M. (2012). *Kinder erklären. Interaktionen in Familie und Unterricht im Vergleich.* Tübingen: Stauffenburg.

Morek, M. & Heller, V. (2012). Bildungssprache – Kommunikative, epistemische, soziale und interaktive Aspekte ihres Gebrauchs. *Zeitschrift für angewandte Linguistik, 57* (1), 67–101.

Ortner, H. (2009). Rhetorisch-stilistische Eigenschaften der Bildungssprache. In U. Fix, A. Gardt & J. Knape (Hrsg.), *Rhetorik und Stilistik, Bd. 2* (S. 2227–2240). Berlin: De Gruyter.

Quasthoff, U. (2012). Entwicklung der mündlichen Kommunikationskompetenz. In M. Becker-Mrotzek (Hrsg.), *Mündliche Kommunikation und Gesprächsdidaktik* (DTP, Bd. 3) (2. Aufl.) (S. 84–100). Baltmannsweiler: Schneider Hohengehren.

Quasthoff, U. & Heller, V. (2015). Mündlichkeit und Schriftlichkeit aus sprachwissenschaftlicher und sprachdidaktischer Sicht: Grundlegende Ein-/Ansichten und methodische Anregungen. In A. Neumann & I. Mahler (Hrsg.), *Empirische Methoden der Deutschdidaktik: audio- und videographische Unterrichtsforschung* (2. Aufl.) (S. 6–37). Baltmannsweiler: Schneider Hohengehren.

Schleppegrell, M. J. (2004). *The Language of Schooling. A Functional Linguistics Perspective.* Mahwah/NJ: Erlbaum.

Selting, M., Auer, P., Barth-Weingarten, D., Bergmann, J., Bergmann, P., Birkner, K., Couper-Kuhlen, E., Deppermann, A., Gilles, P., Günthner, S., Hartung, M., Kern, F., Mertzlufft, Ch., Meyer, Ch., Morek, M., Oberzaucher, F., Peters, J., Quasthoff, U., Schütte, W., Stukenbrock, A. & Uhmann, S. (2009). Gesprächsanalytisches Transkriptionssystem 2 (GAT 2). *Gesprächsforschung – Online-Zeitschrift zur verbalen Interaktion, 10*, 353–402.

Spiegel, C. (2006). *Unterricht als Interaktion. Gesprächsanalytische Studien zum kommunikativen Spannungsfeld zwischen Lehrern, Schülern und Institution.* Radolfzell: Verlag für Gesprächsforschung.

Alexander Heimes

Die Integration von Sprach- und Fachlernen, *Scaffolding* und Diskurskompetenz

Bilingualer (Geschichts-)Unterricht als Beispiel für sprachsensiblen Fachunterricht

1. Einleitung

Sprachbildung in allen Fächern gewinnt zunehmend an systemischer Bedeutung, wie man an der Verankerung in den Kerncurricula vieler Bundesländer und der nunmehr expliziten Berücksichtigung beispielsweise in der zweiten Phase der Lehrerausbildung in Nordrhein-Westfalen leicht erkennen kann. In jüngster Zeit kommen folglich auf allen Ebenen diejenigen Stimmen immer deutlicher zur Geltung, die sprachliche Fähigkeiten als vernachlässigte und oftmals leichtfertig vorausgesetzte Bedingung für substanzielles Lernen im Fach betrachten und daher eine generelle Stärkung des Sprachlernens als allgemeine unterrichtliche und didaktische Herausforderung unterstreichen (Schmölzer-Eibinger, 2013, S. 27f.). Solche Forderungen werden mittlerweile auch in der Geschichtsdidaktik vereinzelt vorsichtig und selektiv begrüßt, wenn sie ausdrücklich auf eine Stärkung des fachdiskursiven Lernens, die Rolle narrativer Kompetenz im Prozess des historischen Denkens bzw. Lernens oder den kognitiven Zugang zu historischen Quellen und Darstellungen bezogen werden können (Hartung, 2015; Handro, 2013; Günther-Arndt, 2011a, 2011b; Pandel, 2010; Hasberg, 2009; Langer-Plän, 2006; Barricelli, 2008, 2005). Die gezielte didaktische Arbeit zu sprachsensiblem Geschichtsunterricht hat entsprechend auch in den Instituten und auf Tagungen längst begonnen (z. B. unlängst auf der Tagung des Arbeitskreises Empirische Geschichtsunterrichtsforschung der Konferenz für Geschichtsdidaktik in Hamburg).

Indes ist die Verbindung von sprachlichen und inhaltlichen Lernprozessen und die damit zusammenhängende unterrichtsimmanente Sprachsensibilität an anderer Stelle schulisch schon lange konzeptuell verankert: In nunmehr über 1.000 Schulen wird bilingualer Sachfachunterricht in verschiedenen Schulformen, Organisationsformen und Partnersprachen erteilt (Küppers & Trautmann, 2013, S. 285) und angesichts messbarer Erfolge als furchtbares Unterrichtsmodell betrachtet (Breidbach, 2013, S. 12f.; Heimes, 2011, S. 46f.;

Barricelli & Zwicker, 2009, S. 13; Zydatiß, 2007, S. 227 ff.). Dabei gilt das Fach Geschichte (zusammen mit Geografie und Politik) bis heute quantitativ als einer der Platzhirsche, was die zweisprachig angebotenen Disziplinen betrifft. Inhaltlicher Lernfortschritt wird in der bilingualen (Geschichts-)Unterrichtsplanung mit fremdsprachlichem Lernen, aber auch mit einer Kompetenzerweiterung in der Schulsprache Deutsch systematisch verzahnt.

Es bietet sich an, vor dem Hintergrund der Verinnerlichung von sprachsensiblen Prinzipien im bilingualen (Geschichts-)Unterricht theoretische und praktische Transfermöglichkeiten auf nicht bilinguale Szenarien eingehender zu prüfen. Zentrale Aspekte sind dabei, wie später zu sehen sein wird, die Integration von Inhalt und Sprache, der fachlich-methodische Aspekt des *Scaffolding* sowie die zu erwerbenden Diskursfähigkeiten.

2. Terminologie und Definition

Sprachsensibler Fachunterricht ist nicht als exotische Spielart einer bestimmten Disziplin zu verstehen, sondern als reflektiert gestalteter Fachunterricht, der Sprache als »ein unabdingbares Instrument im Umgang mit Wissen, beim Erfahren neuer Zusammenhänge und beim Darstellen von Erkenntnissen« betrachtet und daher fachunterrichtliche Szenarien bewusst um spezifische sprachliche Ziele und Elemente erweitert (Qualitäts- und Unterstützungs-Agentur & Landesinstitut für Schule 2016). Josef Leisen, einer der Vordenker und Verfechter des sprachsensiblen Unterrichts in Deutschland, betont entsprechend, dass derart gestalteter Unterricht als Kompetenzförderung von Sprechen, Lesen und Schreiben »an und mit den Fragestellungen des Fachs« (Leisen, 2013, S. 6) zu verstehen ist. Denk- und Sprechfähigkeiten werden gleichermaßen in den Blick genommen, wobei die sprachlichen Fähigkeiten als »Voraussetzung für Verstehen und Kommunizieren im Fach« und als Schlüssel »für gelingenden Fachunterricht« betrachtet werden (Leisen, 2013, S. 3; 2015, S. 47). Sprachsensibler Unterricht ist folglich »Regelunterricht und keine organisatorische Sonderform« sowie »Kernelement einer (durchgängigen) Sprachbildung« (Qualitäts- und Unterstützungsagentur & Landesinstitut für Schule 2016). Sabine Schmölzer Eibinger (2013, S. 27 ff.) zeigt sich derweil überzeugt, dass sprachliches Lernen zu oft als selbstverständlich angesehen wird, und fordert daher einen umfassenderen schulischen Paradigmenwechsel hin zu einem sprachbewussten Fachunterricht als bisher, dessen Kennzeichen eine Integration von Sprach- und Inhaltslernen, Sprachaufmerksamkeit, aktives Sprachhandeln, Interaktion sowie eine Konzentration auf Schriftsprache und Textarbeit sein sollen (vgl. Maset, 2015, S. 35).

Bilingualer Unterricht wird derweil je nach fachdidaktischer Ausrichtung als eigenständige Unterrichtsform, für die eine spezifische Didaktik eingefordert wird (Wildhage & Otten, 2003, S. 22 ff.; Heimes, 2013, S. 351), oder als ergänzendes Unterrichtsprinzip (Hasberg, 2007, S. 55) verstanden. Organisatorisch ist bilingualer Unterricht in allen Schulformen und Altersstufen zu finden, in weiterführenden Schulen als Bildungsgang mit vorbereitendem Unterricht in der Fremdsprache und anschließend bis zum Abitur mit zweisprachigem Sachfachunterricht oder modulartig in ausgewählten Jahrgangsstufen (Krechel, 2013, S. 74 ff.). Die Ziele des bilingualen Unterrichts sind mehrdimensional: Sie umfassen gleichermaßen eine Erweiterung der fremdsprachlichen, sachfachlichen, interkulturellen und metakognitiven Kompetenzen (Bonnet & Breidbach, 2013, S. 28). Didaktisch wiederum entfaltet sich bilingualer Unterricht in einem doppelten Integrationsspannungsfeld: zum einen im Spannungsfeld von inhaltlichem und sprachlichem Lernen (vgl. Abschnitt 3), zum andern im Spannungsfeld der Schulsprache Deutsch und der Fremdsprache.

Die Integration von Inhalt und Sprache wird im bilingualen (Geschichts-)Unterricht idealiter in der Form realisiert, dass Fach- und Sprachlernen parallel implementiert werden. Mit dieser Grundannahme wird »häufig der Anspruch verbunden [...] dabei eine Lernsituation zu schaffen, bei der der wechselseitige Fokus für fachliches und fremdsprachliches Lernen gegenüber traditionellen Unterrichtsformen zu einem Mehrwert führt« (Heine, 2015, S. 15). Während der erwähnte ›Mehrwert‹ in fremdsprachlicher Hinsicht unbestritten ist (Vollmer, 2013, S. 12 f.; Heimes, 2011, S. 46 f.; Zydatiß, 2007, S. 227 ff.), ist die Lage auf fachlicher Ebene empirisch verschwommener, explizit negative Effekte konnten bisher allerdings nirgendwo belegt werden (Badertscher & Bieri, 2009). Im bilingualen Geschichtsunterricht scheint die Kombination aus mehrsprachigen Quellen und Darstellungen die Sensibilität für standortbezogene Perspektiven und für den Konstruktcharakter von Geschichte sowie die Wahrnehmung des historisch und kulturell Eigenen und Fremden positiv zu beeinflussen (Heimes, 2013, S. 347 f.; Lamsfuß-Schenk, 2010). Das Verhältnis von Fremdsprache und Schulsprache Deutsch ist derweil konzeptuell und empirisch ungeklärt bzw. ein zentraler Streitpunkt in Diskussionen (Maset, 2015, S. 21 ff.; Heimes, 2011, S. 49 ff.; Hasberg, 2009, S. 55 ff.; Müller-Schneck, 2006, S. 183). Mancherorts wird zwar immer noch sowohl die fremdsprachliche Einsprachigkeit als auch die komplette prozentuale Gleichstellung beider verwendeter linguistischer Codes verlangt. Doch kommen zwischen den Polen anzusiedelnde Ansätze wie die funktionale Mehrsprachigkeit (Wildhage & Otten, 2003, S. 31 ff.) und die differenzierte Mehrsprachigkeit (Heimes, 2011, S. 156 ff.), die der pragmatischen Formel »So viel Deutsch wie nötig, so wenig wie möglich« folgen, der verbreiteten Praxis wohl am nächsten. Beide genannten Ansätze haben gemeinsam, dass ihnen zufolge sowohl die inhaltliche als auch die sprachliche Lerndimension bei der Planung von bilingualem (Geschichts-)Unterricht systematisch betrachtet und berücksichtigt wird.

3. Die Integration von Sprache und Inhalt

Die terminologische Klärung lässt schon erahnen, dass es eine Reihe von sprachsensiblen Elementen, Wirkungsmustern und Basisannahmen gibt, die dem bilingualen Unterricht zugrunde liegen und auch für einen grundlegend sprachbewusst konzipierten Fachunterricht bedeutsam werden könnten. So strebt jede Art von sprachbewusstem Fachunterricht (also auch der bilinguale (Geschichts-)Unterricht) nach einer Integration von Inhalt und Sprache (zur weiteren Erläuterung dieses Aspekts vgl. Abschnitt 5). Fachliches Lernen soll und darf nicht behindert werden, während sich sprachlicher Lernfortschritt gezielt initiiert im Hintergrund entfaltet. Hilfreich veranschaulicht (im bilingualen Forschungskontext) wird dieses kooperative Voranschreiten von Inhalts- und Sprachlernen häufig mit dem in der Sprachwissenschaft von Jim Cummins (1979) etablierten Modell um die Termini BICS (*Basic Interpersonal Communication Skills*) und CALP (*Cognitive Academic Language Proficiency*) (Maset, 2015, S. 30 ff.). Mit BICS wird die alltägliche Anwendung einer Sprache bezeichnet, ein Level der Nutzung, das weniger Abstraktionsanforderungen stellt und oftmals einem deutlichen, nicht selten haptischen Kontext zugeschrieben werden kann; CALP dagegen ist in seiner vollendeten Form als tendenziell akademische, häufig schriftsprachlich ausgerichtete Sprachnutzung zu verstehen, in der abstrakte und kontextgelöste Sujets thematisiert werden (Cummins, 1979). Die Entwicklung von BICS zu CALP wird in diesem Modell mit dem Lernfortschritt im Erwerb einer (Fremd-)Sprache gleichgesetzt (Maset, 2015, S. 30). Im bilingualen (Geschichts-)Unterricht lässt sich in diesem Zusammenhang eine Verbindung zur Forschung zum *Conceptual Change* herstellen (vgl. Abschnitt 5.1). Gemeint ist hier die langsame Transformation von alltagsbezogenen Wissensbausteinen und -beständen hin zu wissenschaftlichen Begriffen

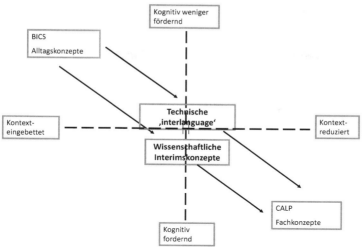

Abb. 1: Integrative Entwicklung von BICS zu CALP und von Alltags- zu Fachkonzepten (Heimes, 2011, S. 75)

und Konzepten – ein Vorgang, der insbesondere den schulischen Unterricht charakterisiert (Vries, 2013, S. 146 ff.): Das haptische Erlebnis des Regentropfens, den ein Kind im Alltag erfährt und beispielsweise als nass, kalt und Kennzeichen für schlechtes Wetter abspeichert, wird in der Wissensstruktur einer Schülerin bzw. eines Schülers über die Jahre zum wissenschaftlichen Konzept des Niederschlags weiterentwickelt, in dem die basalen Alltagserfahrungen um akademische Elemente beispielsweise über die Entstehung und Funktion von Regen erweitert werden. Dabei bedingen sich die Entwicklung von BICS zu CALP und des die *Conceptual Change* gegenseitig (vgl. Abb. 1).

Sprachliche (BICS zu CALP) und fachliche (*Conceptual Change*) Entwicklung gehen also Hand in Hand: je höher das fachliche Verständnis, desto spürbarer der sprachliche Fortschritt – insbesondere in der Anwendung und Handhabung der Fachsprache (Vries, 2013, S. 148 ff.). Nur wenn Fachsprache richtig internalisiert und umfassend trainiert wird, kann fachliches Wissen adäquat und tatsächlich reproduziert, reflektiert und transferiert werden (Breidbach, 2007, S. 108). Häufig wird in Darstellungen unterschlagen, dass es im bilingualen (Geschichts-)Unterricht auch um den korrekten Erwerb der deutschen Fachsprache geht (Maset, 2015, S. 19 f.). Dies ist umso wichtiger, wenn man sich vor Augen hält, dass eine wachsende Zahl von Schülerinnen und Schülern mit Migrationshintergrund im bilingualen (Geschichts-)Unterricht in der zweiten und dritten Sprache lernt, diese deutschsprachige Berücksichtigung also große Wichtigkeit für die Entwicklung des CALP-Levels solcher Schülerinnen und

Schüler auch im Deutschen hat. Erschwerend kommt hinzu, dass die Fachsprache zunächst der Schriftsprache generell näherliegt, die Unterrichtspraxis aber einen deutlichen mündlichen Schwerpunkt aufweist und so differenzierendfördernde Wege für Mündlichkeit und Schriftlichkeit gefunden werden müssen (Leisen, 2013, S. 7). Ein Bewusstsein und eine gezielte Berücksichtigung für diesen doppelt-integrativen Lernentwicklungsmechanismus sowie für die Bedeutung von (schriftlicher und mündlicher) Fachsprache sind Gelingensbedingungen sowohl für guten bilingualen als auch für erfolgreichen sprachsensiblen Regelunterricht in Geschichte oder anderen Fächern. Die Idee des fachlich bildenden, interdependenten Übergangs von BICS/Alltagssprache zu CALP/akademischer Sprache findet sich auch (mit deutlich weniger Akzentuierung des *Conceptual Change*) im Konzept der ›Bildungssprache‹ (Gogolin, 2006), auf das in Debatten um sprachsensiblen Fachunterricht häufig Bezug genommen wird.

4. Die besondere Rolle der Mehrsprachigkeit

Der bilinguale (Geschichts-)Unterricht dreht sich in seinem Kern um zwei Sprachen, die Fremdsprache und die Schulsprache Deutsch (vgl. Abschnitt 2). Der Fokus liegt dabei mit zunehmendem Lernfortschritt und Alter auf der Fremdsprache und im größeren Kontext auf dem fortschreitenden, impliziten Erwerb dieser Fremdsprache, der im bilingualen Sachfachunterricht insbesondere auf der Ebene von Diskurs und Fachsprache unterstützt wird (vgl. Abschnitt 5). Diese Grundkonstante der Mehrsprachigkeit bringt mehrere zentrale Unterschiede gegenüber einem einsprachig gehaltenen, sprachsensibel ausbalancierten Fachunterricht mit sich.

Zum einen zielt der bilinguale (Geschichts-)Unterricht auf die oft zitierte ›doppelte Sachfachliteralität‹ ab, d. h. die Fähigkeit, in *zwei* linguistischen Codes mit »dekontextualisierter Fachsprache umzugehen« (Maset, 2015, S. 34, vgl. auch S. 7) und damit eben in zwei Sprachen eine umfassende, übergreifende ›Bildungssprache‹ (Gogolin, 2006) zu erwerben. Im Zentrum didaktisch-methodischer Bemühungen steht also ungeachtet einer sich mit zunehmender Kompetenz und Erfahrung zugunsten der Fremdsprache verschiebenden Schwerpunktsetzung grundsätzlich die kommunikative Vertiefung sprachlich-fachdiskursiver Fähigkeiten in zwei Sprachen (Vollmer, 2013, S. 128). Zum andern wird der Fremdsprache von Beginn an eine bedeutsame fachliche

Funktion zugeschrieben. Der Gebrauch der Fremdsprache im bilingualen Geschichtsunterricht soll zu einem inhaltlichen Vehikel für Multiperspektivität und Fremdverstehen und damit auch für interkulturelles und historisches Lernen werden, indem beispielsweise didaktisch gezielt fremdsprachige Quellen und Darstellungen eingesetzt und kulturelles (›synchrones‹) sowie historisches (›diachrones‹) Einfühlungsvermögen durch sprachliches Wirken und Lernen gefördert werden sollen (Bonnet & Breidbach, 2013, S. 28 f.; Lamsfuß-Schenk, 2010, S. 214 ff.).

Ein weiterer entscheidender Unterschied zwischen bilingualem und sonstigem sprachbewussten (Geschichts-)Unterricht bezieht sich auf die Diagnosesituation. Immer wieder wird bilingualer (Geschichts-)Unterricht als Selektionsmodell oder reine Begabtenförderung kritisiert (Maset, 2015, S. 12). Diese Argumentation scheint zwar zunehmend höchst brüchig, da sich die bilinguale Klientel in den vergangenen Jahren vielerorts zu wandeln scheint. Programme wie ›Bili für alle‹ in NRW und demografische Verschiebungen insbesondere an Gymnasien (die bei Weitem die meisten bilingualen Unterrichtsmodelle anbieten) brechen klassische Strukturen auf, beziehen andere Schulformen vermehrt ein und befördern neue Organisationsarten (z. B. bilinguale Klassenbildung erst in Jahrgangsstufe 7, Wahlangebote, Projektkurse etc.). Entsprechend wächst auch die Heterogenität in bilingualen (Geschichts-)Klassen, womit sie allmählich ein relevantes Thema für die bilinguale Forschung wird (Heimes, 2012, 2010). Dennoch besteht ein wichtiger Unterschied zum sprachsensiblen Regelfachunterricht darin, dass sich tendenziell eher solche Schülerinnen und Schüler für ein bilinguales Angebot entscheiden, die eine gewisse Affinität zu (Fremd-)Sprache und Sprachlernen aufweisen (Küppers & Trautmann, 2013, S. 285 ff.). Schwere Defizite mit Blick auf die Sprachmittel sowie die rezeptiven und produktiven Fähigkeiten in der Fremdsprache sind bei solchen Lernern eher die Ausnahme, sodass es hier vorwiegend um einen allgemeinen, ähnlichen Lernfortschritt aller teilnehmenden Schülerinnen und Schüler auf fachsprachlich-diskursiver Ebene in beiden Sprachen geht. In der Folge haben es bilinguale Lehrkräfte zumindest hinsichtlich der Fremdsprache leichter bei der Diagnose: Während im bilingualen Unterricht bei fremdsprachlichem Unverständnis die Kommunikation im Klassenzimmer alsbald zusammenbricht bzw. mit dem notwendigen Ausweichen auf die Schulsprache Deutsch Probleme deutlich signalisiert werden, muss die sprachsensibel unterrichtende Lehrkraft im herkömmlichen Fachunterricht ein anderes, sehr viel mehr individualisiertes Instrumentarium zur diagnostischen Erfassung von Lernern mit sprachlichem Entwicklungspotenzial anlegen (Leisen, 2015, S. 51).

5. Sprachlernen und Sprachbewusstsein

Gelungener mehrsprachiger (Geschichts-)Unterricht befördert fremdsprachliches (aber eben auch schulsprachliches) Lernen, indem dieses mit dem fachlichen Entwicklungsprozess verzahnt wird. Die bilinguale Forschung konzentriert sich hier mittlerweile verstärkt auf den Grundgedanken, dass sich die Integration von fachlichen und sprachlichen Lernprozessen in der Verinnerlichung verschiedener, inhaltlich und sprachlich erschlossener Fachgenres und darauf aufbauend in der Ausbildung einer disziplinübergreifenden fachbasierten Diskursfähigkeit (auch Textkompetenz oder generische Diskurskompetenz) widerspiegelt (Hallet, 2013; Vollmer, 2013; Zydatiß, 2004). Der Begriff der bilingualen Diskurskompetenz ist längst auch in offiziellen Handreichungen (beispielsweise in NRW) für den bilingualen (Geschichts-)Unterricht zu finden (Ministerium für Schule und Weiterbildung des Landes Nordrhein-Westfalen, 2013, S. 11 ff.). Was den Geschichtsunterricht angeht, darf in diesem Zusammenhang die Kompatibilität mit dem Begriff der narrativen Kompetenz geprüft und gesucht werden. In den Erfahrungen und Überlegungen zum Aufbau eines Repertoires von inhaltlich und sprachlich internalisierten Fachgenres und einer übergreifenden fachbasierten Diskurskompetenz dürften wiederum interessante Anknüpfungspunkte für die akademische und die anwendungsorientierte Ebene eines allgemein sprachsensibel reflektierten (Geschichts-)Unterrichts zu finden sein.

5.1 (Historische) Begriffsentwicklung und narrative Kompetenz

Seit einigen Jahren konzentriert sich die bilinguale Forschung zunehmend auf den Aspekt der Diskursaneignung als Motor der Integration von inhaltlichen und sprachlichen Lernvorgängen (Dalton-Puffer, 2015, 2013; Hallet, 2013; Vollmer, 2013, S. 128; Zydatiß, 2004). Für den Terminus des Diskurses lassen sich mannigfache Definitionen finden. Hier soll der Ausdruck in erster Linie als »Mikrophänomen im Sinne interaktionalen Handelns in konkreten Situationen« (Bonnet, 2013, S. 189) verstanden werden; die gesellschaftliche Makrodimension des Begriffs und ihre Implikationen bleiben damit zunächst bewusst unberücksichtigt. Die Vorstellung einer bilingualen Diskursaneignung besteht – sehr vereinfacht dargestellt – darin, dass Schülerinnen und Schüler in einem Fach sukzessive und zeitgleich lernen, wie ein Historiker, Geograf, Biologe etc. zu denken, zu arbeiten und zu kommunizieren, und diese Teillernprozesse dann in einer umfassenden fachbasierten Diskurskompetenz bündeln (Vollmer, 2013). Indem sie dies tun, entwickeln sich ihre fachlichen und (fach-)sprachlichen Fähigkeiten parallel weiter und führen im Ergebnis zu einer konstanten Verbesserung ihrer allgemeinen (fremd-)sprachlichen Fähigkeiten. Diese integrative Weiterentwicklung fachlicher und sprachlicher Kompetenzen bezieht sich sowohl auf die fachlichen und methodischen als auch auf die sprachlichen Mittel (Vokabular, Strukturen, Grammatik etc.) und Basisfähigkeiten (fachspezifisches Lesen, Schreiben, Sprechen, Hören) sowie den integrierenden Prozess dahinter: Das lapidare, wörtliche Wiedergeben eines historischen Fachausdrucks sagt nichts über inhaltliches Verständnis aus; erst wenn eine Schülerin bzw. ein Schüler einen Ausdruck umschreiben, erklären, anwenden, vernetzen und dies in mündliche und schriftliche Sprache übersetzen kann, hat er auch fachlich einen Fortschritt erzielt (Vollmer, 2013; Zydatiß, 2004).

Der (bilinguale) Ansatz der diskursiven Integration von Inhalt und Sprache stützt sich in vielerlei Hinsicht auf die Erkenntnisse der Lehr-Lern-Forschung zur wissenschaftlichen Begriffsbildung (insbesondere der *Conceptual-Change*-Forschung) und betont hier besonders die Bedeutung von Vorwissen innerhalb von Lernprozessen. Der russische Psychologe Vygotskij (2002, S. 327 ff.), auf dessen Werk zur Verzahnung von Sprechen und Denken in diesem Zusammenhang häufig Bezug genommen wird, betrachtet (vereinfacht ausgedrückt) einen Lernprozess als kommunikativen Vorgang der Begriffsbildung, in dem ein Lernender gezielte diskursive Hilfestellung von einem ›Experten‹ bekommt, um die nächste Entwicklungsstufe des Wissenserwerbs (›Zone proximaler Entwicklung‹) zu erreichen. Vygotskij sieht Begriffe als sprachliche Repräsentationen von Wissensbausteinen und deren Veränderung und Weiterentwicklung als entscheidenden Vorgang von sachfachlichem Lernen (Maset, 2015, S. 30). Vygotskij legt den Gedanken zugrunde, dass »sich ›Alltagsbegriffe‹ durch weiteren Wissensaufbau, vor allem im systematischen Lehrgang über Schuljahre hinweg, der Qualität ›wissenschaftlicher‹, ›logischer‹ Begriffe annähern« (Langer-Plän & Beilner, 2006, S. 224). Aufgenommen wurde dieser Grundgedanke in den neueren konstruktivistischen Modellen der jüngeren Lehr-Lern-Forschung (Müller-Schneck, 2006, S. 37 ff.; Langer-Plän & Beilner, 2006, S. 221 f.). Die Idee der dynamischen, vom Vorwissen abhängigen Begriffsbildung wurde schließlich als Erstes von der Naturwissenschaftsdidaktik auf den fachspezifischen Schullernkontext appliziert. Diese Pionierrolle kann gewissermaßen als logische Folge gewertet werden, da in Disziplinen wie Physik oder Mathematik gut abgrenzbare Begriffe und Konzepte (als systematische Verknüpfung von Begriffen) vorliegen, deren Richtigkeit experimentell eindeutig evaluierbar oder stringent beweisbar ist. Der erfolgreiche Lernprozess als »Umbau von Minder- oder Fehlkonzepten und von den sie konstituierenden Begriffen [...] zu stimmigen Konzepten (conceptual change) ist hier relativ leicht verifizierbar« (Langer-Plän & Beilner, 2006, S. 222).

Die Übertragung des *Conceptual-Change*-Ansatzes auf die Gesellschaftswissenschaften, im Besonderen auf das Fach Geschichte, hat vor einigen Jahren begonnen (Maset, 2015, S. 32; Günther-Arndt, 2006) und gestaltet sich schwieriger, als auf den ersten Blick anzunehmen wäre (Langer-Plän & Beilner, 2006; Limón, 2002; Caravita & Halldén, 1994). Dies liegt vor allem darin begründet, dass sich historische Begriffe und Konzepte in vielerlei Hinsicht von naturwissenschaftlichen Begriffen unterscheiden: Historische Entwicklungen und Begriffe unterliegen keinen Gesetzmäßigkeiten oder strengen Hierarchien wie jene der Physik oder Biologie (Langer-Plän & Beilner, 2006, S. 220), überhaupt gilt die Geschichte im Gegensatz zu den Naturwissenschaften als ›schlecht‹ oder ›schwach strukturierte Domäne‹ (*ill defined domain*) (Limón, 2002, S. 262); historische Begriffe lassen sich selten isoliert betrachten, bieten meist keine Fläche zur physischen oder persönlichen Erfahrung mit ihnen, denn sie entstammen der Vergangenheit und sind »mehr implizit als explizit in den historischen Erzählungen und Tatsachen vorhanden« (Günther-Arndt, 2006, S. 263); sie offenbaren eine große Spannweite an Bedeutungsumfängen von punktueller Bedeutung bis zu welt- und zeitübergreifenden Phänomenen (Langer-Plän & Beilner, 2006, S. 227 ff.); historische Begriffe unterliegen keiner ›endgültigen Wahrheit‹ oder finalen Definition, sondern müssen aus immer neuen Perspektiven und mit immer anderen Schwerpunkten neu verhandelt und ›begriffen‹ werden (Langer-Plän & Beilner, 2006, S. 223); die zugrundeliegenden, aus dem Alltag stammenden ›Schülervorstellungen‹ erweisen sich hier oft als wirkungsmächtiger als naturwissenschaftliche ›Fehlkonzepte‹ und werden offenbar sehr stark gegenwartsbezogen, generalisierend, personalisierend und linearisierend, analogistisch und oftmals monokausal verarbeitet (Günther-Arndt, 2006, S. 257), sodass Silvia Caravita und Ola Halldén (1994) sogar von grundlegend verschiedenen konzeptuellen Verständnissen und einem entsprechenden ›Aneinandervorbeireden‹ auf Seiten von Lernenden und Lehrenden ausgehen. All diese Aspekte machen eine deutliche Zuordnung von Sprachmustern zu historischen Begriffen und Konzepten schwieriger als in den Naturwissenschaften, zumal ein großer Teil von historischen Begriffen der Alltagssprache entlehnt ist und lediglich durch ›Verzeitlichung‹ erweitert wird, während in den Naturwissenschaften meist eigene, vom Alltag deutlich abgehobene Termini vorliegen (Günther-Arndt, 2011a, S. 43).

Ungeachtet dieser ›Wettbewerbsnachteile‹ gegenüber den Naturwissenschaften und semantischer Abgrenzungsschwierigkeiten entsprechen die kognitiven Vorgänge der historischen Begriffsbildung »durchaus dem von Konstruktivismus angenommenen Wissensaufbau und -umbau«, sodass die Prozesse des *Conceptual Change* »dem Umgang mit und der Verwendung von historischen Begriffen immanent« sind (Langer-Plän & Beilner, 2006, S. 223). Dies gilt auch für die Rolle der Sprache. Wie oben dargestellt (vgl. Abschnitt 3), verläuft die Entwicklung von BICS (Alltagssprache) zu CALP (wissenschaftlicher Sprache) parallel zum *Conceptual Change*. Im Geschichtskontext lassen sich die inhaltlichen re- und dekonstruktiven Operationen vor diesem Hintergrund »als Sprachexperimente betrachten, in deren Vollzug die Schülerinnen und Schüler wissenschaftliche Sprechweisen erwerben« (Hasberg, 2009, S. 64; Langer-Plän & Beilner, 2006, S. 238). Im Ergebnis steht eine Zunahme der historischen Diskursfähigkeit, die fachliche, (fach-)sprachliche und fachmethodische Kompetenzen integriert.

In der allgemeinen Geschichtsdidaktik spiegelt sich die Diskussion um Diskursfähigkeit und die Rolle der Sprache im historischen Lernprozess bereits seit einigen Jahren in der Debatte um den Terminus der narrativen Kompetenz und der praktischen Hinwendung zum Sujet Geschichte und Sprache (z. B. Handro, 2013; Handro & Schönemann, 2010; Pandel, 2010; Barricelli, 2008, 2005). Narrative Kompetenz verschränkt die Fähigkeit des historischen Denkens mit der Fähigkeit des adäquaten, sachdienlichen Einsatzes von Sprache: So bezeichnet für Hans Jürgen Pandel narrative Kompetenz die Fähigkeit, »aus zeitdifferenten Ereignissen durch Sinnbildung eine kohärente Geschichte herzustellen und mit erzählter Geschichte umzugehen« (Pandel, 2010, S. 127). Historische Narrativität zeichnet sich demnach durch Retrospektivität (rückblickendes Darstellen), Temporalität (zeitliche Ordnung), Selektivität (von naturaler zu narrativer Darstellung durch Auswahlentscheidung), Konstruktivität (Verknüpfung gemäß bestimmten mentalen Plänen und Denkschemata) und Partialität (räumlich oder zeitlich begrenzter Gegenstand) aus (Pandel, 2010, S. 75 ff.). Narrative Kompetenz wird so zum veritablen Ausdruck historischen Denkens und zum greifbaren Ausweis von Geschichtsbewusstsein. Unabhängig davon, ob man gemäß Michele Barricellis Taxonomie beim Nacherzählen, narrativen (De-)Konstruieren, perspektivischen Umerzählen, identifizierenden, genetischen, kritischen, rezensierenden oder exemplarischen Erzählen (Barricelli, 2008) ansetzt, narrative Kompetenz integriert also (idealiter) stets den situativen Einsatz von (Fach)Sprache und Prozesse bzw. Ergebnisse des *Conceptual Change*. Um diese historische Darstellungsfähigkeit zu erlangen, müssen

Schülerinnen und Schüler genrespezifische Sprachkenntnisse erwerben bzw. mit diesen spezifischen Gattungskategorien verknüpfen – ein Vorgang, den weder Pandel noch Barricelli ausreichend in Klassenzimmern berücksichtigt und vorbereitet sehen (Pandel, 2010; Barricelli, 2005). Barricellis Forderung aus dem Jahr 2005 nach einem in den Geschichtsunterricht integrierten narrativen Lehrgang ist bis heute nicht aufgegriffen worden (Maset, 2015, S. 135). In der bilingualen Forschung und Praxis gibt es hingegen seit Langem eine Fülle von Vorschlägen zu punktuellen Hilfs- und Übungsangeboten, um Schülerinnen und Schüler in die Lage zu versetzen, bestimmten Lernsituationen narrativ zu begegnen (vgl. Abschnitt 5.3); der implizite und explizite Fokus auf Sprachsensibilität ist für den bilingualen (Geschichts-)Unterricht aufgrund der fremdsprachlichen Herausforderung somit unvermeidlich. Die umfassende Systematisierung und Formulierung von Performanzstufen hat jedoch auch für den mehrsprachigen Unterricht gerade erst begonnen und verbleibt bislang auf der Ebene der Fremdsprache (Staschen-Dielmann, 2012) oder liegt nur vereinzelt in ausländischen Didaktikkontexten vor, z. B. in Form von Denis Shemilts (2000, S. 93 ff.) Progressionsmodell zu *narrative frameworks*. Eine explizite Berücksichtigung, Vorbereitung und Übung der narrativen Kompetenz unter Einbezug der funktionalen Linguistik als geschichtsspezifischer Beitrag zu einer generellen fachbasierten Diskurskompetenz könnte hier als Brückenkopf zwischen der Geschichtsdidaktik und einem didaktisch allgegenwärtigen Prinzip von Sprachsensibilität dienen.

5.2 Diskursfunktionen und Fachmethodik

Einen hoffnungsvollen Ansatzpunkt für eine Systematisierung und sprachliche Operationalisierung verschiedener Genres und Niveaus narrativer Kompetenz bzw. fachbasierter Diskurskompetenz scheinen die sogenannten Diskursfunktionen (häufig weniger scharf definiert auch ›Operatoren‹ genannt) zu bieten (Staschen-Dielmann, 2012, S. 91 ff.). Diskursfunktionen sind »sprachliche Routinen, die sich herausbilden, weil sie wiederkehrende Anforderungen im Umgang mit Wissensinhalten und im abstrakten Denken widerspiegeln« (Dalton-Puffer, 2015, S. 117). Sie stellen somit eine Interebene zwischen den großen Kategorien und Prinzipien des (sachfachlichen) Denkens und den ganz konkreten sprachlichen Elementen zur Formulierung dar (Dalton-Puffer, 2013, 2015; Zydatiß, 2002). Dem sachfachlichen Prinzip des Bewertens können Diskursfunktionen wie ›vergleichen‹, ›abwägen‹ etc. zugeordnet werden, diesen Funktionen dann wiederum greifbare »linguistische Signale« (Zydatiß, 2002, S. 47). Ohne Spezifizierung sind Diskursfunktionen erst einmal auf viele Kontexte übertragbar, ihre konkrete inhaltliche Füllung gewinnen sie erst »durch Anwendung auf fachliche Gegenstände unter Einbeziehung der fachspezifischen Notionen« (Staschen-Dielmann, 2012, S. 92).

Die Bedeutung der Diskursfunktionen und ihrer sprachlichen Unterkategorien wird noch deutlicher, wenn man ihre relationale Bedeutung im Prozess der Begriffs- und Konzeptbildung (›Chunking‹) einbezieht (Günther-Arndt, 2011a, S. 39). So werden im Rahmen des *Conceptual Change* Wissensinhalte erweitert, reorganisiert und verknüpft. Diese reorganisierende Verknüpfung wiederum »kann sich auf Oberbegriffs-Unterbegriffs-Relationen beziehen« oder »auf Relationen wie verursachen, auslösen, verhindern« (Günther-Arndt, 2011a, S. 40). Die Vernetzung von zwei Begriffen muss zwar nicht immer logisch sein, doch wird nachvollziehbar, dass die Diskursfunktionen und ihre sprachlichen Repräsentanten hier eine wichtige Rolle spielen dürften. Die »Relationierungs-Operationen« (Vries, 2013, S. 151) tragen diesem Gedankengang zufolge zur Ausbildung von Schemata (Instrumente zur Erkenntnis der Welt), Scripts (Ablaufpläne) und schließlich mentalen Modellen (ganze Wissenskonstruktionen zur Erklärung von Phänomenen der Objekt- und Ereigniswelt) bei (Günther-Arndt, 2011a, S. 44).

Zur konkreten Anwendung kommen die Diskursfunktionen in einem immer noch chronisch unterschätzten, praktisch aber gerade in der Sekundarstufe I höchst bedeutsamen Feld, das im bilingualen (Geschichts-)Unterricht als effektives Anwendungsfeld der integrativen Diskursaneignung dient und daher auch als Ansatz für den sprachbewusst gestalteten (Geschichts-)Unterricht von Interesse sein sollte: in der Fachmethodik (Heimes, 2011). Zunächst ist in diesem Zusammenhang auf die oftmals vernachlässigte Unterscheidung zwischen Unterrichtsmethoden und Fachmethoden hinzuweisen. *Unterrichtsmethoden* sind Vorgehensweisen, mit denen die Lehrkraft den Unterrichtsprozess plant und steuert und die in vielen verschiedenen Fächern zum Einsatz kommen können (z. B. Rollenspiele, Gruppenpuzzle, *placemat* etc.). *Fachmethoden* beziehen sich auf inhaltlich geprägte Arbeitsweisen des jeweiligen Faches, die systematisch vermittelt werden und deren Handhabung ein Lernziel der jeweiligen Disziplin darstellt (z. B. Quellenanalyse in Geschichte, Raumanalyse in Erdkunde etc.) (Heimes & Pitsch, 2013). Fachmethoden stellen eine systematische Verknüpfung von verschiedenen Diskursfunktionen dar und werden so zur Schnittstelle von Inhalt, Denken und Sprache (Staschen-Dielmann, 2012, S. 91).

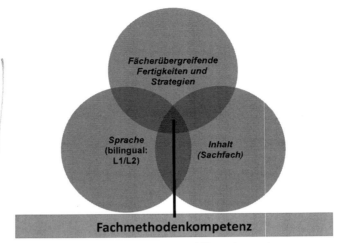

Abb. 2: Fachmethodenkompetenz im bilingualen und sprachsensiblen (Geschichts-)Unterricht

Die fachmethodisch orientierten Verschaltungen von Diskursfunktionen werden zum Katalysator integrativen diskursiven Lernens, indem beispielsweise die systematische Schulung des fachlich adäquaten Umgangs mit Karikaturen im (bilingualen) Geschichtsunterricht zum einen mit inhaltlichen, analytischen sowie kritischen Vorgehens- und Denkweisen und zum anderen mit der Einbindung, Einübung und Vertiefung bestimmter Sprachstrukturen und Vokabularcluster verbunden ist, die benötigt werden, um den inhaltlichen Ertrag zu kreieren und in Worte zu fassen. Die angesprochenen Sprachstrukturen und Vokabelcluster stellen die linguistischen Signale und Exponenten der jeweils beteiligten Diskursfunktion dar (Zydatiß, 2002, S. 47).

Im Alltag des Fachunterrichts finden sich wenige Szenarien, in denen nicht irgendwo auch die spezifischen Methoden des Fachs eine Rolle spielen. Man denke an die Medien des Geschichtsunterrichts (Quellen, Darstellungen, Bilder, Schaubilder, Karikaturen, Diagramme, Statistiken, Modelle etc.) (Sauer, 2002, S. 185 ff.). Sie alle werden nicht willkürlich, sondern nach geschichtsmethodischen Konventionen, Vorgehensweisen und Arbeitsweisen und unter Rückgriff auf allgemein erworbene Strategien und Fertigkeiten (z. B. Präsentationstechniken, Lesestrategien, Dokumentationsformen etc.) bearbeitet, um Erkenntnisse und Lernprogressionen zu generieren. Und in all diesen Prozessen ist der Einsatz von Diskursfunktionen und deren sprachlicher Repräsentation im Hintergrund unverzichtbar, sodass der Aufbau der fachbasierten Diskurskompetenz voranschreitet. Während die Fremdsprache im bilingualen Unterricht bewusst als Hürde wahrgenommen wird und daher der Aspekt der fachmethodenspezifischen Sprache selbstverständlich und sprachbewusst in den Fokus rückt, gerät diese Sprache im deutschsprachigen Fachunterricht oft genauso selbstverständlich aus dem Blick. Sie wird häufig fälschlicherweise als natürlicher, in anderen Kontexten selbstredend erworbener Bestandteil der ›Grundausstattung‹ von Schülerinnen und Schülern begriffen (Maset, 2015, S. 21 f.). Exakt hier muss eine sprachsensible Modifikation von Fachunterricht ansetzen. Die Fachmethodik bietet mannigfache Gelegenheiten, um deskriptive, analytische und bewertende Diskursfunktionen bewusst wahrzunehmen, zu vertiefen und zu erweitern. Beispielsweise indem in mündlichen Präsentationen oder Schülertexten, die in erster Linie auf eine fachlich korrekte Anwendung der Fachmethodik abzielen, sozusagen nebenbei die korrekte fachmethodische Terminologie eingefordert und vertieft wird. Dabei wird zwangsläufig auch die umrahmende Sprache (›semi-technische Sprache‹) eingebunden, die sich auf viele andere Kontexte transferieren lässt (Staschen-Dielmann, 2012, S. 91), und so die Ausbildung einer fachbasierten Diskurskompetenz bzw. der Bildungssprache im Deutschen vorangetrieben.

5.3 *Scaffolding* und (übergreifende) fachbasierte Diskurskompetenz

Als Königsweg zur Anbahnung fachbasierter Diskurskompetenz gilt in der bilingualen Praxis der Einsatz von sprachlichen Unterstützungsangeboten im fachlichen Kontext, das sogenannte *Scaffolding*. Die kognitionspsychologischen Grundlagen des *Scaffolding* gehen abermals auf Vygotskij (2002) und den Entwicklungspsychologen Jerome Bruner (1978) zurück, während die unterrichtspraktische Umsetzung entscheidend von der mittlerweile oft zitierten Australierin Pauline Gibbons (2002) verankert wurde. *Scaffolding* wird als Vorhalten eines kommunikativen Unterstützungsgerüsts betrachtet, mit dem Lernenden diskursive Hilfestellungen gegeben werden, um so das Durchschreiten der bereits erwähnten Zone proximaler Entwicklung zu erleichtern (Vygotskij, 2002; Gibbons, 2002, S. 15 ff.). Lernen in diesem Sinne ist in der Unterrichtspraxis also notwendigerweise an (soziale) Interaktion und diskursive Erarbeitung gebunden (Vries, 2013, S. 150). *Scaffolding*-Techniken im (bilingualen) Unterricht, so betont Thürmann (2013, S. 238), zeichnen sich nicht dadurch aus, dass sie Aufgaben per se erleichtern und kontextgelöst in Erscheinung treten, sondern »dass sie den Erwerb sprachlicher Handlungsfähigkeit in funktionaler Verbindung mit der Bearbeitung konkreter fachunterrichtlicher Aufgabenstellungen unterstützen«. *Scaffolding* kann schriftliche Gestalt (beispielsweise Übersichten und Musterformulierungen) oder mündliche Formen (kommunikative Hilfestellungen, *recasts*, *bridging* etc.) annehmen (Thürmann, 2013, S. 239 ff.; Gibbons, 2002, S. 23 ff., 79 ff.).

Ein bevorzugtes Anwendungsgebiet sind in der Tat die (an die Diskursfunktionen angegliederten) sprachlichen Mittel der Fachmethodik (vgl. Abschnitt 5.2), da hier der integrative und diskursunterstützende Charakter des *Scaffolding* besonders zum Tragen kommt (Heimes, 2013, 2011). Durch die auf dem entsprechenden Handout dargelegte fachliche Systematik prägen sich zugehörige Sprachmuster und Vokabeln ein, durch die Sprachmuster und Termini wiederum die fachliche Vorgehensweise. Unterrichtspraktisch lassen sich quasi alle Diskursfunktionen bzw. Operatoren den drei Anforderungsbereichen Reproduktion, Analyse und Bewertung zuordnen (Vollmer, 2013, S. 128). Sie werden im spezifischen Kontext des fachmethodischen *Scaffolding* wiederum gezielt und systematisch zusammengeführt. Es bietet sich vor diesem Hintergrund zweifellos an, auch im allgemein sprachsensibel reflektierten (Geschichts-)Unterricht vermehrt entlang der Diskursfunktionen und ihrer Anwendungsgebiete im Fachalltag sprachverstärkend zu arbeiten. So können auch im deutschsprachigen Fachunterricht Übersichten zum Einsatz kommen, die Vorgehen und Formulierung verbinden, ohne dass inhaltliche Abläufe gestört werden. Es sollte wenigstens zeitweise möglich sein, eine fachliche und sprachliche Progression zu generieren, indem gezielt, z. B. auf Arbeitsblättern und in entsprechenden Aufgabenstellungen, mit Diskursfunktionen inhaltlich gearbeitet wird und gleichzeitig typische zugehörige lexikalische oder syntaktische Muster praktisch nebenbei eingefordert, wiederholt, vertieft oder sogar neu semantisiert werden. Allerdings muss für die Planung deutlich sein, dass nicht jeder Lernende diese Hilfestellung tatsächlich jederzeit braucht, es wäre also auch ein optionales *Scaffolding* in besonderen Lernsituationen denkbar. Zur Förderung der oben bereits angerissenen kognitiven Vernetzung von Begriffen und somit der Evozierung von Schemata und Scripts in Verbindung mit narrativer Kompetenz empfiehlt sich darüber hinaus der Einsatz von *concept maps*, in denen Fachbegriffe durch Präpositionen und sprachliche Repräsentanten der Diskursfunktionen in Beziehung zueinander gesetzt und diese Beziehungen dann versprachlicht werden (Günther-Arndt, 2011a, S. 44 ff.).

Scaffolding beschränkt sich (in bilingualen Szenarien) allerdings nicht auf den Erwerb und die Vertiefung von Sprachmitteln, sondern kann beispielsweise auch fachspezifische Lese- und Schreibprozesse erleichtern (Maset, 2015, S. 100 ff.). Da anders als im naturwissenschaftlichen Unterricht mit seinen Experimenten historische Quellen und Darstellungen die entscheidenden Materialgrundlagen für die Initiierung historischer Denkprozesse bilden, ist (bilingualer) Geschichtsunterricht »vor allem auch Leseunterricht und bedarf einer fachspezifischen Lesedidaktik« (Maset, 2015, S. 81; vgl. Heimes, 2011, S. 192 ff.; Günther-Arndt, 2011b, S. 254 ff.). Um diesen anders gearteten Leseprozess zu bewältigen, in dem hohe Informationsdichte, Perspektivik, Handlungsabsichten etc. verarbeitet werden müssen, wird ebenfalls ein heranführendes und strukturierendes *Scaffolding* benötigt. So werden im bilingualen (Geschichts-)Unterricht der Sekundarstufe I vor dem fremdsprachlichen Hintergrund immer wieder gezielt Aufgabenformate des Fremdsprachenunterrichts für den fachlichen Kontext adaptiert (z. B. kooperative Sequenzierungsaufgaben zur interaktiv-diskursiven Erschließung der Chronologie, Binnenlogik und Intention von Darstellungen, Diagrammerstellung etc.), um den Leseprozess unauffällig zu leiten und die allgemeine Lesekompetenz als Teil der gesamten Sprachfähigkeiten im inhaltlichen Zusammenhang des Sachfachs weiter zu schärfen. In all diesen Formaten werden Diskursfunktionen, (Fach-)Vokabular und Sprachstrukturen rezeptiv und produktiv reaktiviert, angewendet und/ oder neu vernetzt. Eine durchdachte Übertragung auf den sprachsensibel konzipierten deutschsprachigen Fachunterricht erscheint durchaus sinnvoll, allerdings mit der Auflage, dass Inhalte nicht zweckentfremdet bzw. banalisiert werden dürfen und an geeigneter Stelle eine Binnendifferenzierung zugunsten besonders schwacher, aber nach Möglichkeit auch zugunsten besonders zu fordernder Lerner erfolgen muss. Ähnliches gilt für das *Scaffolding* mit Blick auf die Schreibaktivitäten im (bilingualen) Geschichtsunterricht. Seit einigen Jahren werden Stimmen in der geschichtsdidaktischen Forschung laut, die die Bedeutung und die Chancen eines schreiborientierten Geschichtsunterrichts unterstreichen (z. B. Hartung, 2015, 2010; Memminger, 2007). Der Zusammenhang mit der narrativen Kompetenz von Schülerinnen und Schülern ist unübersehbar. So ist es nur folgerichtig, dass Lernende beim Erwerb ihrer historischen narrativen Kompetenz im Schreibprozess unterstützt werden müssen (Staschen-Dielmann, 2012). Ein das Fach- und Sprachlernen integrierendes *Scaffolding* kommt in diesen Szenarien entsprechend als Strukturierungshilfe bei der Erstellung von Kommentaren, Meinungsdarstellungen und Sach- bzw. Werturteilen etc. zum Einsatz. Auch gezielte Aufgaben- und Übungsformate fallen in diesen Bereich (vgl. z. B. Maset, 2015, S. 142 ff.; Staschen-Dielmann, 2012, S. 207 ff.). Vieles lässt sich deckungsgleich für das sprachproduktive Feld der mündlichen Fähigkeiten übernehmen (z. B. Vorträge und Präsentationen).

Unabhängig davon, ob *Scaffolding* im Bereich der Sprachmittel, der rezeptiven oder der produktiven Sprachfähigkeiten zur Anwendung kommt – die die Fach- und Sprachlernprozesse verbindenden Unterstützungsmaßnahmen tragen gezielt zum Aufbau der geschichtsgattungsspezifischen Wissensbestände und Kompetenzen bei. Im (bilingualen) Geschichtsunterricht lassen sich diese fachgenreorientierten Fähigkeiten im oben erläuterten Begriff der narrativen Kompetenz bündeln und leisten wiederum ihren Beitrag zu einer allgemeinen, übergreifenden fachbasierten Diskurskompetenz. Vollmer (2013, S. 128) definiert fachbasierte Diskurskompetenz als »eine nachhaltige sachfachliterale Wissens- und Handlungsbasis«, die sich als Gesamtfähigkeit aus den »einschlägige[n] Fachgenres« und den »basalen kognitiven Funktionen und Sprachhandlungen als deren Bausteine mit einzelsprachlichen Realisierungen« zusammensetzt (Vollmer, 2013, S. 128). Damit ergibt sich zweifellos eine große Ähnlichkeit zum Ansatz der ›Bildungssprache‹ (Gogolin, 2006). Allerdings wird Bildungssprache als generalisierbare »Schnittmenge der Unterrichtssprachen«, also der für ein Fach üblichen »fachspezifische[n] Begriffssysteme«, »besondere[n] Sprachverwendungsmuster« und »Textsorten / Genres«, und damit gleichsam als »das gemeinsame Fundament des fachunterrichtlichen Sprachgebrauchs« (Thürmann, 2011, S. 4) betrachtet. Die fachbasierte Diskurskompetenz steht dem zwar vom Konzept her sehr nahe, ist jedoch eher als Bündelkompetenz mit vielen fachspezifischen Anteilen und Prägungen zu verstehen, die untereinander Parallelen und Überschneidungen aufweisen und je nach diskursiver Situation zum Einsatz kommen. Letztlich aber stimmen beide Ansätze bei allen bestehenden Unterschiedsnuancen darüber ein, dass durch den Erwerb fachbasierter Diskurskompetenz bzw. Bildungssprache »die sprachlichen Voraussetzungen für die Teilhabe an einer demokratisch organisierten Gesellschaft« (Thürmann, 2011, S. 4) geschaffen werden und daher mit solch fachübergreifender Sprachbildung ein Kernziel von schulischer Bildung in den Blick genommen wird.

6. Fazit und Ausblick

Bilingualer (Geschichts-)Unterricht ist, so wird klar, in seinem Grundgedanken und seiner Grundstruktur sprachsensibel gestalteter Fachunterricht. Was lässt sich aus dem Blick auf den zweisprachigen Unterricht nun ableiten, übertragen und lernen für die akademische wie auch für die praktische Debatte um die allgemeine Verankerung von Sprachsensibilität im Fachunterricht? Erstens

kennt die mehrsprachige Unterrichtspraxis eine Reihe von langjährig prakti-
zierten Ansätzen zur Verzahnung von Inhalt und Sprache, die sich auf den
regulären, sprachsensibel überdachten Fachunterricht übertragen lassen, insbesondere in Bezug auf ein fachgenregeprägtes *Scaffolding*. Zweitens liegen
mit den Untersuchungen und Erfahrungen zum Anwendungsfeld der Fachmethodik im bilingualen Unterricht Szenarien und Blaupausen vor, die sich
für sprachbewusste Ergänzungen und Ausgestaltungen im Regelunterricht als
nützlich erweisen können. Ähnliches gilt in Ansätzen drittens für die begin-
nende sprachliche Konkretisierung und Operationalisierung von Diskursfunktionen (vgl. zum Beispiel Schmidt, 2013). Viertens besitzen die Lehrkräfte bilingualer Sachfächer einen langjährigen Erfahrungshintergrund, was die Zusammenarbeit und effiziente Verknüpfung der verschiedenen mehrsprachigen
Fächer angeht. Die ausgeprägte Kooperation begründet sich zu einem Gutteil
in der lange Jahre schwierigen Lehrmateriallage sowie im besonderen Profil-
status der bilingualen Fächer als systematischer Bildungsgang innerhalb der
teilnehmenden Schulen. Fünftens schließlich lässt sich aus der bilingualen Debatte herauslesen, dass eine besondere Konzentration auf Sprachbewusstheit
und sprachliches Lernen in der Unterrichtsplanung im Falle einer mangel-
haften Handhabung die Gefahr von inhaltlichem Substanzverlust (durch zu
starke deskriptive Ausrichtung und unnötige Simplifizierung) oder Sozial-
formmonotonie (durch überbordende Einzelarbeits- und Frontalphasen) mit
sich bringt. Hier könnten im speziellen Kontext der Geschichtsdidaktik eine
deutlichere unterrichtspraktische Verankerung narrativer Kompetenz, die weitere Erforschung geschichtsgattungsspezifischer Diskursfunktionen bzw. deren
sprachlicher Erscheinungsformen (z. B. hinsichtlich der Fachmethodik) und
darauf aufbauend die Entwicklung von Performanzkriterien bzw. -niveaus und
kooperativ angelegten Übungsmaterialien Abhilfe schaffen und simultan das
Prinzip der Sprachsensibilität auf breiter Front im gesamten Geschichtsunterricht verankern. Um solchen Herausforderungen und Entwicklungsbedürfnis-
sen wirklich gewachsen zu sein, werden eine Kooperation zwischen den Fach-
wissenschaften und unterschiedlichen Disziplinen, ein fächerkoordinierendes
Arbeiten in der Schule sowie eine gewisse Institutionalisierung sprachsensiblen
Unterrichts (durch verbindliche Absprachen, die Berücksichtigung in schulin-
ternen Curricula etc.) unvermeidlich sein.

Literatur

Badertscher, H. & Bieri, T. (2009). *Wissenserwerb im Content and Language Oriented Learning*. Bern: Haupt.

Barricelli, M. (2005). *Schüler erzählen Geschichte. Narrative Kompetenz im Geschichtsunterricht*. Schwalbach: Wochenschau.

Barricelli, M. (2008). Historisches Wissen ist narratives Wissen. In Landesinstitut für Schule und Medien Berlin-Brandenburg (Hrsg.), *Historisches Wissen ist narratives Wissen. Aufgabenformate für den Geschichtsunterricht in der Sekundarstufe* (S. 7–12). Ludwigsfelde: LISUM.

Barricelli, M. & Zwicker, F. (2009). Different words, possible words. Zum Problem des code-switching im bilingualen Geschichtsunterricht. *Zeitschrift für Geschichtsdidaktik 8*, 12–24.

Bonnet, A. (2013). Unterrichtsprozesse: Interaktion und Bedeutungsaushandlung. In W. Hallet & F. G. Königs (Hrsg.), *Handbuch Bilingualer Unterricht. Content and Language Integrated Learning* (S. 187–194). Seelze: Klett-Kallmeyer.

Bonnet, A. & Breibach, S. (2013). Bilingualer Unterricht: Bildungstheoretische Grundlegung. In W. Hallet & F. G. Königs (Hrsg.), *Handbuch Bilingualer Unterricht. Content and Language Integrated Learning* (S. 26–32). Seelze: Klett-Kallmeyer.

Breidbach, S. (2007). *Bildung, Kultur, Wissenschaft. Reflexive Didaktik für den bilingualen Sachfachunterricht*. Münster: Waxmann.

Breidbach, S. (2013). Geschichte und Entstehung des Bilingualen Unterrichts in Deutschland: Bilingualer Unterricht und Gesellschaftspolitik. In W. Hallet & F. G. Königs (Hrsg.), *Handbuch Bilingualer Unterricht. Content and Language Integrated Learning* (S. 11–17). Seelze: Klett-Kallmeyer.

Bruner, J. (1978). The Role of Dialogue in Language Acquisition. In A. Sinclair, R. Jarvella & W. Levelt (Hrsg.), *The Child's Conception of Language* (S. 241–256). New York: Springer.

Caravita, S. & Halldén, O. (1994). Re-framing the Problem of Conceptual Change. *Learning and Instruction 4*, 89–111.

Cummins, J. (1979). Linguistic interdependence and the educational development of bilingual children. *Review of Educational Research 49*, 222–251.

Dalton-Puffer, Ch. (2013). Diskursfunktionen und generische Ansätze. In W. Hallet & F. G. Königs, (Hrsg.), *Handbuch Bilingualer Unterricht. Content and Language Integrated Learning* (S. 138–145), Seelze: Klett-Kallmeyer.

Dalton-Puffer, Ch. (2015). Elemente einer ›academic literacy‹. Kognitive Diskursfunktionen im englischsprachigen Fachunterricht (CLIL). In S. Schmölzer-Eibinger & E. Thürmann (Hrsg.), *Schreiben als Medium des Lernens. Kompetenzentwicklung durch Schreiben im Fachunterricht* (S. 115–130). Münster: Waxmann.

Gibbons, P. (2002). *Scaffolding Language. Scaffolding Learning. Teaching English Language in the Mainstream Classroom*. Portsmouth: Heinemann.

Gogolin, I. (2006). Bilingualität und Bildungssprache. In P. Mecheril & Th. Quehl (Hrsg.), *Die Macht der Sprachen. Englische Perspektiven auf die mehrsprachige Schule* (S. 79–85). Münster: Waxmann.

Günther-Arndt, H. (2006). Conceptual Change-Forschung. Eine Aufgabe für die Geschichtsdidaktik? In H. Günther-Arndt & M. Sauer (Hrsg.), *Geschichtsdidaktik empirisch. Untersuchungen zum historischen Denken und Lernen* (S. 251–277). Berlin: Lit.

Günther-Arndt, H. (2011a). Historisches Lernen und Wissenserwerb. In H. Günther-Arndt (Hrsg.), *Geschichtsdidaktik. Praxishandbuch für die Sekundarstufe I und II* (5. Aufl.) (S. 23–47). Berlin: Cornelsen Scriptor.

Günther-Arndt, H. (2011b). PISA und Geschichtsunterricht. In H. Günther-Arndt (Hrsg.), *Geschichtsdidaktik. Praxishandbuch für die Sekundarstufe I und II* (5. Aufl.) (S. 254–264). Berlin: Cornelsen Scriptor.

Hallet, W. (2013). Generisches Lernen im Fachunterricht. In M. Becker-Mrotzek, K. Schramm, E. Thürmann, H. J. Vollmer (Hrsg.), *Sprache im Fach. Sprachlichkeit und fachliches Lernen* (S. 59–75). Münster: Waxmann.

Handro, S. (2013). Sprache und historisches Lernen. In M. Becker-Mrotzek, K. Schramm, E. Thürmann, H. J. Vollmer (Hrsg.), *Sprache im Fach. Sprachlichkeit und fachliches Lernen* (S. 317–333). Münster: Waxmann.

Handro, S. & Schönemann, B. (Hrsg.). (2010). *Geschichte und Sprache*. Berlin: Lit.

Hartung, O. (2010). Geschichte schreiben und lernen. Eine empirische Studie. In S. Handro & B. Schönemann (Hrsg.), *Geschichte und Sprache* (S. 61–78). Berlin: Lit.

Hartung, O. (2015). Geschichte schreibend lernen. In S. Schmölzer-Eibinger & E. Thürmann (Hrsg.), *Schreiben als Medium des Lernens. Kompetenzentwicklung durch Schreiben im Fachunterricht* (S. 201–216). Münster: Waxmann.

Hasberg, W. (2007). Historisches Lernen – bilingual? Vorgaben für den englischsprachigen Geschichtsunterricht kritisch gelesen. In P. Bosenius, J. Donnerstag & A. Rohde (Hrsg.), *Der bilinguale Unterricht Englisch aus Sicht der Fachdidaktiken* (S. 37–63). Trier: Wissenschaftlicher Verlag Trier.

Hasberg, W. (2009). Sprache(n) und Geschichte. Grundlegende Annotationen zum historischen Lernen in bilingualer Form. *Zeitschrift für Geschichtsdidaktik 8*, 52–72.

Heimes, A. (2010). Bilinguale Methoden für den mehrsprachigen Sachfachunterricht. *PRAXIS Fremdsprachenunterricht 2* (10), 7–10.

Heimes, A. (2011). *Psycholinguistic Thought meets Sociocultural Theory. Die integrativen Zusammenhänge von Fachmethodik und Fremdsprachenlernen im bilingualen (Geschichts-)Unterricht*. Frankfurt: Peter Lang.

Heimes, A. (2012). Wege der Binnendifferenzierung im bilingualen Sachfachunterricht. *Praxis Fremdsprachenunterricht 2* (12)0, 9–11.

Heimes, A. (2013). Bilingualer Geschichtsunterricht. In W. Hallet & F. G. Königs (Hrsg.), *Handbuch Bilingualer Unterricht. Content and Language Integrated Learning* (S. 345–351). Seelze: Klett-Kallmeyer.

Heimes, A. & Pitsch, K. (2013). Fachmethoden im Bilingualen Unterricht. In W. Hallet & F. G. Königs (Hrsg.), *Handbuch Bilingualer Unterricht. Content and Language Integrated Learning* (S. 243–251). Seelze: Klett-Kallmeyer.

Heine, L. (2015). Lernziele. *Zeitschrift für Interkulturellen Fremdsprachenunterricht 20* (2), 15–20. Verfügbar unter http://tujournals.ulb.tu-darmstadt.de/index.php/zif/ [18.12.2016].

Krechel, H.-L. (2013). Organisationsformen und Modelle in weiterführenden Schulen. In W. Hallet & F. G. Königs (Hrsg.), *Handbuch Bilingualer Unterricht. Content and Language Integrated Learning* (S. 74–80). Seelze: Klett-Kallmeyer.

Küppers, A. & Trautmann, M. (2013). It's not CLIL that is a success – CIL students are! Some critical remarks on the current CLIL boom. In S. Breidbach & B. Viebrock (Hrsg.), *Content and Language Integrated Learning (CLIL) in Europe. Research perspectives on policy and practice* (S. 285–296). Frankfurt: Peter Lang.

Lamsfuß-Schenk, S. (2010). Inhalt und Sprache – vom Einfluss des Fremdsprachengebrauchs auf das Lernen im Sachfach. In S. Doff (Hrsg.), *Bilingualer Sachfachunterricht in der Sekundarstufe. Eine Einführung* (S. 213–227). Tübingen: Narr.

Langer-Plän, M. & Beilner, H. (2006). Zum Problem historischer Begriffsbildung. In H. Günther-Arndt & M. Sauer (Hrsg.), *Geschichtsdidaktik empirisch. Untersuchungen zum historischen Denken und Lernen* (S. 215–250). Berlin: Lit.

Leisen, J. (2013). *Handbuch Sprachförderung im Fach. Sprachsensibler Fachunterricht in der Praxis (Grundlagenteil).* Stuttgart: Klett.

Leisen, J. (2015). Planung von CLIL-Unterricht. *Zeitschrift für Interkulturellen Fremdsprachenunterricht 20* (2), 45–58. Verfügbar unter http://tujournals.ulb.tu-darmstadt.de/index.php/zif/ [18.12.2016].

Limón, M. (2002). Conceptual Change in History. In M. Limón & L. Mason (Hrsg.), *Reconsidering Conceptual Change. Issues in Theory and Practice* (S. 259–289). Dordrecht, Boston, London: Kluwer Academic Publishers.

Maset, M. (2015). *Bilingualer Geschichtsunterricht. Didaktik und Praxis.* Stuttgart: Kohlhammer.

Memminger, J. (2007). *Schüler schreiben Geschichte – Kreatives Schreiben im Geschichtsunterricht zwischen Fiktionalität und Faktizität.* Schwalbach am Taunus: Wochenschau.

Ministerium für Schule und Weiterbildung des Landes Nordrhein-Westfallen. (2013). *Handreichung für den bilingualen deutsch-englischen Unterricht in der Sekundarstufe I.* Geschichte. Düsseldorf (Auszug aus dem Amtsblatt des MSW des Landes NRW).

Müller-Schneck, E. (2006). *Bilingualer Geschichtsunterricht. Theorie, Praxis, Perspektiven.* Frankfurt: Peter Lang.

Pandel, H.-J. (2010). *Historisches Erzählen. Narrativität im Geschichtsunterricht.* Schwalbach am Taunus: Wochenschau.

Qualitäts- und UnterstützungsAgentur & Landesinstitut für Schule (2016). *Sprachsensibler Unterricht.* Verfügbar unter: http://www.schulentwicklung.nrw.de/cms/sprachsensibler-fachunterricht/startseite/index.html [18.12.2016].

Sauer, M. (2002). *Geschichte unterrichten. Eine Einführung in die Didaktik und Methodik.* Seelze: Klett-Kallmeyer.

Schmidt, K. (2013). *Diskurskompetenz im bilingualen Biologieunterricht. Eine empirische Untersuchung zum Definieren.* Saarbrücken: Südwestdeutscher Verlag für Hochschulschriften.

Schmölzer-Eibinger, S. (2013). Sprache als Medium des Lernens im Fach. In M. Becker-Mrotzek, K. Schramm, E. Thürmann, H. J. Vollmer (Hrsg.), *Sprache im Fach. Sprachlichkeit und fachliches Lernen* (S. 25–40). Münster: Waxmann.

Shemilt, D. (2000). The Caliph's Coin. The Currency of Narrative Frameworks in History Teaching. In P. Stearns, P. Seixas & S. Wineburg (Hrsg.), *Knowing, Teaching & Learning History. National and International Perspectives* (S. 83–101). New York: NUP.

Staschen-Dielmann, S. (2012). *Narrative Kompetenz im bilingualen Geschichtsunterricht*. Frankfurt: Peter Lang.

Thürmann, E. (2010). Zur Konstruktion von Sprachgerüsten im bilingualen Sachfachunterricht. In S. Doff (Hrsg.), *Bilingualer Sachfachunterricht in der Sekundarstufe. Eine Einführung* (S. 137–153). Tübingen: Narr.

Thürmann, E. (2011). *Deutsch als Schulsprache in allen Fächern. Konzepte zur Förderung bildungssprachlicher Kompetenzen*. Verfügbar unter: http://www.schulent wicklung.nrw.de/cms/sprachsensibler-fachunterricht/gruende-und-ansprueche/index.html [18.12.2016].

Thürmann, E. (2013). Scaffolding. In W. Hallet & F. G. Königs (Hrsg.), *Handbuch Bilingualer Unterricht. Content and Language Integrated Learning* (S. 236–243). Seelze: Klett-Kallmeyer.

Vollmer, H. J. (2013). Das Verhältnis von Sprach- und Inhaltslernen im Bilingualen Unterricht. In W. Hallet & F. G. Königs (Hrsg.), *Handbuch Bilingualer Unterricht. Content and Language Integrated Learning* (S. 124–131). Seelze: Klett-Kallmeyer.

Vries, V. (2013). Begriffsbildung und Begriffslernen. In W. Hallet & F. G. Königs (Hrsg.), *Handbuch Bilingualer Unterricht. Content and Language Integrated Learning* (S. 145–152). Seelze: Klett-Kallmeyer.

Vygotskij, L. S. (2002). *Denken und Sprechen: Psychologische Untersuchungen*. Weinheim: Beltz.

Wildhage, M. & Otten, E. (2003). Content and Language Integrated Learning. In M. Wildhage & E. Otten (Hrsg.), *Praxis des bilingualen Unterrichts* (S. 12–45). Berlin: Cornelsen.

Zydatiß, W. (2002). Konzeptuelle Grundlagen einer eigenständigen Didaktik des bilingualen Sachfachunterrichts: Forschungsstand und Forschungsprogramm. In S. Breidbach, G. Bach & D. Wolff (Hrsg.), *Bilingualer Sachfachunterricht. Didaktik, Lehrer-/Lernforschung und Bildungspolitik zwischen Theorie und Empirie* (S. 31–62). Frankfurt: Peter Lang.

Zydatiß, W. (2004). Überlegungen zur fächerübergreifenden Evaluation des bilingualen Unterrichts: Textkompetenz als Schlüsselqualifikation fremdsprachigen Sachfachlernens. In A. Bonnet & S. Breidbach (Hrsg.), *Didaktiken im Dialog* (S. 91–102). Frankfurt: Peter Lang.

Zydatiß, W. (2007). *Deutsch-englische Züge in Berlin (DEZIBEL). Eine Evaluation des bilingualen Sachfachunterrichts an Gymnasien. Kontext, Kompetenzen, Konsequenzen*. Frankfurt: Peter Lang.

Autorinnen und Autoren

Tülay Altun ist abgeordnete Lehrkraft am Institut für Deutsch als Zweit- und Fremdsprache der Universität Duisburg-Essen (ProDaZ). Sie koordiniert eines BISS (»Sprache durch Bildung und Schrift«)-Verbund und ist Lehrbeauftragte am Historischen Institut der Universität Duisburg-Essen. Ihre Forschungsschwerpunkte sind Sprachbildung im Geschichtsunterricht, Neuzuwanderung und Mehrsprachigkeit in Unterricht und Schule.

Prof. Dr. Sebastian Barsch ist Professor für Didaktik der Geschichte an der Universität Kiel. Er war acht Jahre Lehrer an Förderschulen. Seine Forschungsschwerpunkte sind inklusives historisches Lernen, Professionalisierung von Studierenden im Fach Geschichte und Disability History.

Katharina Grannemann (M.A.) ist wissenschaftliche Mitarbeiterin am Lehrstuhl für Didaktik der Sozialwissenschaften an der Westfälischen Wilhelms-Universität Münster (WWU) und dort Projektkoordinatorin des Projekts »Sprachsensibles Unterrichten fördern«. Sie forscht zu Sprachbildung im gesellschaftswissenschaftlichen Fachunterricht und Diversitätsmanagement in Bildungskontexten.

Kathrin Günther ist abgeordnete Lehrkraft am Institut für Deutsch als Zweit- und Fremdsprache der Universität Duisburg-Essen (ProDaZ). Sie ist Koordinatiorin eines BISS (»Sprache durch Bildung und Schrift«)-Verbundes sowie Lehrbeauftragte am Historischen Institut der Universität Duisburg-Essen. Ihre Forschungsschwerpunkte sind Sprachbildung im Geschichtsunterricht und Migration und Mehrsprachigkeit in Unterricht und Schule.

Prof. Dr. Saskia Handro ist Inhaberin des Lehrstuhls für Didaktik der Geschichte unter besonderer Berücksichtigung der historischen Lehr- und Lernfroschung an der Westfälischen Wilhelms-Universität Münster (WWU). Seit 2014 ist sie Mitglied im Wissenschaftlichen Beirat des Centrums für Mehrsprachigkeit und Sprachenerwerb der WWU und forscht u. a. zum Zusammenhang zwischen Sprache und historischem Lernen.

PD Dr. Olaf Hartung ist Lehrer für Deutsch, Geschichte, Gesellschaftslehre und Deutsch als Ziel-/Zweitsprache an der Integrierten Gesamtschule Solms und Lehrbeauftragter für Geschichtsdidaktik an der Justus-Liebig-Universität Gießen.

Dr. Alexander Heimes ist stellvertretender Schulleiter am Anne-Frank-Gymnasium in Aachen und Lehrbeauftragter am Lehrstuhl für Didaktik der Gesellschaftswissenschaften an der RWTH Aachen. Seine Forschungsschwerpunkte liegen im Bereich der Sprachbildung im gesellschaftswissenschaftlichen Unterricht sowie dem bilingualen Geschichtsunterricht.

Prof. Dr. Christian Kuchler ist Professor für Didaktik der Gesellschaftswissenschaften an der Rheinisch-Westfälischen Technischen Hochschule Aachen (RWTH). Von 2015 bis 2017 leitete er das Cluster »Gesellschaftswissenschaften« im Projekt »Sprachsensibles Unterrichten fördern«.

Kristina Matschke (M.A.) ist wissenschaftliche Mitarbeiterin an der Pädagogischen Hochschule Weingarten. Sie forscht zu Linguistischer Unterrichtsforschung, Bildungssprache / Sprache im Fach und Gesprächsforschung.

Prof. Dr. Jutta Mägdefrau ist Inhaberin des Lehrstuhls für Erziehungswissenschaft mit Schwerpunkt Empirische Lehr-Lernforschung an der Universität Passau. Ihre Arbeitsschwerpunkte sind Unterrichtsforschung und Lehrerbildungsforschung.

Prof. Dr. Andreas Michler ist Professur für Didaktik der Geschichte an der Universität Passau. Seine Arbeitsschwerpunkte sind Arbeitsaufträge im Geschichtsunterricht, außerschulische Lernorte sowie deutsch-tschechische Erinnerungsorte.

Sven Oleschko ist wissenschaftlicher Mitarbeiter am Lehrstuhl für Didaktik der Sozialwissenschaften an der Westfälischen Wilhelms-Universität Münster (WWU) und arbeitet dort im Projekt »Sprachsensibles Unterrichten fördern«.

Matthias Sieberkrob (M. Ed.) ist Lehrkraft für besondere Aufgaben und wissenschaftlicher Mitarbeiter am Arbeitsbereich Didaktik der Geschichte an der Freien Universität Berlin. Von 2014 bis 2017 war er wissenschaftlicher Mitarbeiter im Projekt »Sprachen – Bilden – Chancen: Innovationen für das Berliner Lehramt«. Er forscht zu sprachbildendem Geschichtsunterricht, historischen Lernaufgaben, historischem Erzählen und Demokratiebildung im Geschichtsunterricht.